REFA-Fachbuchreihe Unternehmensentwicklung

Theodor Nebl

Produktivitätsmanagement

REFA-Fachbuchreihe Unternehmensentwicklung

Theodor Nebl

Produktivitätsmanagement

theoretische Grundlagen,
methodische Instrumentarien,
Analyseergebnisse und Praxiserfahrungen
zur Produktivitätssteigerung
in produzierenden Unternehmen

Carl Hanser Verlag, München 2002

Die Deutsche Bibliothek – CIP-Einheitsaufnahme

Ein Titelsatz für diese Publikation
ist bei der Deutschen Bibliothek erhältlich

ISBN 3-446-22233-2

© Copyright 2002 by REFA Bundesverband e.V.
Verband für Arbeitsgestaltung, Betriebsorganisation
und Unternehmensentwicklung e.V, Darmstadt.
Nachdruck oder fotomechanische Wiedergabe – auch auszugsweise – verboten.
Printed in Germany.
Druck: Druckpartner Rübelmann GmbH, Hemsbach

Dieses Buch ist in Liebe und Dankbarkeit meinen Eltern

Elisabetha Nebl
und
Franz Nebl

gewidmet.

Inhaltsverzeichnis

Vorwort

Das vorliegende Buch entstand als ein Ergebnis der Bearbeitung des Projektes „Erschließung und Umsetzung von Produktivitätspotenzialen in Unternehmen der Metall- und Elektroindustrie in Mecklenburg-Vorpommern".
Dieses Projekt wurde vom Wirtschaftsministerium des Landes Mecklenburg-Vorpommern initiiert und mit EU-Mitteln gefördert.

Für dieses Projekt wurden theoretische Grundlagen und methodische Instrumentarien entwickelt, die

➢ eine Analyse der Produktivität und der wirkenden Einflüsse auf die Produktivität in den beteiligten Unternehmen ermöglichen

➢ Einflussfaktoren und Problemlösungsansätze je Wirkungskomplex auf die Produktivität als Arbeitspakete systematisieren und

➢ Eine einheitliche konzeptionelle Bearbeitung von identischen Arbeitspaketen in verschiedenen Unternehmen anstreben.

Die Analyse der beteiligten Unternehmen identifiziert aus Sicht jedes Einzelunternehmens aber auch der Branche

➢ positive Produktivitätswirkungen

➢ perspektivisch Entwicklungschancen sowie

➢ aktuell vorhandene Problemfelder.

Gemeinsam mit den Unternehmen wurden Maßnahmen zur Erschließung von Produktivitätspotenzialen entwickelt und konzeptionell vorbereitet.
Ihre praktische Umsetzung wurde begleitet.

Dieses Buch ist sowohl an die Unternehmenspraxis als auch an Wissenschaftler und Studenten gerichtet.
Es vermittelt theoretische Erkenntnisse sowie praktische Erfahrungen und Ergebnisse.

Für den Praktiker verstehe ich es als Hilfe zur Selbsthilfe.
Für den Wissenschaftler dürfte insbesondere von Interesse sein, dass eine die Funktionalbereiche übergreifende Sicht auf die Produktivität, ihre Einflussfaktoren, Gestaltungsmöglichkeiten und wirkenden Wechselbeziehungen gewählt wurde.

Für die Studenten wird dieses Buch zu einem Lehrbuch, das die in der wirtschaftswissenschaftlichen Ausbildung behandelten Einzelfächer, die funktional strukturiert sind, in ihrer komplexen Wirkung auf die Produktivität darstellt und ihre Wechselbeziehungen, die für praktische Lösungen besonders wichtig sind, herausarbeitet.

Einen besonderen Anteil an der Entstehung dieses Buches hat das REFA-Institut für Produktivitätsmanagement des REFA-Landesverbandes Mecklenburg-Vorpommern im Rahmen der Projektträgerschaft für das Entwicklungsprojekt.

Insbesondere das Projektmanagement, die Auswahl und Gewinnung der am Projekt beteiligten Unternehmen, die Realisierung von Unternehmensanalysen und die praktische Umsetzung von Entwicklungskonzeptionen zur Steigerung der Produktivität in den Unternehmen wurden durch die Mitarbeiter dieses Institutes wesentlich getragen. Dafür und für die stete Diskussionsbereitschaft und Mitarbeit an den Forschungsberichten gilt mein ganz besonderer Dank

Herrn Dipl.-Ing. REFA-Ing. Andreas Dikow, dem Projektleiter und Geschäftsführer des REFA-Institutes.

An der Bearbeitung des Projektes und damit an der Schaffung der Grundlagen dieses Buches waren auch die Mitarbeiter, Studenten und studentischen Hilfskräfte meines Institutes für Produktionswirtschaft an der Universität Rostock beteiligt. Auch ihnen gilt mein Dank.

Besonders hervorzuheben sind dabei die Leistungen von Frau Dipl.-Kffr. Anne-Katrin Schulze (Computertechnische Umsetzung graphischer Darstellungen, Redaktionsarbeiten), Herrn Dipl.-Wirt.-Ing. Raik Drews (Datenerfassung und Dateigestaltung) und Herrn Dipl. Kfm., Dipl.-Wirt.-Ing. Henning Prüß (Mitarbeit bei der Systematisierung von Einflussfaktoren und Entscheidungsabläufen).
Herzlichen Dank sage ich auch Frau Martina Peters für die Erstellung des Skriptes.

Theodor Nebl

Rostock, Oktober 2001

Verzeichnis der Bilder

Teil 1

Teil 2

Teil 3

Teil 4

Teil 5

Teil 6

Verzeichnis der Tabellen

Teil 3

Teil 4

Verzeichnis der Abkürzungen

A

ABC-	Analyse – bestimmt das Wert-Mengen-Verhältnis eingesetzter Materialien
AF	Auftragsfolge
AG	Arbeitsgegenstand
AK	Arbeitskraft
AOB	Anordnungsbeziehung von Aktivitäten im Netzplan
AP	Arbeitspaket
AQ	Abschreibungsquote
AS_Q	Aussonderungsquote

B

BAZ	Bearbeitungszentrum
BDE	Betriebsdatenerfassung
BG	Baugruppe
BM	Betriebsmittel
BOA	Belastungsorientierte Auftragsfreigabe
BSM	Baustellenmontage

C

CAD	Computer Aided Design
CAP	Computer Aided Planning
CAQ	Computer Aided Quality Assurance
CIM	Computer Integrated Manufacturing

D

DLZ	Durchlaufzeit

E

EF	Endfolge
EP	Erzeugnisprinzip
EPF	Einzelplatzfertigung
ET	Einzelteil

F

FE	Fertigerzeugnis
FF	Fließfertigung
FFF	flexible Fließfertigung
FFS	flexibles Fertigungssystem
FM	Fließmontage
FMEA	Fehler- Möglichkeits- und Einflussanalyse
F&E	Forschung und Entwicklung
FZS	Fortschrittskennzahlensystem

G

GFA   gegenstandsspezialisierter Fertigungsabschnitt
GFR   gegenstandsspezialisierte Fertigungsreihe
GMA   gegenstandsspezialisierter Montageabschnitt
GMR   gegenstandsspezialisierte Montagereihe
GP   Gruppenprinzip

I

I_D Investitionsdeckung
I_{ERS} Ersatzinvestition
I_{ERS_Q} Ersatzinvestitionsquote
I_{ERW} Erweiterungsinvestition
I_{ERW_Q} Erweiterungsinvestitionsquote
I_{GES_Q} Gesamtinvestitionsquote
IH_Q Instandhaltungsquote
I_{NEU} Neuinvestition
I_{RAT} Rationalisierungsinvestition

J

JIT   Just-in-Time

K

KANBAN Produktion auf Abruf
KAVP   Kontinuierlicher Anlagenverbesserungsprozess
KMU   klein- und mittelständische Unternehmen
KV   Kombinierter Verlauf
KVP   Kontinuierlicher Verbesserungsprozess (=KAIZEN)

M

MRP   Material Requirements Planning
MRPII   Manufacturing Resource Planning
MRPS   Management Resource Planning

N

NF   Normalfolge

O

OF   Organisationsform
OP   Organisationsprinzip
OPT   Optimized Production Technology
oW   ohne Weitergabe

P

P_{AK}	Arbeits(kräfte)produktivität
P_{BM}	Betriebsmittelproduktivität
PF	Problemfeld
P_G	Gesamtproduktivität (= Wirtschaftlichkeit)
PPS	Produktionsplanung und -steuerung
PV	Parallelverlauf
P_{WS}	Werkstoffproduktivität

Q

QM	Qualitätsmanagement

R

REFA	Verband für Arbeitsgestaltung, Betriebsorganisation und Unternehmensentwicklung e.V.
R_{EK}	Eigenkapitalrentabilität
R_{FK}	Fremdkapitalrentabilität
R_{GK}	Gesamtkapitalrentabilität
R_{OP}	Räumliches Organisationsprinzip
RP	Reihenprinzip
R_V	Vermögensrentabilität
R_{VA}	Rentabilität des Anlagevermögens
R_{VU}	Rentabilität des Umlaufvermögens
RV	Reihenverlauf
RT	Retrograde Terminierung
R_U	Umsatzrentabilität
R_W	Wertschöpfungsrentabilität

S

SFF	starre Fließfertigung
SFM	starre Fließmontage

T

TOP	Technisches Organisationsprinzip
TQM	Total Quality Management
TUL	Transport-Umschlag-Lagerung

U

UFE	Unfertige Erzeugnisse
UM	Umweltmanagement

W

WF   Werkstattfertigung
WM   Werkstattmontage
WP   Werkstattprinzip
WS   Werkstoff

X

XYZ-   Analyse – bestimmt die Bedarfshäufigkeit eingesetzter Materialarten

Z

ZOP   Zeitliches Organisationsprinzip

1 Theoretische Konzeption
1.1 Einführung

Die Gewinnorientierung und die Existenzsicherung von Unternehmen sind zwei Seiten derselben Medaille.

Unabhängig von der konkreten Unternehmenssituation sind die Anstrengungen des Managements auf strategische, taktische und operative Maßnahmen zu richten, um die **Produktivität** der Unternehmen zu steigern.
Die Basis für diesen Kurs sind immer die **Programmplanung**, die **Faktorplanung** und die **Prozessplanung**.

Dabei geht es um:
- eine bestmögliche Marktorientierung mit abgestimmten Absatz- und Produktionsprogrammentwicklungen, die den Forschungs- und Entwicklungsprozess zur Gestaltung wettbewerbsfähiger Produkte einschließen;
- die kapazitive Absicherung der zu produzierenden Programme durch Arbeitskräfte und Betriebsmittel, die durch ihre Qualifikation und ihre technischen Möglichkeiten in der Lage sind, die Anforderungen, die von den Produkten an die Produktionsprozesse, in denen sie erzeugt wurden, gestellt werden, zu befriedigen und flexibel auf Programmänderungen zu reagieren;
- die kostengünstige Beschaffung der notwendigen Werkstoffe, die mit optimierten Materialflüssen durch den Produktionsprozess zu steuern sind, wobei Vorräte und Kapitalbindung möglichst gering und Durchlaufzeiten möglichst kurz sind;
- die Gestaltung von Produktionsprozessen in denen optimale Kombinationen aus Arbeitskräften, Betriebsmitteln und Werkstoffen für die Herstellung von Produkten mit hoher Qualität und niedrigen Kosten realisiert werden, was dann möglich ist, wenn Planung, Leitung, Organisation und Kontrolle darauf bestmöglich abgestimmt sind.

Viele Unternehmen sind durch Organisationsmerkmale gekennzeichnet, die eine flexible Reaktion auf sich verändernde Marktsituationen erschweren. Während die Kunden guten Service, innovative Produkte mit ausgezeichneter Qualität und niedrigen Kosten und Preisen fordern, sind ineffiziente Geschäftsprozesse maßgeblich daran beteiligt, die Senkung der Durchlaufzeiten, eine Kostenreduzierung und letztlich eine höhere Produktivität zu verhindern.

Die Neuausrichtung eines Unternehmens erfolgt heute auf der Basis betrieblicher Prozesse mit hohem Wertschöpfungsanteil. Im Mittelpunkt steht dabei eine an den strategischen Unternehmenszielen ausgerichtete und nutzenorientierte Geschäftsprozessoptimierung.

Dabei werden u. a. folgende Ziele verfolgt:
- logisch zusammenhängende Prozesse mit wenigen Schnittstellen schaffen,
- die Komplexität bestehender Abläufe reduzieren,
- alle Prozesse an den Bedürfnissen der Kunden ausrichten,
- die Wertschöpfung der Vorgänge in den Mittelpunkt der Betrachtung stellen,
- die Eigenverantwortung der Mitarbeiter stärken.

Die Erfüllung dieser Ziele mündet in eine Verbesserung der Produktivität der Unternehmen. Dieser Aufgabe widmet sich das Produktivitätsmanagement.

Das **Produktivitätsmanagement** verfolgt das Ziel, die Produktivität eines Unternehmens zu steigern. Zur Erreichung dieses Zieles gestaltet es ein übergreifendes Informationssystem als Grundlage für die

> Analyse der Produktivität
> Entscheidungsfindung zur Gestaltung der Produktivität
> Planung, Leitung und Organisation durchzuführender Maßnahmen
> Realisierung durchzuführender Maßnahmen und
> Evaluation durchzuführender Maßnahmen.

Zur Zielerreichung entwickelt das Produktivitätsmanagement ein umfassendes **methodisches Instrumentarium** und wendet dieses an. Seine Bestandteile sind:

1. Theoretisches Konzept zur **Definition der Produktivität** und der Teilproduktivitäten auf der Grundlage
   - der Makrostruktur von Produktionsprozessen
   - des allgemeinen Ergiebigkeitssatzes und
   - des Rational- bzw. Wirtschaftlichkeitsprinzips.
   Dabei geht es um die Festlegung der Zähler- und Nennergrößen des Quotienten Produktivität sowie die anzuwendenden Maßstäbe.
2. **Festlegung, Erfassung, Auswertung** und **Fortschreibung** der benötigten **Daten**.
3. Identifikation der auf die Produktivität wirkenden **Einflussgrößen** und deren Wirkungsart.
4. Ermittlung der je Einflussfaktor realisierbaren **Gestaltungsmöglichkeiten**.
5. Feststellung eigener **Stärken** und **Schwächen** durch **Vergleich**e mit internen Unternehmensbereichen und externen **Wettbewerbern**.
6. **Begründung von Produktivitätsdifferenzen** zu Vergleichspartnern durch Identifikation von **Problemfeldern** und daraus ableitbaren **Arbeitspaketen**.
7. Systematische und tiefgründige **Darstellung** funktional übergreifender **Einflussfaktoren** je Arbeitspaket, der damit verbundenen möglichen **Fehlerquellen** und ihrer **Produktivitätsauswirkungen** sowie der darauf abgestimmten **Problemlösungsansätze**.
8. Strukturierung des **Entscheidungsfindungsprozesses** unter Berücksichtigung von **Interdependenzen**, die zwischen den Arbeitspaketen/Problemfeldern bestehen.
9. **Konzeptionelle Gestaltung** der Problemlösung und **Durchführung** der vorgesehenen **Maßnahmen**.
10. **Evaluierung** des **Gestaltungsprozesses** zur Steigerung der Produktivität und seiner **Ergebnisse**.

1.2   Produktivitätsanalysen und wirtschaftsstatistische Produktivitätsmessungen

Im Jahre 1898 erschien in den USA eine erste Studic, die sich mit der Produktivität befasste (Wright [Labor]). Hier soll kein lückenloser Überblick über historische Produktivitätstheorien gegeben werden (vgl. dazu (Reuss [Produktivitätsanalyse])).

In Deutschland begann die systematische Beschäftigung mit den Produktivitätsfragen erst in den zwanziger Jahren des 20. Jahrhunderts, wobei der damals gegründete Reichsausschuss für Arbeitszeitermittlung (REFA) und das Reichskuratorium für Wirtschaftlichkeit (RKW) wesentliche Anfangsimpulse setzten.

Vorübergehende Entwicklungen konzentrierten sich auf den einzelwirtschaftlichen Ansatz, dass heißt, auf die systematische Erfassung und Bewertung der Produktivität im Einzelunternehmen und verdichtet auf Wirtschaftszweige oder Branchen.

Die systematische Ermittlung von volkswirtschaftlich orientierten Produktivitätskennziffern begann eigentlich erst nach dem zweiten Weltkrieg. In den USA setzte diese Entwicklung 1946 ein und konzentrierte sich zunächst auf die Ermittlung der Arbeitsproduktivität.

Durch die besondere Entwicklung in Deutschland bedingt, folgte die amtliche Statistik der Bundesrepublik der internationalen Entwicklung 1950 (Bartels [Produktivität]239 ff).

Seit dieser Zeit liegen in Deutschland umfangreiche statistische Datensammlungen zur Produktivitätsmessung vor. Diese sind zum einen auf Aggregate volkswirtschaftlicher Gesamtrechnungen abgestellt, zum anderen beruhen sie auf sogenannten „Basisstatistiken" (Angaben aus einzelnen Unternehmen).

Zielstellung für die Erhebung dieses statistischen Zahlenmaterials ist die kontinuierliche Beurteilung der volkswirtschaftlichen Entwicklung im Bereich der Produktivität bezogen auf einzelne Branchen, Regionen, Länder z.B. zur Abschätzung zukünftiger Entwicklungen, zum internationalen Leistungsvergleich und auch zur Ableitung konkreter politischer Handlungsoptionen.

Fast alle Datenerhebungen dieser Art beschränken sich auf Teilaspekte der Produktivität. Die amtlichen Produktivitätsmessungen in den Basisstatistiken sind wenig differenziert.

So wird das Produktionsergebnis, das aus dem Zusammenwirken aller Produktionsfaktoren entsteht, im allgemeinen nur zu einem Faktor in Beziehung gesetzt, nämlich der Arbeit.

Zusätzlich wird häufig wegen mangelnder statistischer Daten als Outputgröße der Bruttoproduktionswert eingesetzt, der sowohl Materialeinsatz als auch Vorleistungen enthält.

> Die **Produktivität ist eine faktorbezogene Verhältniszahl**. Das Produktionsergebnis einer Periode entsteht aus dem Zusammenwirken aller Produktionsfaktoren. In der amtlichen Statistik wird die Produktivität einschränkend als Verhältnis zwischen dem Produktionsergebnis und dem bei der Produktion eingesetzten Faktor Arbeit dargestellt. Dabei hat sich weitgehend eingebürgert selbst dann von Produktivität zu sprechen, wenn es sich um die Arbeitsproduktivität handelt.
> Die Gleichsetzung der Begriffe „Arbeitsproduktivität" und „Produktivität" vermittelt ein völlig falsches Bild dieser Kennzahl, die durch das Zusammenwirken der Elementarfaktoren Arbeitskraft, Betriebsmittel und Werkstoff entsteht.

Schon 1953 hat vor allem G. Fürst wiederholt auf dieses Problem und die Gefahr der Missdeutung des Begriffes „Arbeitsproduktivität" hingewiesen (Fürst [Produktivitätsmessung] 239 ff.).

Bis heute besteht diese Gefahr und auch heute wird die Öffentlichkeit und die Industrie auf Basis derartiger Zahlen über Produktivität, Produktivitätsentwicklung und ggf. Produktivitätsrückstände informiert.

Zum einen schaffen diese Produktivitätskennzahlen einen erheblichen, je nach Interessenlage unterschiedlichen, Interpretationsspielraum, zum anderen signalisieren sie u.a. zweifelhafte oder falsche Entscheidungsoptionen bei der geplanten Steigerung von Produktivität, nämlich der Outputsteigerung und/oder der Reduzierung des Inputfaktors Arbeit als einzige Handlungsalternative.

Nicht zuletzt führen sie zu einer Ablehnung und Abwertung (Nichtachtung) bei den Betroffenen in der Industrie, begründet in der fehlenden Aussagekraft als Kennzahl allgemein und in fehlenden Detaillierungen im Sinne von Ursache-Wirkungs-Mechanismen im Besonderen.

Die wirtschaftsstatistischen Produktivitätsmessungen werden demzufolge von den Unternehmen allgemein nicht zur Bewertung des eigenen Produktivitätsniveaus herangezogen, wodurch eine hilfreiche Vergleichsmöglichkeit ungenutzt bleibt.

Um diese Akzeptanzschwelle zu überspringen, ist es zunächst unumgänglich zu definieren, was unter Produktivität zu verstehen ist, zu systematisieren, welche Einflüsse auf die Produktivität wirken und darzustellen, mittels welcher faktorbezogenen Maßnahmekomplexe eine positive Produktivitätsentwicklung bewirkt werden kann.

1.3   Systematisierung der betriebswirtschaftlichen Erfolgsrelation Produktivität

Unter Berücksichtigung der **Makrostruktur** eines Wirtschaftsprozesses (Input-Throughput-Output-Beziehung) und des **Wirtschaftlichkeitsprinzips** kennzeichnet die Beziehung des Outputs (Produkte, Leistungen) zum Input (Arbeitskräfte, Betriebsmittel, Werkstoffe) durch Bildung der sogenannten **Erfolgsrelation** die **Ergiebigkeit** eines Unternehmens *(Bild 1)*.

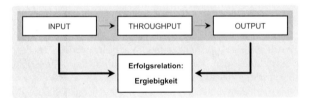

Bild 1:   *Ergiebigkeit des Produktionsprozesses*

Der allgemeine Ansatz für die Bestimmung der Ergiebigkeit lautet:

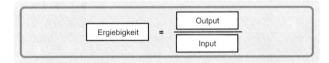

Es werden drei grundsätzliche Arten der Bestimmung von Erfolgsrelationen unterschieden:
- ➢ **Produktivität**
- ➢ **Wirtschaftlichkeit**
- ➢ **Rentabilität.**

Zur Bestimmung der **Produktivität** geht in den **Zähler** des Quotienten als Output die Leistung ein. Diese kann eine Mengengröße sein.

Bei einem **homogenen Erzeugnisprogramm** wären das z.B. die Stückzahl der produzierten Erzeugnisse, die Masse bzw. das Volumen des Outputs gemessen in Tonnen, Kubikmetern o.a..

Bei **heterogenen Programmen** könnte der Output in Naturalgrößen gemessen werden, die sich auf Leistungsparameter des produzierten Erzeugnisprogramms stützen. Solche Größen sind z.B. Bruttoregistertonnen zur Outputbewertung einer Werft oder Kilowatt zur Outputbewertung eines Motorenproduzenten.

Es ist jedoch immer möglich, den **Output als Wertgröße** zu quantifizieren. Für die Ermittlung der Produktivität dienen dafür der **Umsatz** oder die **Wertschöpfung**.

Die in der Theorie übliche Outputkenngröße **Umsatz** beinhaltet für die Produktivitätsanalyse zahlreiche Schwierigkeiten.
Sie berücksichtigt nicht die Veränderungen des Bestandes an fertigen oder unfertigen Erzeugnissen und kann insbesondere bei Unternehmen mit marktanonymer Fertigung (Lagerfertigung) zu erheblichen Verzerrungen führen.

Berücksichtigt man diese Bestandsveränderungen und ggf. aktivierte Eigenleistungen, erhält man in der Gewinn- und Verlustrechnung die **Gesamtleistung** eines Unternehmens, die ebenfalls als Outputgröße genutzt werden könnte.

Diese Gesamtleistung entspricht jedoch nur dann dem Produktionswert, wenn keine zusätzlichen Erlöse aus dem Verkauf von z.B. Handelsware, Materialbeständen oder Sachanlagen erzielt wurden.

Die um die o.g. zusätzlichen Erlöse bereinigte Gesamtleistung entspricht dem **Bruttoproduktionswert**.

Diese Kenngröße ist insbesondere für die innerbetriebliche Produktivitätsanalyse bei gleichbleibenden Produktionsanteilen des Betriebes eine relevante Größe.

Für einen überbetrieblichen Produktivitätsvergleich oder in einem Mehrproduktbetrieb mit unterschiedlichen Fertigungstiefen ist die Anwendung des **Nettoproduktionswertes** zu empfehlen.

Um den Nettoproduktionswert zu erhalten, müssen vom Bruttoproduktionswert die sogenannten **Vorleistungen** abgezogen werden. Darunter sind die verbrauchten Roh-, Betriebs- und Hilfsstoffe, die verbrauchten Zukaufteile und -komponenten sowie die genutzten Fremdleistungen zu verstehen.

Dieser Nettoproduktionswert wird auch als **Bruttowertschöpfung** bezeichnet.

> Die betriebliche **Wertschöpfung** ist der von einem Unternehmen in einer Periode geschaffene Wertzuwachs. Sie ist damit ein wichtiger Maßstab für die Bedeutung und Leistungsfähigkeit eines Unternehmens. Diese Wertschöpfung kann nicht nur für ein Unternehmen, sondern auch für eine Branche oder eine gesamte Volkswirtschaft errechnet werden.

Die Wertschöpfung sollte u.a. aus Gründen der Vergleichbarkeit der Leistungen der Unternehmen, sinnvollerweise den Zähler der Produktivität bilden.

Sie wurde folgendermaßen berechnet:

Outputgröße	Berechnungsgrundlage
Produktionsmenge	Stück, kg, Liter, ...
Umsatz	Produktionsmenge × Verkaufspreis oder / und Produktionsmenge × Kosten der Produktion
Gesamtleistung	Umsatz ± Bestandsveränderungen an FE & UFE + aktivierte Eigenleistung
Bruttoproduktionswert	Gesamtleistung - Erlös aus Verkauf von • Handelswaren • Material • Sachanlagen
Nettoproduktionswert (Bruttowertschöpfung)	Bruttoproduktionswert - Vorleistung *Aufwendungen für Roh-, Betriebs- und Hilfsstoffe* *+ Zukaufteile, -komponenten* *+ Fremdleistungen* *= Vorleistung*

Als **Nenner** sind alternativ die Elementarfaktoren einsetzbar:

➢ **Arbeitskraft**
Maßstäbe:
- Anzahl der AK [Stück]
- Arbeitszeitfonds [Stunden]
  (Bewertung der AK-Anzahl mit ihrer Einsatzzeit)
- Lohn [DM],[€]
  (Bewertung der AK-Anzahl bzw. des Arbeitszeitfonds mit dem Lohn pro AK oder dem Lohn pro Arbeitsstunde)

➢ **Betriebsmittel**
Maßstäbe:
- Anzahl der BM [Stück]
- Betriebsmittelzeitfonds [Stunden]
  (Bewertung der Anzahl der BM mit ihrer Einsatzzeit)
- Wert [DM], [€]
  (Bewertung der BM mit ihren Anschaffungspreisen bzw. ihren Wiederbeschaffungspreisen)

➢ **Werkstoff**
Maßstäbe:
- Mengen [m^2], [m^3], [Liter]
- Wert [DM], [€]

In Abhängigkeit davon, welcher Elementarfaktor den Nenner bildet, sind folgende **Produktivitätsarten (Teilproduktivitäten)** zu unterscheiden:

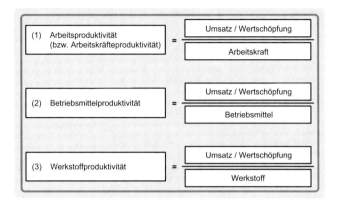

In der Betriebswirtschaftslehre kaum verwendet, aber trotzdem als Produktivitätsgröße akzeptabel sind die nachfolgend aufgeführten Größen **Kapitalproduktivität** und **Vermögensproduktivität:**

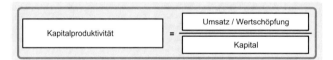

Eine aus **Sicht der Kapitalzusammensetzung mögliche Differenzierung** unterteilt diesen Produktivitätsausdruck in:

➢ Eigenkapitalproduktivität und
➢ Fremdkapitalproduktivität.

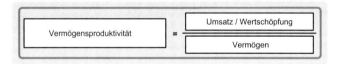

Eine aus **Sicht der Vermögenszusammensetzung mögliche Differenzierung** unterteilt diesen Produktivitätsausdruck in:

➢ Produktivität des Anlagevermögens und
➢ Produktivität des Umlaufvermögens.

Gesamtbetriebliche Betrachtungen zwingen zur Zusammenführung der Teilproduktivitäten. Das geschieht dadurch, dass der zu Preisen bewertete mengenmäßige Output (Umsatz/Wertschöpfung bzw. Leistung) den zu Kosten bewerteten Inputfaktormengen (Summe der Kosten der Arbeitskräfte, der Betriebsmittel und der Werkstoffe) gegenübergestellt wird. Die gebildete Kennzahl heißt **Wirtschaftlichkeit** bzw. **Gesamtproduktivität** (Weber [Rentabilität] 90).

Der berechnete Quotient, die **Wirtschaftlichkeit,** wird formelmäßig nachfolgend dargestellt:

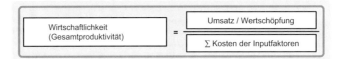

Der Zusammenhang zwischen Produktivität und Wirtschaftlichkeit ist in *Bild 2* dargestellt.

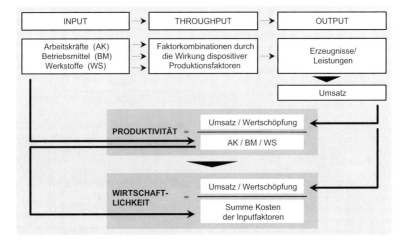

Bild 2:　Zusammenhang zwischen Produktivität und Wirtschaftlichkeit

Zur Bestimmung der **Rentabilität** geht in den **Zähler** des Quotienten der Ergiebigkeitsrelation der **Gewinn** ein.

Den **Nenner** bildet das **Kapital** (alternativ: Gesamtkapital, Eigenkapital, Fremdkapital) oder das **Vermögen** (Küpper [Controlling] 920) des Unternehmens (alternativ: Gesamtvermögen, Anlagevermögen, Umlaufvermögen).

Beide Werte sind als Inputgrößen und damit als Nenner akzeptabel. Das Kapital, weil es die finanzielle Voraussetzung für die Beschaffung der Inputfaktoren ist, das Vermögen, weil es bereits im Unternehmen befindliche Inputgrößen darstellt.

In Abhängigkeit davon, wie der Nenner gebildet wird, sind folgende **Rentabilitätsbegriffe** zu unterscheiden:

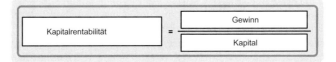

Eine aus **Sicht der Kapitalzusammensetzung mögliche Differenzierung** unterteilt diesen Rentabilitätsausdruck in:

➤ Eigenkapitalrentabilität und
➤ Fremdkapitalrentabilität.

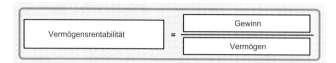

Eine aus **Sicht der Vermögenszusammensetzung mögliche Differenzierung** unterteilt diesen Rentabilitätsausdruck in:

➤ Rentabilität des Anlagevermögens und
➤ Rentabilität des Umlaufvermögens.

Ein dritter, in der wirtschaftswissenschaftlichen Literatur häufig genannter Rentabilitätsbegriff ist die

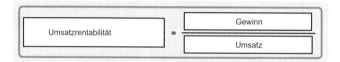

Die **Umsatzrentabilität** ist unabhängig von ihrer Bedeutung und Aussagekraft **nicht mehr** als **Erfolgsrelation aus der Sicht der Output-Input-Beziehung** zu bezeichnen.

Die Gesamtzusammenhänge der Ergiebigkeitskennziffern werden im *Bild 3* dargestellt.

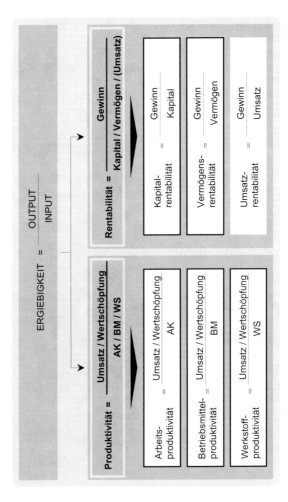

Bild 3:   Ausgewählte Kennziffern zur Messung der Ergiebigkeit des Produktionsprozesses

In der Kennzahl Produktivität sind Sach- und Formalziele miteinander verknüpft.

Daraus leitet sich ihre **besondere Bedeutung** ab: Es gibt wohl kaum eine betriebswirtschaftliche Entscheidung, die nicht mittel- bzw. unmittelbar die Entwicklung der Produktivität beeinflusst.

Die positive Entwicklung der Produktivität ist die entscheidende Zielstellung des Produktivitätsmanagements.

Aus diesem Grunde soll die Produktivität an dieser Stelle weiterführend betrachtet werden.

1.4 Einflussfaktoren und Gestaltungsmöglichkeiten der Produktivität

Eine zielorientierte Produktivitätsentwicklung erfordert ein systematisches Vorgehen. Der Ansatz für die Systematik ist mit der Formel zur Berechnung der Produktivität bereits vorgegeben. Die Formel stellt einen Quotienten mit Zähler und Nenner dar.

Die Einflussfaktoren, die auf die Produktivität wirken, lassen sich folgendermaßen strukturieren (Nebl, Poenicke [Produktivitätspotenziale]1 ff):

(1) **Einflussfaktoren mit Wirkung auf den Output.**
Diese Einflussfaktoren sind umsatz- oder wertschöpfungsorientiert. Sie wirken auf den Zähler.

(2) **Einflussfaktoren mit Wirkung auf den Input.**
Diese Einflussfaktoren orientieren sich auf die Arbeitskräfte, die Betriebsmittel und die Werkstoffe sowie auf deren Beeinflussung der Produktivitätsentwicklung. Sie wirken auf den Nenner.

(3) **Einflussfaktoren mit Wirkung auf den Throughput**
und damit auf den eigentlichen Produktionsprozess. Sie beziehen sich auf die Wirkung der dispositiven Produktionsfaktoren:
- Leitung
- Planung
- Organisation
- Kontrolle.

Diese Einflussfaktoren besitzen die Besonderheit, dass sie sowohl auf den Zähler als auch auf den Nenner der Produktivitätsformel wirken.

Jeder Einflussfaktor, der auf den Zähler bzw. den Nenner wirkt und eine negative, nicht gewünschte Tendenz verfolgt, verschlechtert die Produktivität und ihre Entwicklung.

Aus diesem Grunde ist es nicht nur nötig, die Einflussfaktoren zu systematisieren, sondern es geht auch darum, aufzuzeigen, mittels welcher Schwerpunktmaßnahmen positiv wirkende Tendenzen verstärkt und negative Entwicklungstendenzen beseitigt werden können.

Diese werden als **methodische Problemlösungsansätze** bezeichnet.

Die Einflussfaktoren bestimmen die für sie einsetzbaren methodischen Problemlösungsansätze. *Bild 4* verdeutlicht die dargestellten Zusammenhänge.

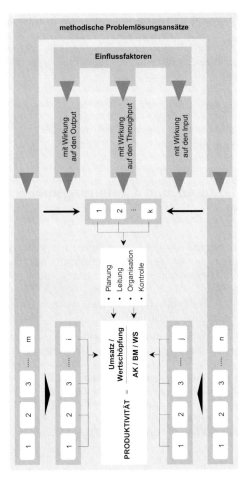

Bild 4: Einflussfaktoren und methodische Problemlösungsansätze zur Gestaltung der Produktivität

1.4.1 Einflussfaktoren mit Wirkung auf den Output

Diese Faktoren wirken auf die Entwicklung des Umsatzes bzw. der Wertschöpfung.
Es sind vier Einflussfaktorengruppen und Problemlösungsansätze systematisierbar.

Einflussfaktoren sind:
➢ Unternehmensziele
➢ Marketingstrategie
➢ Marktposition und
➢ Innovationsfähigkeit.

Als **methodische Problemlösungsansätze** sind:
➢ Unternehmensphilosophie
➢ Ertragsgestaltung
➢ Kooperative Zusammenarbeit und die
➢ Gestaltung des Innovationsprozesses
zu nennen.

Bild 5 untersetzt die Einflussfaktoren und die Problemlösungsansätze durch Beispiele.

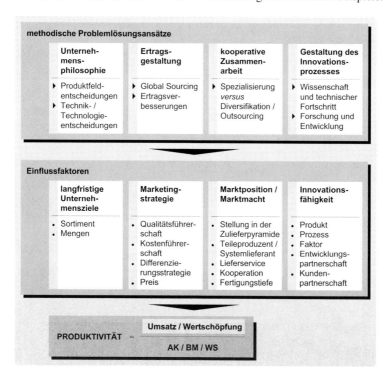

Bild 5:   *Einflussfaktoren und methodische Problemlösungsansätze mit Wirkung auf den Umsatz bzw. die Wertschöpfung*

1.4.2 Einflussfaktoren mit Wirkung auf den Input

Diese Einflussfaktoren wirken auf die in den Nenner der Berechnungsformel der Produktivität alternativ einsetzbaren Elementarfaktoren.

1.4.2.1 Einflussfaktoren mit Wirkung auf die Arbeitskräfte

Es sind fünf Einflussfaktorengruppen und vier methodische Problemlösungsansätze (davon beeinflusst eine zwei Einflussfaktorengruppen) systematisierbar.

Einflussfaktoren sind:
➢ Leistungsfähigkeit der Arbeitskräfte
➢ Leistungsbereitschaft der Arbeitskräfte
➢ Kapazitätsangebot
➢ Ausnutzung des Kapazitätsangebotes und
➢ Arbeitsorganisation.

Als **methodische Problemlösungsansätze** sind:
➢ Personalentwicklung
➢ Bedarfs- und Einsatzplanung der Arbeitskräfte
➢ Zeitmanagement und
➢ Arbeitsgestaltung
zu nennen.

Bild 6 untersetzt die Einflussfaktoren und die Problemlösungsansätze durch Beispiele.

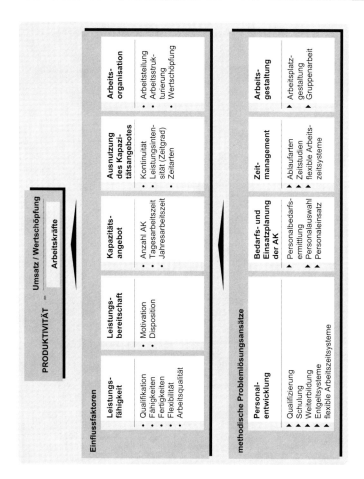

Bild 6: Einflussfaktoren und methodische Problemlösungsansätze mit Wirkung auf die Arbeitskräfte

1.4.2.2 Einflussfaktoren mit Wirkung auf die Betriebsmittel

Hier sind vier Einflussfaktorengruppen und drei methodische Problemlösungsansätze (davon einer übergreifend) systematisierbar.
Einflussfaktoren sind:

➢ Leistungsfähigkeit
➢ Erhalt der Leistungsfähigkeit
➢ Kapazitätsangebot und
➢ Ausnutzung des Kapazitätsangebotes.

Als **methodische Problemlösungsansätze** sind:

➢ Komplexe, integrierte Anlagenwirtschaft
➢ Planung des Kapazitätsbedarfs und
➢ Zeitmanagement

zu nennen.

Bild 7 verdeutlicht Beispiele für beide Gruppen.

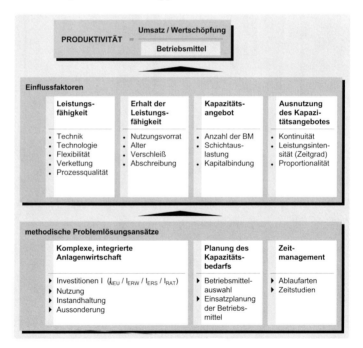

Bild 7:   Einflussfaktoren und methodische Problemlösungsansätze mit Wirkung auf die Betriebsmittel

1.4.2.3 Einflussfaktoren mit Wirkung auf die Werkstoffe

Im Zusammenhang mit den Werkstoffen sind jeweils sechs Einflussfaktorengruppen und methodische Problemlösungsansätze zu identifizieren.

Einflussfaktoren sind:
- ➢ Werkstoffeigenschaften
- ➢ Materialfluss
- ➢ Materialbedarf
- ➢ Durchlaufzeit
- ➢ Materialwert und
- ➢ Marktstellung.

Als **methodische Problemlösungsansätze** sind:
- ➢ Methoden der Werkstoffbeschaffung
- ➢ Methoden der Materialflussgestaltung
- ➢ Methoden der Materialbedarfsplanung
- ➢ Ablaufanalysen
- ➢ Wertanalysen und
- ➢ Methoden zur Änderung der Marktstellung

zu nennen.

Bild 8 untersetzt beide Gruppen mit Beispielen.

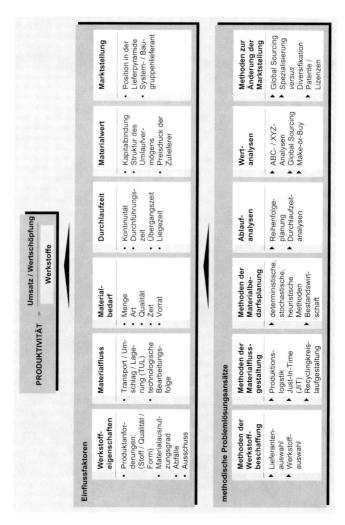

Bild 8:   Einflussfaktoren und methodische Problemlösungsansätze mit Wirkung auf die Werkstoffe

1.4.3 Einflussfaktoren mit Wirkung auf den Throughput

Die Ergiebigkeit des Produktionsprozesses hängt von der Qualität des Wirkens der dispositiven Faktoren ab.

Dieser Wirkungskomplex besitzt die Besonderheit, dass er nicht isoliert – wie die bisher diskutierten Faktoren – entweder auf den Zähler oder auf den Nenner des Quotienten Produktivität Einfluss nimmt, sondern beide Größen beeinflusst.

Es lassen sich folgende **Einflussfaktoren** systematisieren:
- ➢ Produktionsvorbereitung und -durchführung
- ➢ Prozessorganisation
- ➢ Qualitätsfähigkeit und
- ➢ logistische Kette.

Folgende **methodische Problemlösungsansätze** sind denkbar:
- ➢ Zeitmanagement
- ➢ Arbeitsgestaltung
- ➢ Qualitäts- und Umweltmanagement und
- ➢ Logistikmanagement.

Bild 9 stellt Beispiele für beide Gruppen dar.

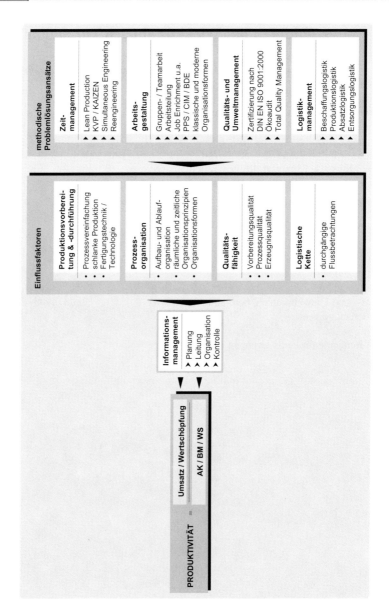

Bild 9: Einflussfaktoren und methodische Problemlösungsansätze mit Wirkung auf den Umsatz, die Wertschöpfung sowie auf die Arbeitskräfte, die Betriebsmittel und die Werkstoffe

1.4.4   Haus der Produktivität

Als Zusammenfassung werden die behandelten Problemstellungen im „**Haus der Produktivität**" dargestellt (Nebl [Produktionswirtschaft] 45).

Es wird deutlich, dass quasi ein Vier-Ebenen-Modell die Sicherung einer positiven Produktivitätsentwicklung realisieren kann *(vgl. Bild 10)*.

Die erste Ebene ist die **Zielebene**. Ihr liegt eine Zielentscheidung zur Produktivitätsentwicklung zugrunde.

In der zweiten Ebene werden die Einflussfaktoren, die auf die Produktivität wirken, dargestellt. Sie wird als **Einflussfaktorebene** bezeichnet.

Die dritte Ebene strukturiert die Problemlösungsansätze. Sie wird **Gestaltungsebene** oder **Mittelebene** genannt, denn sie verdeutlicht die einzusetzenden Mittel, durch die das definierte Produktivitätsziel erreicht werden soll.

Die vierte Ebene ist die **dispositive Ebene**. Hier muss eine materielle, finanzielle, personelle und informatorische Planung, Leitung, Organisation und Kontrolle der Gestaltungsmaßnahmen erfolgen. So wird eine Wirkung auf die Einflussfaktoren ausgeübt, die eine Zielerreichung ermöglicht.

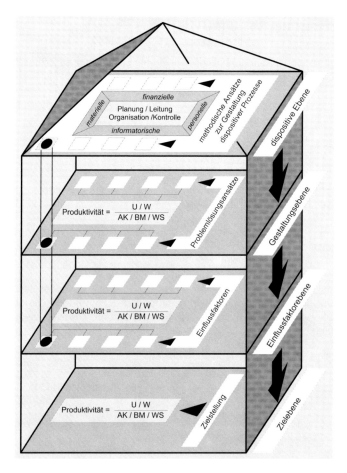

Bild 10:   *„Haus der Produktivität" (Ebenenmodell zur Sicherung einer positiven Produktivitätsentwicklung)*

Das Bild verdeutlicht, dass zunächst die wirkenden Einflussfaktoren zu identifizieren sind. Ihnen sind entsprechende Problemlösungsansätze zuzuordnen. Deren Umsetzung erfordert eine auf das Problem und seine Lösung orientierte dispositive Tätigkeit (Planen, Organisieren usw.).

Die Umsetzung methodischer Problemlösungsansätze und die Gestaltung ihrer beabsichtigten Wirkung auf die Einflussfaktoren bedarf einer ausgesprochenen fachlichen Kompetenz.

Die benötigte Kompetenz kann:

➤ im Unternehmen vorhanden sein
➤ außerhalb des Unternehmens beschafft werden
➤ innerhalb des Unternehmens entwickelt werden.

An dieser Stelle ist eine **innovative Fortbildung zur Herausbildung der fachlichen Kompetenz** im Unternehmen gefragt.

Sie garantiert auf lange Sicht, dass im Unternehmen:

➤ ein umfassendes Produktivitätsbewusstsein entwickelt wird
➤ entstehende Produktivitätsprobleme erkannt werden und
➤ die breite Palette methodischer Problemlösungsansätze bekannt ist und diese auf die wirkenden Einflussfaktoren angewandt werden können.

Es wird deutlich, dass

➤   wirkende **Einflussfaktoren**
➤   methodische **Problemlösungsansätze** und
➤   inhaltliche **Fortbildungsgegenstände**

eine **fachliche Einheit** bilden.

Unter **Einbeziehung des Fortbildungsansatzes** verändert sich das theoretische Konzept *(vgl. Bilder 11 bis 16).*
Dabei geht es um problembezogene Ansatzpunkte für die Gestaltung von Weiterbildungsschwerpunkten.

Für die dargestellten Einflussfaktoren und Problemlösungsansätze ergeben sich folgende Weiterbildungsschwerpunkte:

1 **outputorientierte Fortbildungsgegenstände** (mit Wirkung auf den Umsatz bzw. die Wertschöpfung)

   • Unternehmensphilosophie und Herausarbeitung von Unternehmenszielen
   • Marketingaufgaben und Ertragsentwicklung
   • Kooperation im Rahmen der Wertbildungskette
   • Forschungs- und Entwicklungsprozesse

2 **inputorientierte Fortbildungsgegenstände**

   2.1 *mit Wirkung auf die Arbeitskraft*
   • Personalentwicklung
   • Kapazitätsplanung, Kapazitätsbilanzierung und bedarfsgerechte Gestaltung der Kapazität
   • Arbeitsorganisation und Arbeitsgestaltung

   2.2 *mit Wirkung auf das Betriebsmittel*
   • komplexe, integrierte Gestaltung der Anlagenwirtschaft (Betriebsmittelwirtschaft)
   • Kapazitätsplanung, Kapazitätsbilanzierung und bedarfsgerechte Gestaltung der Kapazität

   2.3 *mit Wirkung auf den Werkstoff*
   • Materialwirtschaft
   • Produktionslogistik

3 **Fortbildungsgegenstände**, die **aus der Sicht dispositiver Produktionsfaktoren** sowohl auf den Zähler als auch auf den Nenner des Quotienten Produktivität wirken

   • Forschung und Entwicklung sowie Produktionsvorbereitung (Stückliste, Arbeitsplan)
   • Produktionsorganisation und Produktionsgestaltung
   • TQM und Umweltmanagement
   • Logistikmanagement

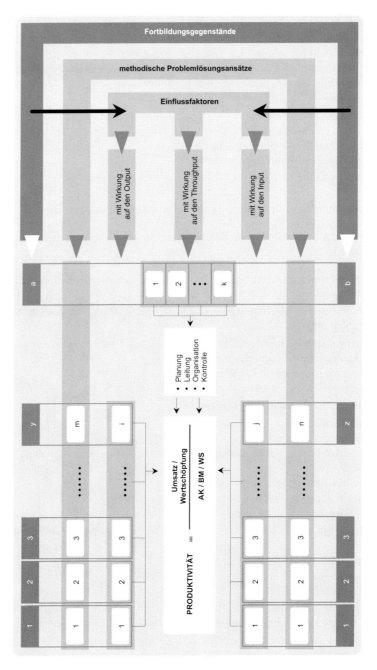

Bild 11: Einflussfaktoren, methodische Problemlösungsansätze und Fortbildungsgegenstände unter Berücksichtigung dispositiver Produktionsfaktoren

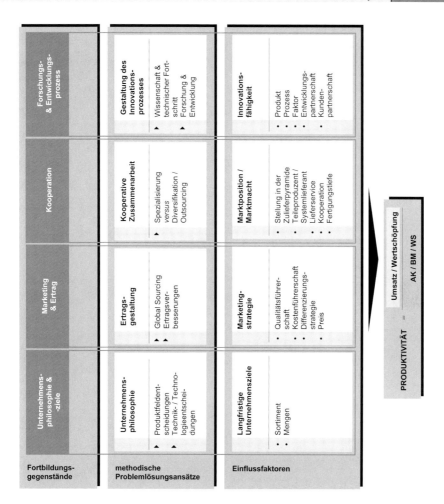

Bild 12: Einflussfaktoren, methodische Problemlösungsansätze und Fortbildungsgegenstände mit Wirkung auf den Umsatz (outputorientierte Wirkung auf den Zähler
des Quotienten)

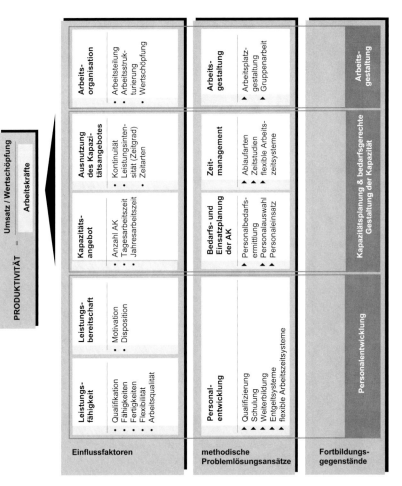

Bild 13:   *Einflussfaktoren, methodische Problemlösungsansätze und Fortbildungsgegenstände mit Wirkung auf die Arbeitskraft (inputorientierte Wirkung auf den Nenner
des Quotienten)*

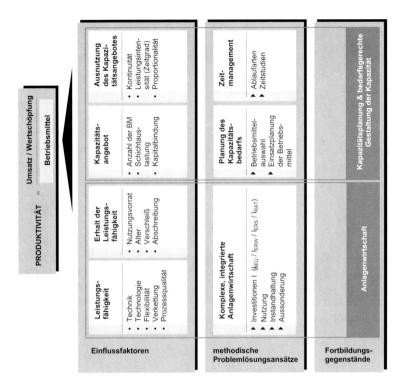

Bild 14: Einflussfaktoren, methodische Problemlösungsansätze und Fortbildungsgegen-
ständen mit Wirkung auf das Betriebsmittel (inputorientierte Wirkung auf den Nenner des Quotienten)

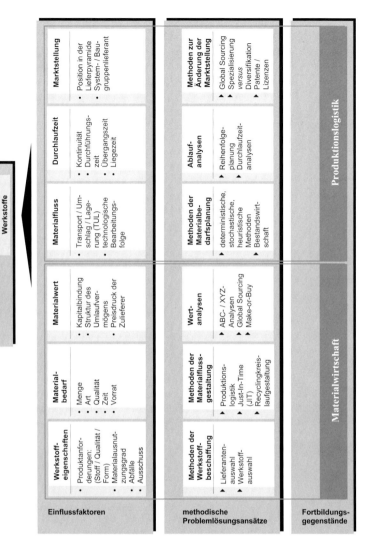

Bild 15: Einflussfaktoren, methodische Problemlösungsansätze und Fortbildungsgegenstände mit Wirkung auf den Werkstoff (inputorientierte Wirkung auf den Nenner des Quotienten)

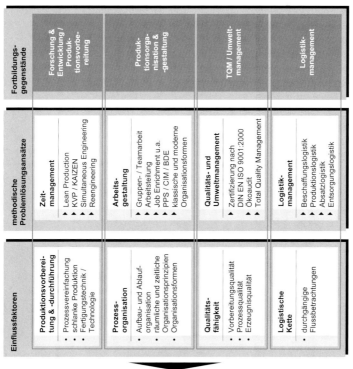

Bild 16: *Einflussfaktoren, methodische Problemlösungsansätze und Fortbildungsgegenstände mit Wirkung auf den Umsatz, die Wertschöpfung und die AK/BM/WS (throughputorientierte Wirkung dispositiver Produktionsfaktoren auf Zähler und Nenner des Quotienten)*

Unter Einbeziehung der Weiterbildungsprozesse ist die Erweiterung des Hauses der Produktivität um eine externe Bildungsebene geboten *(Bild 17)*.

Die problemfeldbezogen aufgesetzte senkrechte Projektion („Schornstein" des „Hauses der Produktivität") bedeutet, dass je Problemfeld (mindestens) eine Gestaltungsvariante zu finden ist, die spezifisch durch die dispositiven Faktoren vorbereitet, geplant und realisiert wird.

Dafür ist in der Vorbereitung der Realisierung problembezogene Weiterbildung durchzuführen bzw. in der Realisierung begleitend ein Coaching anzustreben und zu realisieren.

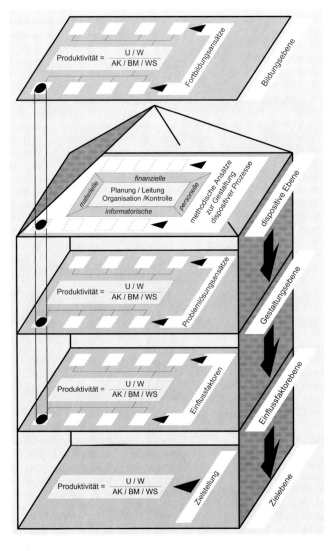

Bild 17:   „Haus der Produktivität" mit Bildungsebene

1.4.5 Ablaufplanung für die praktische Umsetzung des Projektes zur Produktivitätssteigerung

Nachfolgend werden die Vorgangsliste, der Vorgangs-Knoten-Netzplan, der Balkenplan und der Meilensteinplan des Projektes zur Produktivitätssteigerung dargestellt *(Bilder 18 bis 20)*.

Die Daten wurden dem realisierten Projekt entnommen. Zur Vereinfachung wurden jeweils nur zwei Unternehmen in die Darstellung einbezogen.

Vorgang		Vorgänger	Nachfolger	AOB	Dauer [Monate]
Nr.	Bezeichnung				
01	Projektkonzeption	–	02, 03		3
02	Projektdefinition	01	04.1, 04.2		1
03	Auswahl der Unternehmen	01	04.1, 04.2		3
04.1	Befragung Unternehmen 1	02, 03	05, 06		2
04.2	Befragung Unternehmen 2	02, 03	05, 06		2
05	Benchmarking	04.1, 04.2	07.1, 07.2	NF – 1	2
06	Entwicklung Analysemethoden	04.1, 04.2	07.1, 07.2		1
07.1	Analyse Unternehmen 1	05, 06	08.1		5
07.2	Analyse Unternehmen 2	05, 06	08.2		5
08.1	Konzeption Unternehmen 1	07.1	10.1		3
08.2	Konzeption Unternehmen 2	07.2	10.2		3
09.1	Umsetzung Unternehmen 1	10.1	11	EF	4
09.2	Umsetzung Unternehmen 2	10.2	11	EF	4
10.1	Projektbegleitung Unternehmen 1	08.1	09.1		4
10.2	Projektbegleitung Unternehmen 2	08.2	09.2		4
11	Verallgemeinerung	09.1, 09.2	12		3
12	Workshops	11	13	EF	1
13	Abschlussbericht	12	14		4
14	Wissenstransfer	13	15	NF – 1	6
15	Evaluierung	14	–	NF + 6	24
16	wissenschaftliche Projektbegleitung	–	–	AF / EF	63

Bild 18:   Vorgangsliste Projekt „Produktivitätssteigerung"

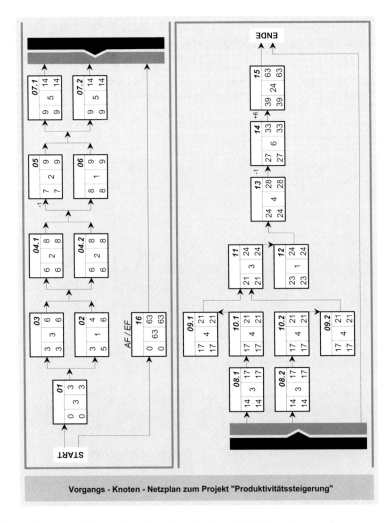

Bild 19: Vorgangs-Knoten-Netzplan Projekt „Produktivitätssteigerung"

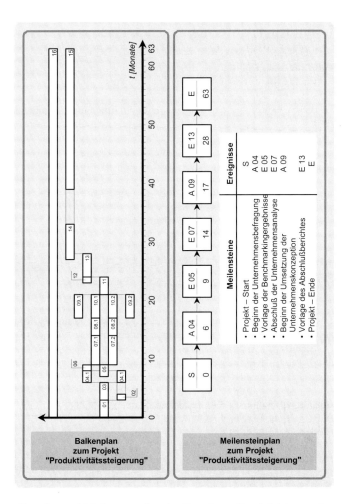

Bild 20:   Balkenplan und Meilensteinplan des Projektes „Produktivitätssteigerung"

2 Methode der Unternehmensanalyse

Ausgangspunkt für die Entwicklung und den Einsatz relevanter Analysemethoden ist das im 2. Abschnitt dargestellte **theoretische Konzept** des Projektes.

Zur Umsetzung dieses Konzeptes wurden eine **Unternehmensbefragung** und ein **Benchmarking** konzipiert.

Beide methodischen Ansätze gestatten eine komplexe Auswertung in der sowohl

> ➤ allgemeine Aussagen zu den beteiligten Unternehmen

als auch

> ➤ unternehmensbezogene Aussagen im Vergleich zu anderen Unternehmen der gleichen Branche

möglich sind.

Die Einbeziehung von externen Benchmarks ermöglicht ggf. einen überregionalen Vergleich der analysierten Unternehmen mit z.B. Bestwerten der gesamten Branche in Deutschland oder weltweit.

Die Auswertung der definierten Kennziffern des Benchmarking gestattet die Gegenüberstellung der Bestwerte mit den Werten jedes beteiligten Unternehmens.

Die so darstellbare **Lücke** zwischen dem Bestwert und dem Unternehmenswert wird durch die Einbeziehung der Befragungsergebnisse begründbar.

Jede der ausgewählten Benchmark-Kennzahlen besitzt eine Zähler- und eine Nennergröße, deren Beurteilung durch die entsprechend gestaltete Befragung möglich wird.

> Der Vergleich der Beantwortung der Fragen (die dem Zähler und dem Nenner zugeordnet werden können) zwischen dem Unternehmen, welches den Bestwert erzielt und dem konkret zu analysierenden Unternehmen, gibt Hinweise auf aktuelle Problemkomplexe im analysierten Unternehmen. So wird eine **Begründung der „Lücke"** durch das Zusammenführen von Befragung und Benchmarking je Unternehmen möglich.

Die Darstellung von Wirkungsketten, die die Ursachen für die jeweilige „Lücke" im Benchmark-Vergleich verdeutlichen und gleichsam Gestaltungsansätze dokumentieren, führt zur Ableitung von zu realisierenden Arbeitspaketen.

Damit wird deutlich, welche Schwerpunktaufgaben unternehmensbezogen zu realisieren sind, um eine positive Produktivitätsentwicklung auszulösen.
Dafür sind je Arbeitspaket methodische Instrumentarien zu schaffen, die alle Einflussgrößen und deren Wirkung ebenso beinhalten, wie die Abbildung von Entscheidungsabläufen unter Einbeziehung alternativer Optionen *(vgl. Bild 21)*.

Folgende Fragestellungen und ihre Beantwortung bilden den Ansatz für die Entwicklung der Analysemethoden:

1. Was	Was ist zu analysieren? • Definition der Analyseschwerpunkte • Strukturierung des Analyseproblems
2. Wie	Wie ist die Analyse durchzuführen? • Definition der relevanten Analysemethoden • Problembezogene Methodenauswahl • Schrittfolgebestimmung für die Analyse
3. Womit	Womit, mit welchen Hilfsmitteln ist die Analyse zu realisieren? • Definition der Hilfsmittel · Programmabläufe · Checklisten · Entscheidungsabläufe • Ablaufplanung der Analyse
4. Welche	Welche Ergebnisvarianten sind infolge der durchgeführten Analyse zu identifizieren? Welche Entscheidungen sind aus welchen Ergebnisvarianten für die Unternehmens- konzeption abzuleiten?

Bild 21:   Fragestellungen zur Ableitung von Analysemethoden

Damit werden den Unternehmen Instrumente in die Hand gegeben, die es gestatten, die Probleme zu lösen *(vgl. Bild 22).*

> Der **Einsatz einheitlicher Instrumentarien** zur Lösung identischer Probleme in unterschiedlichen Unternehmen ist die Grundlage für eine verallgemeinerbare wissenschaftliche Auswertung der Ergebnisse.

Ein alle beteiligte Unternehmen übergreifendes Benchmarking war nur dadurch möglich, dass das Projektbearbeitungsteam außerhalb und neutral zur Gruppe der zu analysierenden Unternehmen stand. Nur so konnte eine Mitarbeit der Unternehmen erzielt und eine sichere Geheimhaltung erhobener Daten ermöglicht werden.

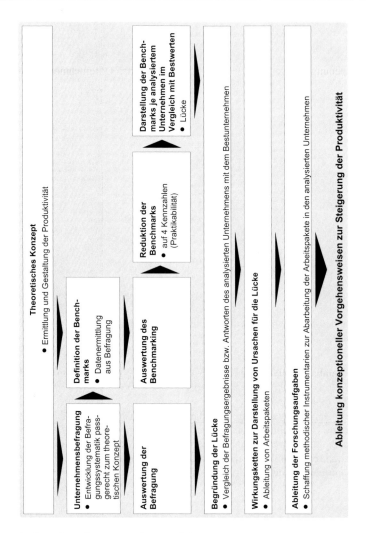

Bild 22:   Analysealgorithmus Projekt „Produktivität"

2.1   Konzept zur Unternehmensbefragung

Für die Erhebung der Daten in den am Projekt beteiligten Unternehmen wurde ein **Fragebogen** entwickelt. Seine inhaltliche Strukturierung basiert auf der im theoretischen Konzept dargestellten Systematik der auf die Produktivität wirkenden Einflussfaktoren.

Davon ausgehend wurde folgende Struktur der Befragung realisiert:

A	Allgemeine Fragen zum Unternehmen
B	Fragen zum Output (Produkte, Leistungen)
C	Fragen zum Input (Elementare Produktionsfaktoren: Arbeitskraft, Betriebsmittel, Werkstoff)
C.1	Arbeitskraft
C.2	Betriebsmittel
C.3	Werkstoff
D	Fragen zum Throughput (Wirkung dispositiver Produktionsfaktoren: Planung, Organisation, Steuerung im Produktionsprozess)
D.1	Planung
D.2	Unternehmens- und Produktionsorganisation
D.3	Steuerung (PPS)
E	Selbsteinschätzung des Unternehmens

Abschnitt A beinhaltet allgemeine Angaben zur ökonomischen Bewertung des jeweiligen Unternehmens, die im Rahmen des Benchmarking ausgewertet wurden.

Die Abschnitte B, C und D untersuchen die Faktoren, die auf den Zähler bzw. Nenner der Produktivitätsformel wirken.

Mit der Selbsteinschätzung der Unternehmen in Teil E wird eine zweite Befragungsebene gestaltet, die eine Bewertung der unter B bis D gegebenen Antworten ermöglicht. Dadurch wird eine hohe Sicherheit bezüglich der Richtigkeit der erzielten Befragungsergebnisse erreicht.

Die Unternehmensbefragung bildet einen wichtigen Schwerpunkt zur Identifikation von positiv wirkenden Einflussfaktoren, aber auch von Problemkomplexen.

Als **Befragungsmethode** wurde die **schriftliche Befragung** mit dem **Interviewverfahren** gekoppelt. Jedem beteiligten Unternehmen wurde ein Interviewer zugeordnet, der den Praxispartner bei der Beantwortung der Fragen mit der Erklärung theoretischer Hintergründe unterstützt. Um eine einheitliche Auslegung der Fragestellungen zu gewährleisten und damit vergleichbare und inhaltlich richtige Ergebnisse zu sichern, wurde das Befragungsteam intensiv auf die Interviews vorbereitet. Für die Befragungen wurde ein Handmaterial erarbeitet, welches Definitionen zu eventuell nicht bekannten Begriffen in Einzelfragestellungen enthält.

Auf dieser Basis wurden ca. 300 Merkmale (produktivitätsrelevante Kenndaten, Einflussgrößen, Rahmenbedingungen) in den Unternehmen erfasst und für die Auswertung aufbereitet.

2.2   Benchmarking-Konzept

Gemeinsam mit der Befragung der Unternehmen wurde ein die beteiligten Unternehmen ü-bergreifendes Benchmarking realisiert.

Ziel war die Erfassung und Analyse von Kennzahlen, die das Produktivitätsniveau abbilden bzw. beeinflussen.
Jedem Unternehmen konnte seine Position im Rahmen der analysierten Unternehmensgruppe verdeutlicht werden.
Die Möglichkeit auch über die Analysegruppe hinausgehende Kennwerte einzubeziehen, die die Analyseunternehmen in einem größeren Rahmen positionieren, ist aufgrund der Spezifik des Datenmaterials und der national und international begrenzten Datenverfügbarkeit nur für ausgewählte Kennziffern und z.T. sehr eingeschränkt gegeben.

Mit dem **Benchmarking** konnte je Unternehmen die konkrete Produktivitätssituation dargestellt werden, es konnte gezeigt werden, welche Unterschiede es zu den anderen analysierten Unternehmen gibt und es wurde angestrebt, mit der Kennzeichnung der aktuellen Produktivitätssituation den Ausgangspunkt für Produktivitätsverbesserungen vorzugeben sowie Maßnahmen zu initiieren, die die Produktivitätsentwicklung jedes Unternehmens positiv beeinflussen.

Im Rahmen des Benchmarking-Konzeptes wurden zunächst 32 Kennzahlen ausgewählt.

Sie orientieren auf die Darstellung der Produktivität mit unterschiedlichen Outputgrößen (Umsatz, Wertschöpfung) und Inputgrößen (Arbeitskraft, Betriebsmittel, Werkstoff).

Vor allem für die Nennergrößen wurde auch mit unterschiedlichen Maßstäben gearbeitet.

Desweiteren wurden Kennzahlen entwickelt, die auf die Darstellung von Rentabilitätsgrößen sowie auf wesentliche Aussagen zur Anlagenwirtschaft abzielten.

Dabei wurde davon ausgegangen, dass diese Größen besondere Einflüsse auf die Produktivität ausüben *(vgl. Bilder 23 bis 25)*.

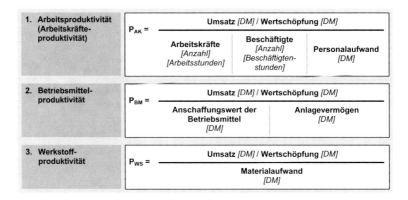

Bild 23:   Benchmarking-Schwerpunkt Produktivitätskennzahlen

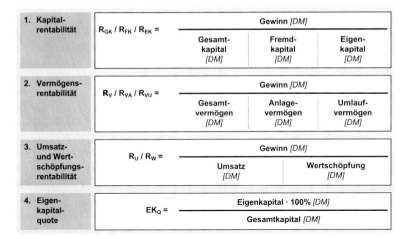

Bild 24: Bechmarking-Schwerpunkt Rentabilitätskennzahlen

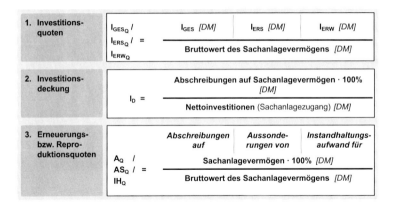

Bild 25: Benchmarking-Schwerpunkt Anlagenkennzahlen

Im Verlaufe der Benchmarking-Analysen in den beteiligten Unternehmen stellte sich heraus, dass die Zielorientierung teilweise verloren geht, wenn das Benchmarking mit allen vorgesehenen Kennzahlen realisiert wird.

Die Gründe dafür sind insbesondere die Vielzahl der Kennzahlen und die damit verbundene Schwierigkeit einer auf die Produktivitätswirkung differenzierten Bewertung und Zielorientierung.

Im Ergebnis wurde der Produktivitätsvergleich auf der Basis einiger wesentlicher Kennzahlen realisiert, die eine übersichtliche Auswertung gestatten und von denen für die Produktivitätsentwicklung eine klare Zielorientierung ableitbar ist.

Für die systematische Ableitung von produktivitätsfördernden Maßnahmekomplexen und die Eingrenzung auf relevante Hauptansatzpunkte in den beteiligten Unternehmen wurde die Vielzahl der im Konzept dargestellten Benchmarks zunächst auf drei zentrale Kennzahlen reduziert, mit denen die **Wirkung der Elementarfaktoren auf die Produktivität** zu bewerten ist.

Arbeitskräfte-produktivität	$P_{AK} = \dfrac{\text{Wertschöpfung}}{\text{Personalaufwand}}$

Betriebsmittel-produktivität	$P_{BM} = \dfrac{\text{Wertschöpfung}}{\text{Anlagevermögen}}$

Werkstoff-produktivität	$P_{WS} = \dfrac{\text{Wertschöpfung}}{\text{Materialaufwand}}$

Zur **Bewertung des Gesamtprozesses, d.h. des Zusammenwirkens der eingesetzten Elementarfaktoren** und der Darstellung ihrer Produktivitätswirkung wurde eine vierte Kennzahl gebildet:

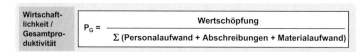

Wirtschaft-lichkeit / Gesamtpro-duktivität	$P_{G} = \dfrac{\text{Wertschöpfung}}{\Sigma\,(\text{Personalaufwand} + \text{Abschreibungen} + \text{Materialaufwand})}$

An Stelle des nicht durchgängig ermittelbaren Gesamtaufwandes für eingesetzte Anlagen wurden die Abschreibungen, die einen dominanten Anteil des Anlagenaufwandes darstellen, in den Nenner einbezogen.

3   Ergebnisse der Unternehmensanalyse
3.1   Auswertungsprinzipien

Die Unternehmensanalyse setzt sich, wie bereits dargestellt, aus den Bestandteilen Unternehmensbefragung und Benchmarking zusammen.
Für beide wurden jeweils zwei Auswertungsvarianten gewählt.

Es handelt sich um die

- ➢ **Branchenanalyse** über alle beteiligten Unternehmen und
- ➢ **Analyse der Einzelunternehmen** zur Definition der Position jedes Unternehmens in der analysierten Branche (Nebl, Dikow, Schulze [Produktivitätspotenziale] 12ff).

Aus der **Branchenanalyse,** in die alle analysierten Unternehmen einbezogen wurden, sind verallgemeinerbare Stärken und Schwächen der Branche ableitbar.
Die Analyse der Einzelunternehmen führt zur Darstellung von Stärken und Schwächen jedes Unternehmens *(Bild 26).*

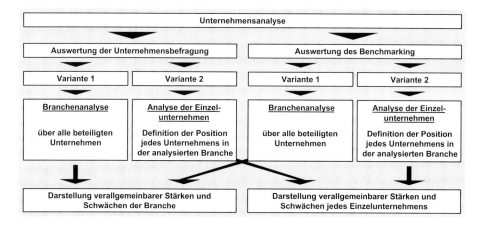

Bild 26:   Bestandteile der Unternehmensanalyse

Zur **Branchenanalyse** der Unternehmensbefragung wurden **zwei Auswertungsformen** gewählt.

In der **ersten Auswertungsform** wurden alle Antworten aller Unternehmen, die für eine bestimmte Fragestellung gegeben wurden, den möglichen Antwortvarianten zugeordnet. Die Prozentverteilung der Antworten auf die Antwortvarianten wird graphisch dargestellt.

Diese Form war für die Mehrzahl der Fragestellungen anwendbar. Bei ausgewählten Fragen wurde eine **zweite Auswertungsform** gewählt.

Dabei wurden je Antwortvariante der Minimalwert, der Maximalwert und der Mittelwert dargestellt. Ein Beispiel dafür ist die Frage nach der Qualitätskostenstruktur. Hier wurden Anteile einzelner Qualitätskostenarten an den gesamten Qualitätskosten abgefragt. Für die Anteile ist es sinnvoll entsprechende Extremwerte darzustellen.

Die **Auswertungsformen der Branchenanalyse** bilden die Grundlage für die Auswertungsformen der Analyse der Einzelunternehmen. Dabei werden die Befragungsergebnisse des jeweils zu analysierenden Einzelunternehmens in die Auswertungsformen der Branchenanalyse übertragen.

Es wird die jeweilige Antwortvariante des Unternehmens gekennzeichnet bzw. es wird der konkrete Unternehmenswert in die Darstellung der Extremwerte einbezogen *(vgl. Bild 27)*.

Für die **Benchmarking-Analyse** wird eine **ähnliche Auswertungsform** gewählt.

Für jede **Benchmarking-Kennzahl** erfolgt in der Branchenanalyse eine graphische Darstellung der erzielten Minimal- und Maximalwerte, des Medians, des Mittelwertes und gegebenenfalls eines externen Vergleichswertes.

Für die Benchmarking-Analyse jedes Einzelunternehmens erfolgte, wie bereits beschrieben, zuerst eine Reduktion auf vier Benchmarking-Kennzahlen.

Für diese Kennzahlen wurden aus allen beteiligten Unternehmen die Maximalwerte ermittelt und graphisch dargestellt.

Für jedes Einzelunternehmen erfolgte die Zuordnung seiner Werte zu den Maximalwerten und die darauf basierende **Identifikation der „Lücke"** *(vgl. Bild 28)*.
Diese Auswertungsgrundsätze sollen nachfolgend an einigen Beispielen verdeutlicht werden.

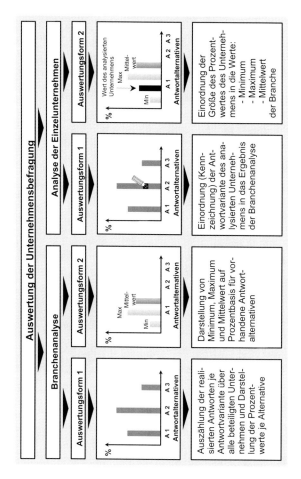

Bild 27:   Auswertungsformen der Unternehmensbefragung

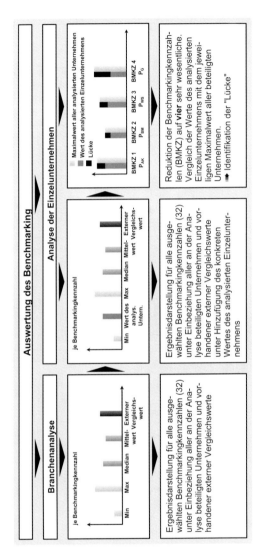

Bild 28:   Auswertungsformen des Unternehmensbenchmarking

Aus den vorliegenden Daten werden anonymisierte Extremwerte (Minimum, Maximum) oder Zwischenwerte (Mittelwert, Median) dargestellt *(vgl. Bild 29)*.

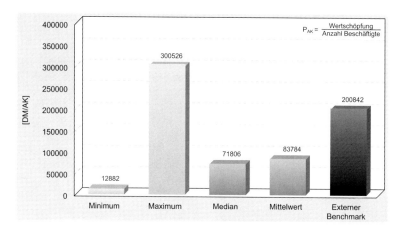

$$P_{AK} = \frac{\text{Wertschöpfung}}{\text{Anzahl Beschäftigte}}$$

Bild 29:   *Prinzip der Benchmarking-Auswertung dargestellt an der Kennzahl* Arbeitsproduktivität (wertschöpfungsorientiert)

Der Minimumwert (Min) kennzeichnet den Kleinstwert aus den teilnehmenden Unternehmen,
der Maximumwert (Max) den jeweiligen Größtwert.

Der Mittelwert charakterisiert das mathematische Mittel aller genannten Einzelwerte aus den
teilnehmenden Unternehmen.

Der Median kennzeichnet den Zentralwert der Zahlenreihe aus den teilnehmenden Unternehmen.

Es handelt sich dabei um den Wert, der im Zentrum einer nach der Größe der Einzelwerte
geordneten Zahlenreihe liegt.

Abweichungen zwischen Mittelwert und Median deuten auf eine ungleichmäßige Verteilung
von kleinen und großen Merkmalswerten in der Stichprobe hin.

Jede dieser dargestellten Kennzahlen kann als „Benchmark" angesehen werden, also als **Be-
zugspunkt** zum Vergleich dienen.
Minimum, Maximum, Mittelwert oder Median sind daher Benchmarks aus der Gruppe der
teilnehmenden Unternehmen (interne Benchmarks).

Bei verschiedenen Aspekten wurden als Vergleichsmaßstab sogenannte externe Benchmarks
herangezogen, um die Situation der beteiligten Unternehmen aus der Metall- und Maschinen-
baubranche in Mecklenburg-Vorpommern an anderen Leistungsdaten zu spiegeln und einzu-
ordnen.

Für die Auswertung von Beurteilungsdaten z.B. zur Einschätzung der „Leistungsbereitschaft
(Motivation) der Arbeiter" wurden entsprechende Beantwortungsklassen gebildet:

➢ sehr gute Leistungsbereitschaft
➢ gute Leistungsbereitschaft
➢ befriedigende Leistungsbereitschaft
➢ schlechte Leistungsbereitschaft
➢ sehr schlechte Leistungsbereitschaft.

Die Häufigkeit der Nennung einzelner Beantwortungsklassen dient als Basis zur Ermittlung der Anteilswerte (prozentuale Anteile).

Die ausgewiesenen Anteilswerte beziehen sich auf die beteiligten Unternehmen und können zum Vergleich als interne Benchmarks herangezogen werden *(vgl. Bild 30)*.

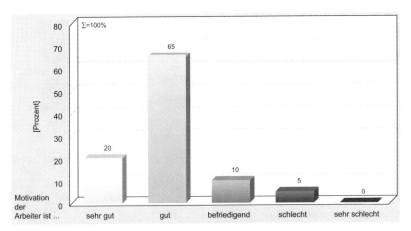

Bild 30:   *Prinzip der Befragungsauswertung auf der Basis der Anteilswerte am Beispiel Motivation der Arbeiter*

Diese „globale Auswertung" liefert Erkenntnisse über die Produktivitätssituation der beteiligten Unternehmen insgesamt und damit über einen Ausschnitt der regionalen Maschinenbau- und Metallbranche.

Daraus sind allgemeine Gestaltungsschwerpunkte aus den Stärken- und Schwächenprofilen der Branche abzuleiten.

Dies sind insbesondere wertvolle Ansatzpunkte für die nicht direkt beteiligten Unternehmen oder für Unternehmen anderer Branchen, um verallgemeinerbare Tendenzen zu erkennen und Gestaltungsansätze für das eigene Unternehmen abzuleiten.

Für die an dem Projekt direkt beteiligten Unternehmen ergibt sich ein zusätzlicher, äußerst wertvoller Realisierungsansatz nach dem „Best-Practice-Prinzip".

Jede im Rahmen der Befragung erfasste Einzelgröße ist für jedes Unternehmen darstellbar.

Wertvoll wird diese Größe aber erst durch den Vergleich mit dem Minimal- bzw. Maximal- wert der insgesamt beteiligten Unternehmen.

Der Vergleich eines Wertes eines beteiligten Einzelunternehmens mit dem jeweiligen Bestwert führt zur Darstellung der **individuellen „Lücke",** die die Differenz des Wertes des betrachteten Unternehmens und des Bestwertes darstellt *(vgl. Bild 31)*.

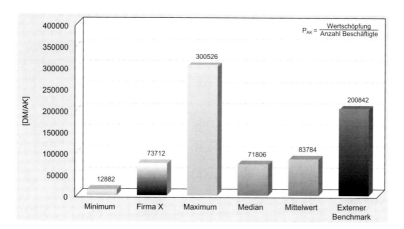

Bild 31: Prinzip der Benchmarking-Auswertung auf der Basis des Vergleichs eines Fir-
menwertes mit den Extremwerten am Beispiel Arbeitsproduktivität (wertschöpfungsorientiert)

Auch ein Vergleich zu ggf. vorhandenen externen Benchmarks ist möglich.

Der besondere Vorteil beim hier gegebenen internen Benchmarking der beteiligten Unternehmen besteht darin, dass neben der Kennzahl auch **Ursache-
Wirkungsbeziehungen des anonymen „Bestunternehmens"** in die Analyse einbezogen werden können.

Aus diesem Betrachtungshintergrund ergeben sich unmittelbare individuelle Handlungsfelder
für eine systematische Produktivitätsverbesserung in den beteiligten Unternehmen.

Diese Auswertung nach dem „Best-Practice-Prinzip" darf nur individuell für jedes beteiligte
Unternehmen erfolgen, um berechtigte Interessen zur Anonymität der Daten zu gewährleisten.

3.2 Auswertung der Unternehmensbefragung

Die Auswertung der Unternehmensbefragung erfolgt nach der Grundstruktur der Gliederung des vorgegebenen Befragungsbogens.

Auf den Abschnitt A wird an dieser Stelle nicht eingegangen. Abschnitt A beinhaltet allgemeine Angaben zur ökonomischen Bewertung des jeweiligen Unternehmens. Diese Angaben werden im Rahmen des Benchmarking ausgewertet.

3.2.1 Auswertung der Unternehmensbefragung zum Schwerpunkt Output (Produkte und Leistungen)

Das durch die befragten Unternehmen produzierte Güterspektrum ist charakterisierbar durch die Begriffe

- ➢ industrielle Güter (45%)
- ➢ Maschinenbaugüter (40%)
- ➢ Investitionsgüter (50%)

60% der Unternehmen sind auf lediglich einem **Produktfeld** tätig. 30% wirken auf zwei Produktfeldern. 10% der Unternehmen geben an, auf drei Produktfeldern tätig zu sein. Mehr als drei Produktfelder besitzt keines der befragten Unternehmen.

Alle befragten Unternehmen realisieren Auftragsproduktion. Zusätzlich sind
25% der Unternehmen mit **Vorratsproduktion** befasst. 75% der Unternehmen realisieren ausschließlich **Auftragsproduktion**. Ein nur auf die Vorratsproduktion orientiertes Unternehmen liegt nicht vor.

Bei 25% der Unternehmen existiert eine unterschiedliche Mischung von Auftrags- und Vorratsproduktion *(Bild 32)*.

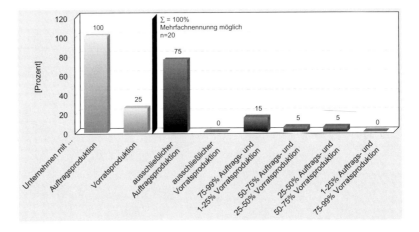

Bild 32:   Art der Produktionsauslösung in den Unternehmen

Alle befragten Unternehmen stellen **kundenindividuelle Produkte** her. 65% der Unternehmen produzieren zusätzlich **Standardprodukte**.

45% der Unternehmen besitzen eine Mischung von 80% - 100% kundenindividueller Produkte und 0% - 20% Standardprodukte.

20% der Unternehmen besitzen ein Mischungsverhältnis von 0% - 20% kundenindividueller Produkte und 80% - 100% Standardprodukte.

Bei 66,7% der Standardprodukthersteller handelt es sich um Produkte mit kundenspezifisch angepassten Produktvarianten (80% - 100%) und anbieterspezifischen Produktvarianten (0% - 20%).

Bei den restlichen Unternehmen nimmt der Anteil der anbieterspezifischen Varianten zu, der der kundenspezifischen Varianten ab.

20% der Unternehmen konzentrieren sich auf eine Einproduktproduktion, 80% der Unternehmen realisieren eine **Mehrproduktproduktion**.

Von den befragten Unternehmen wird die **Fertigungstiefe** folgendermaßen eingeschätzt (angegeben wird der Anteil der in den Unternehmen realisierten Fertigungsstufen):
- ➢ 10% Endmontage
- ➢ 15% Teilefertigung und Vormontage
- ➢ 5% Vormontage und Endmontage und
- ➢ 70% Teilefertigung, Vor- und Endmontage.

Lediglich in 40% der Unternehmen werden **Forschungs- und Entwicklungsarbeiten** und die **technologische Prozessvorbereitung** durchgeführt *(vgl. Bild 33)*.

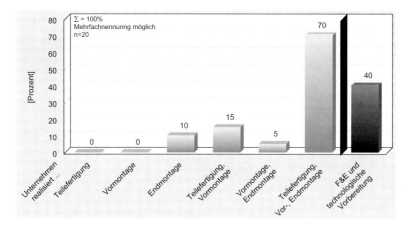

Bild 33:   Fertigungstiefe der Unternehmen

In 85% der Unternehmen wird **Einzelfertigung** realisiert.
Dabei kommt es zu einer differenzierten Streuung der Anteile der Einmalfertigung und der **Wiederholfertigung**. Der Anteil der Unternehmen mit Wiederholfertigung überwiegt *(Bilder 34-35)*.

Zusätzlich zur Einzelfertigung realisieren 65% der Betriebe eine **Mehrfachfertigung.** Dabei sind kleine **Serien** (46%) und **Mittelserien** (46%) dominant.

Die Mittelwerte angegebener Stückzahlen betragen für die Kleinserienfertigung 27 Erzeugnisse, für die Mittelserienfertigung 221 Erzeugnisse und für die Großserienfertigung 400 Erzeugnisse.

Die **Kompliziertheit** der produzierten **Erzeugnisse** kann folgendermaßen eingeschätzt werden:

➤ 70% der Produkte besitzen eine mehrstufige komplexe Struktur
➤ 40% der Produkte besitzen eine mehrstufige einfache Struktur und
➤ 20% der Produkte sind einteilig.

Das **Hauptabsatzgebiet** der Produkte der analysierten Unternehmen ist der deutsche Wirtschaftsraum (70%). 23% der Produkte werden nur in Mecklenburg-Vorpommern abgesetzt und 13% sind für internationale Märkte bestimmt *(vgl. Bild 36)*.

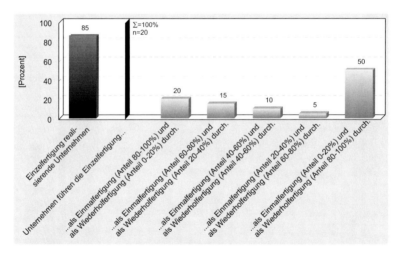

Bild 34:   Fertigungsart der Unternehmen I (Einzelfertigung)

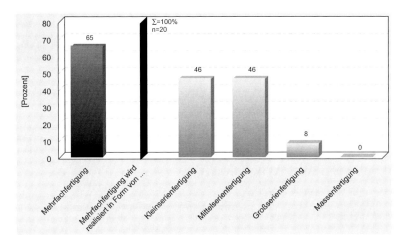

Bild 35:   Fertigungsart der Unternehmen II (Mehrfachfertigung)

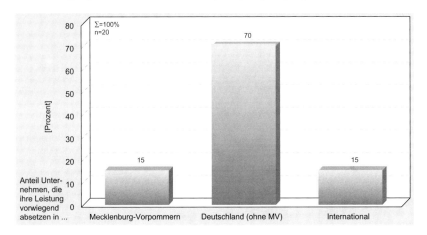

Bild 36:   Hauptabsatzregionen der Unternehmen

3.2.2   Auswertung der Unternehmensbefragung zum Schwerpunkt Input (elementare Produktionsfaktoren: AK, BM, WS)

In der Unternehmensbefragung werden die Arbeitskräfte (75%) und die Werkstoffe (60%) als **dominante Produktionsfaktoren** herausgestellt.
Eine Nennung der Betriebsmittel erfolgte in keinem Falle.

3.2.2.1 Schwerpunkt Arbeitskraft

Das Verhältnis Arbeiter : Angestellte schwankt zwischen 0,5 und 9,0. Der Mittelwert liegt bei 3,0.

Trotzdem nur in 40% der Unternehmen die Forschung und Entwicklung und die technologische Vorbereitung als eigenständige Prozesse vertreten sind, ist zu konstatieren, dass 10,6% der Angestellten im F + E-Bereich und 21,1% in der Arbeitsvorbereitung tätig sind.

Wesentliche weitere Einsatzfelder sind

- ➢ Qualitätssicherung (7,6%)
- ➢ Materialwirtschaft (16%) und
- ➢ Instandhaltung (8,1%).

Allen Unternehmen ist ein hohes **Niveau der Qualifikation** der eingesetzten Arbeiter und Angestellten zu bescheinigen *(vgl. Bild 37)*.

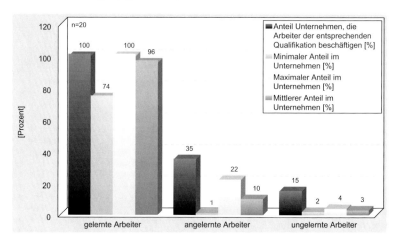

Bild 37:   Qualifikationsstruktur der Arbeitskräfte (Arbeiter)

So verwundert es nicht, dass die Beurteilung der Arbeiter zur Lösung der ihnen übertragenen Aufgaben überdurchschnittlich gut ausfällt.

➢ sehr gut (15%)
➢ gut (65%)
➢ befriedigend (20%).

Diese Aussagen sind für die Angestellten wiederholbar.

Für 80% der Arbeitskräfte gilt, dass sie in mehreren Arbeitsbereichen einsetzbar sind. Ständig wechselnde Aufgaben werden von 50% der Arbeitskräfte gelöst.

50% der Angestellten beherrschen mehrere Arbeitsgebiete und 55% lösen ständig wechselnde Aufgaben.

Die Vorgesetzten schätzen die Flexibilität ihrer Arbeiter folgendermaßen ein *(vgl. Bild 38)*:

➢ 15% hochflexibel
➢ 65% flexibel
➢ 20% eingeschränkt flexibel

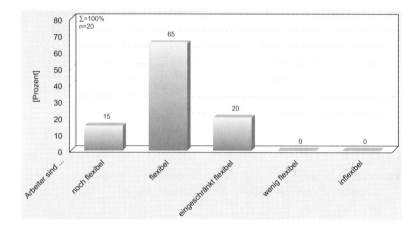

Bild 38:   Einschätzung der Flexibilität der Arbeiter

Ähnlich gute Bewertungen erfahren die Angestellten:

➢ 20% hochflexibel
➢ 60% flexibel
➢ 20% eingeschränkt flexibel.

Die Qualifikation der Arbeiter wird bei 85% als gut und 15% als befriedigend eingeschätzt.

Die Qualifikation der Angestellten wird bei 15% als sehr gut, 60% als gut und 25% als befriedigend eingeschätzt.

Die **Motivation** der beschäftigten Arbeitskräfte wird hoch bewertet *(vgl. Bild 39)*:

➢ 20% sehr gut
➢ 65% gut
➢ 10% befriedigend und nur
➢ 5% schlecht.

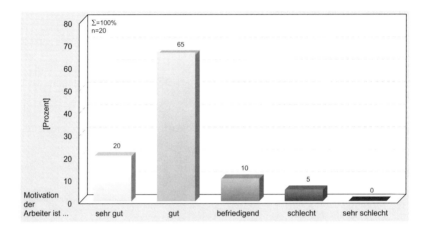

Bild 39:   *Beurteilung Leistungsbereitschaft (Motivation) der Arbeiter*

Ähnliche Aussagen gelten für die Angestellten. Sie besitzen zu

➢ 40% eine sehr gute
➢ 45% ein gute und
➢ 15% eine befriedigende

Motivation.

Die **Lohnformstrukturierung** verdeutlicht die Dominanz des Zeitlohnes (95%) gegenüber dem Prämienlohn (25%) und dem Akkordlohn (10%) *(vgl. Bild 40)*.

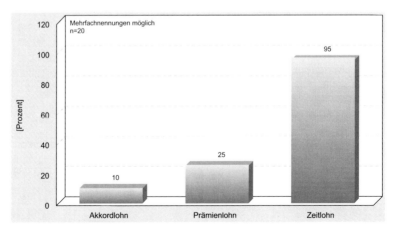

Bild 40:   *Entlohnungsformen für Arbeiter*

Die Spannweite der Auslastung der Kapazität der Arbeitskräfte reicht von sehr hoch (20% der Unternehmen) über hoch (50%) bis mittel (30%).
Die Auslastung der Angestellten wird höher eingeschätzt.

Die **Auslastung der Kapazität der Arbeiter** ist hoch. 4,6% der Jahresarbeitszeit geht durch Krankheit verloren.
Bei den Angestellten sind es 2,2%.
Die Ausfallzeiten für Weiterbildung sind gering. Sie betragen 0,5% bei Arbeitern und 1,1% bei Angestellten *(vgl. Bild 41)*.

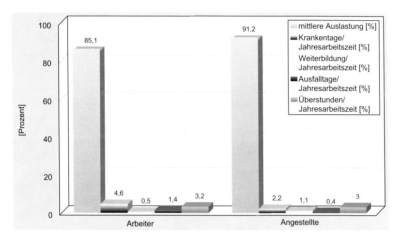

Bild 41:   Jahresarbeitszeitstrukturen

55% der befragten Unternehmen bestätigen die **Existenz von Vorgabezeiten** für durchzuführende Fertigungsaufträge. In 20% der Unternehmen existieren Vorgabezeiten nur für „wichtige Aufträge" und in 25% der Unternehmen wird ohne Vorgabezeiten gearbeitet.

In nur 30% der Unternehmen wurden **Zeitstudien für Mitarbeiter** vorgenommen. Von den 70% Unternehmen ohne Zeitstudien beabsichtigen nur 10% diese zukünftig durchzuführen *(vgl. Bild 42)*.

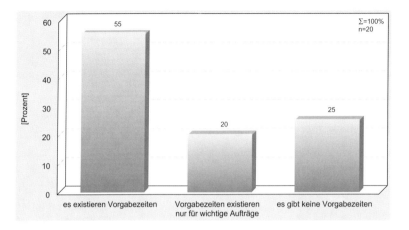

Bild 42: Existenz von Vorgabezeiten für durchzuführende Fertigungsaufträge

3.2.2.2 Schwerpunkt Betriebsmittel

Die **Altersstruktur der Betriebsmittel** der untersuchten Unternehmen ist sehr differenziert zu betrachten. Einige Unternehmen besitzen nur Betriebsmittel im Altersbereich 0 - 4 Jahre. In anderen Unternehmen liegt eine deutlich schlechtere Altersstruktur vor. Das ist zu erkennen an den Maximalwerten, die je Altersbereich gemessen wurden (7 - 10 Jahre: 93,8%; > 15 Jahre: 58,2%).

Aus der Sicht der Durchschnittswerte ist zu konstatieren, dass sich die Betriebsmittel auf der Grundlage ihrer Anschaffungswerte folgendermaßen auf die Altersbereiche verteilen:
- ➢ <   4 Jahre: 45,5%
- ➢ 4 -   6 Jahre: 25,2%
- ➢ 7 -   10 Jahre: 46,6%
- ➢ 11 - 15 Jahre: 17,8%
- ➢ >   15 Jahre: 29,5%

Damit wird deutlich, dass sowohl neue als auch überalterte BM in den Unternehmen vorhanden sind *(vgl. Bilder 43-44)*.

Zur Beurteilung der **Kapazitätsauslastung der Betriebsmittel** ist festzustellen, dass 30% der befragten Unternehmen eine hohe Auslastung realisieren (76% - 90%). In 70% der Unternehmen liegt lediglich eine mittlere bis schlechte Kapazitätsauslastung vor.

Die durch die Betriebsmittel realisierbare **Fertigungsgenauigkeit** wird überwiegend als sehr hoch bzw. hoch eingeschätzt (70%).
Es ist zu vermuten, dass bei genauen Messungen diese Angaben nicht bestätigt werden können.
Der Grund dafür liegt im hohen Anteil von Betriebsmitteln in einer Altersstruktur, die normale Lebenszyklusdauern übersteigt.

Der **Stand der Technik** der Betriebsmittel wird im Vergleich zur Branche hoch eingeschätzt:

- ➤ höher als in der Branche: 47%
- ➤ identisch mit der Branche: 42%
- ➤ niedriger als in der Branche: 10%

Sollten sich diese Werte bestätigen, ist anzunehmen, dass die Altersstruktur der Betriebsmittel in den nicht analysierten Unternehmen der Branche schlechter ist, als im Analysebereich.

Der eingeschätzte Stand der Technik könnte ein wesentliches Argument für die Flexibilität der Betriebsmittel sein.

100% der befragten Unternehmen konstatieren eine sehr hohe bis mittlere Fähigkeit ihrer Betriebsmittel zur qualitativen Flexibilität.

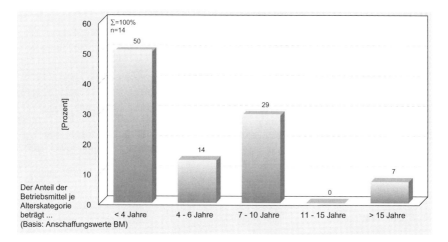

Bild 43:   Altersstruktur der Betriebsmittel I

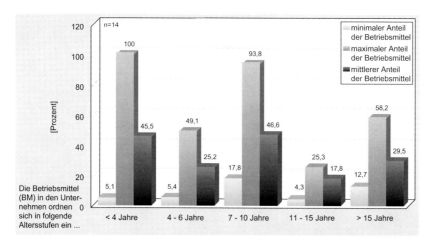

Bild 44:   Altersstruktur der Betriebsmittel II

Diese Aussage passt zu den Aussagen über die technischen Fähigkeiten. 90% der befragten Unternehmen sind der Auffassung, über eine sehr hohe bis mittlere quantitative Flexibilität zu verfügen.
Das wird durch die relativ geringe Kapazitätsauslastung der Betriebsmittel gestützt.

Flexibilitätsförderlich ist auch die Tatsache, dass die Unternehmen 80% ihrer Betriebsmittel als Universalmaschinen und nur 20% als Spezialmaschinen bezeichnen.

In 95% der Unternehmen wird die lineare Zeitabschreibung als Abschreibungsverfahren benutzt. 20% der Unternehmen wenden zusätzlich die degressive Zeitabschreibung an.

Die Mehrzahl der Unternehmen (70%) ist der Auffassung, dass ihre Betriebsmittel sehr gut und gut zur Lösung der gegenwärtigen Produktionsaufgaben geeignet sind.

Den verbleibenden 30% wird eine mittlere Eignung bescheinigt.

Die **Eignung der Betriebsmittel** für zukünftige Aufgaben wird schlechter eingeschätzt als ihre Eignung für gegenwärtige Aufgaben *(vgl. Bild 45)*:
➢ 53% sehr gut und gut
➢ 37% mittel
➢ 11% schlecht.

In 20% der Unternehmen wurden Zeitstudien für Betriebsmittel durchgeführt. Von den 80% der Unternehmen, die keine Zeitstudien realisierten, sind nur in 5% Zeitstudien vorgesehen.

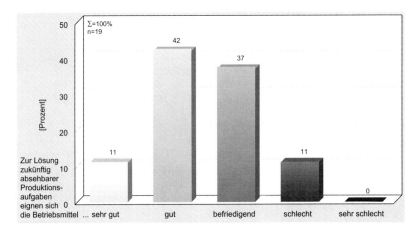

Bild 45:   Bewertung der Eignung der Betriebsmittel zur Lösung zukünftig absehbarer Produktionsaufgaben

3.2.2.3   Schwerpunkt Werkstoff

Über 90% der Unternehmen schätzen die **Eignung eingesetzter Werkstoffe** für die Erzeugnisherstellung als sehr gut bzw. gut ein.

Der durchschnittliche **Materialausnutzungsgrad** liegt bei 90% und die Ausschussquote schwankt zwischen 0% und 5%.

Folgende Häufigkeiten liegen für die verschiedenen Varianten **technologischer Bearbeitungsfolgen** vor *(vgl. Bild 46):*
- ➢ 67%   variierende technologische Bearbeitungsfolge
- ➢ 28%   gleiche technologische Bearbeitungsfolge ohne Überspringen von Bearbeitungsstationen
- ➢ 6%   gleiche technologische Bearbeitungsfolge mit Überspringen von Bearbeitungsstationen.

Alle befragten Unternehmen verfügen über Wareneingangslager. In nur 40% der Unternehmen gibt es Zwischenlager und in nur 55% Fertigwarenlager (35% sonstige nicht definierte Lagerarten).

95% der Unternehmen bedienen sich moderner Methoden der Materialbestellung. Dabei wird das Bestellpunktverfahren in 75% der Unternehmen angewendet.

Die organisatorische Zuordnung der Materialbereitstellung erfolgt in verschiedene Funktionalbereiche:
- ➢ in 44%   der Unternehmen ist sie dem Einkauf zugeordnet
- ➢ in 28%   der Arbeitsvorbereitung
- ➢ in 8%   der Konstruktion
- ➢ in 8%   der Geschäftsführung
- ➢ in 12%   der Materialwirtschaft

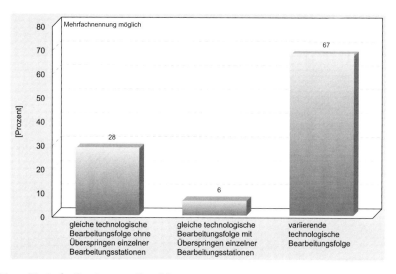

Bild 46:   Typische Fertigungsreihenfolgen

Diese Differenzierung hat mit der Unternehmensgröße zu tun. Eine einheitliche Gestaltung der Organisation für die Materialwirtschaft wäre anstrebenswert.

Trotzdem nur in 40% der Unternehmen eine technologische Vorbereitung existiert, folgt aus der Befragung, dass die Materialbedarfsermittlung in 95% der Fälle deterministisch (10% stochastisch, 20% heuristisch) erfolgt.

ABC-Analysen werden in 84% der Unternehmen nicht durchgeführt.
Daraus folgt, dass die für das Unternehmen besonders wichtigen Teile kaum eingrenzbar sind. Nur für sie sollte die deterministische Methode angewendet werden.

90% der befragten Unternehmen beziehen zur Realisierung ihres Outputs **fremdgefertigte Teile.**
Das geschieht entweder aus strategisch orientierten ökonomischen (78%) und technisch-technologischen (72%) Aspekten oder aus operativen Aspekten (28%) *(vgl. Bild 47).*

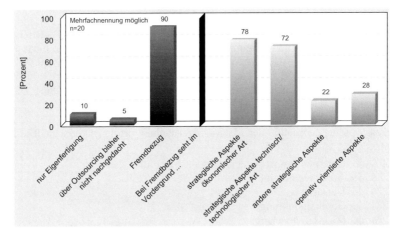

Bild 47:   Grundsätzliche Überlegungen der Unternehmen zu Eigenfertigung bzw. Fremdbezug

3.2.3 Auswertung der Unternehmensbefragung zum Schwerpunkt Throughput (Wirkung dispositiver Produktionsfaktoren: Planung, Organisation, Steuerung im Produktionsprozess)

3.2.3.1 Schwerpunkt Planung

Lediglich 55% der Unternehmen realisieren eine **Durchlaufplanung** für alle Erzeugnisse. In 25% der Unternehmen werden Durchlaufpläne nur für die wichtigsten Erzeugnisse erstellt und in 20% der Unternehmen findet keine Durchlaufplanung statt.
Wenn Durchlaufpläne erstellt werden, wird in 75% die Rückwärtsplanung als Methode eingesetzt.

Die Datengrundlagen für die Durchlaufplanung bilden mit:
- 63% Vorgabezeiten (die Höhe dieser Werte ist vor dem Hintergrund, dass lediglich in 40% der Unternehmen eine technologische Vorbereitung realisiert wird, in Zweifel zu ziehen)
- 25% Übergangszeiten, die als Zeitmatrix den Zeitbedarf für den Übergang von einer zur nächsten Bearbeitungsstation darstellen
- 13% Losgrößenermittlungen
- 38% andere (nicht näher definierte) Daten.

Für die auf die Durchlaufplanung folgende (bzw. ohne sie zu realisierende) Terminplanung bilden Termine aus Vertragsabschlüssen über die Leistungserstellung (90%) die entscheidende Grundlage.

An zweiter und dritter Stelle werden die Kapazitätsplanung (60%) und die realisierte Durchlaufplanung (55%) genannt.

40% der Unternehmen gaben an, dass sie im Rahmen der Produktionsplanung die Bestimmung optimaler Fertigungslosgrößen realisieren, 45% bestimmen optimale Beschaffungslosgrößen.

Als Grundsätze für die **Gliederung der Produktionskapazität in Teilkapazitäten** werden genannt:
- 45% nach Kostenstellen
- 40% nach Arbeitsplätzen

aber auch
- 30% nach Organisationsformen der Fertigung und
- 25% nach Fertigungssegmenten.

Als Reaktion der Unternehmen auf nicht ausreichende Kapazitäten insbesondere im Rahmen der **Belastungsplanung** werden alle wesentlichen, in der Literatur diskutierten, Maßnahmekomplexe eingesetzt.

Dominant sind allerdings der Einsatz von Überstunden (95% der Unternehmen).

Die Umsetzung von Arbeitskräften in den Engpass (65%) sowie die Kooperation und die Auftragsverschiebung (je 45%) *(vgl. Bild 48)*.

Die sinnvolle Handhabung ökonomischerer Varianten setzt eine Verbesserung der Durchlauf- und Terminplanung voraus.

Die Bestimmung optimaler **organisatorischer Bearbeitungsfolgen** erfolgt in den Unternehmen zur Sicherung folgender Zielstellungen:

➢ 95% Termineinhaltung
➢ 53% Verbesserung der Kapazitätsauslastung
➢ 42% Kostensenkungen
➢ 21% Durchlaufzeitverkürzungen.

Auch hier ist die Durchlaufzeit das entscheidende Problem, das auf die anderen Ziele und ihr Erreichen wirkt. Diese zentrale Bedeutung geht allerdings aus der Beantwortung der Frage nicht hervor.

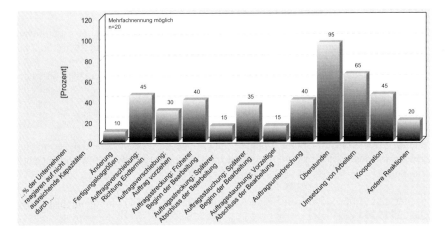

Bild 48:   *Reaktionen der Unternehmen auf nicht ausreichende Kapazitäten*

Die Bestimmung organisatorischer Reihenfolgen wird überwiegend von Mitarbeitern in der Planung und Steuerung (58%) und den Meistern im Fertigungsprozess (37%) vorgenommen.

3.2.3.2   Schwerpunkt Organisation

Wie zu erwarten war, spielt die Problematik des **Lean Managements** mit der Zielstellung Reduktion der Hierarchieebenen im Unternehmen eher eine untergeordnete Rolle.

In den KMU des Analysebereiches schwankt die Anzahl der Hierarchieebenen zwischen 1 und 4. Der Durchschnittswert beträgt 3.

25% der befragten Unternehmen realisierten in den letzten Jahren eine Reduktion der Hierarchieebenen. Von den verbleibenden 75% planen lediglich 5% eine weitere Reduktion.

In den analysierten Unternehmen existieren keine **divisional** ausgerichteten Organisationsstrukturen.
Die **funktionale Organisation** ist klar dominant (55%).

Alle wesentlichen **Organisationsstrukturen** sind in den Unternehmen vertreten, so z.B.:

➢ 45% Einliniensystem
➢ 25% Mehrliniensystem
➢ 15% Stab-Liniensystem.

In der Produktionsvorbereitung und in der Verwaltung liegen die Leitungsspannen durchschnittlich bei drei bzw. vier untergeordneten, anzuleitenden Mitarbeitern pro Leiter.
Im Produktionsprozess sind durchschnittlich 20 Arbeitskräfte einem Leiter zugeordnet.

Alle **klassischen räumlichen Organisationsprinzipien** werden in den Unternehmen eingesetzt.

In 65% der Unternehmen wird das Werkstattprinzip angewendet.
An zweiter Stelle liegt bereits das Reihenprinzip (50%).
Das Gruppenprinzip und das Einzelplatzprinzip nehmen mit 25% und 10% die Plätze drei und vier ein.
In 40% der Unternehmen ist das Werkstattprinzip dominant, in 35% das Reihenprinzip, in 20% das Gruppenprinzip und in 5% der Unternehmen besitzt sogar das Einzelplatzprinzip die höchste Einsatzpriorität.

Passend zu den räumlichen Organisationsprinzipien dominiert bei den **zeitlichen Organisationsprinzipien** der Reihenverlauf. In 42% der Unternehmen ist er die entscheidende Weitergabevariante der zu bearbeitenden Teile.

Der Prozentwert scheint allerdings zu niedrig zu sein, da der Reihenverlauf für das Werkstatt- und Gruppenprinzip angewendet wird (diese sind zusammen in 60% der Unternehmen vorherrschend!).

Auch der Anteil von 26% Parallelverlauf und 21% kombiniertem Verlauf sind zu prüfen und so eher nicht plausibel.

> Bis auf die starre Fließfertigung kommen alle in der Theorie definierten **klassischen und modernen Organisationsformen** in den Produktionsprozessen der befragten Unternehmen vor. Das Primat liegt eindeutig bei den klassischen Organisationsformen. Die Werkstattfertigung wird in 70% der Unternehmen realisiert und nimmt damit die erste Position ein. Erstaunlich ist, dass 40% der Unternehmen über Fertigungsreihen und 35% über Fertigungsabschnitte verfügen.

Damit wurden trotz der eingeschränkten Produktpaletten und Seriengrößen erste Schritte in Richtung auf die Gegenstandsspezialisierung gemacht.

Kritisch anzumerken ist, dass aus der Häufigkeit der Nennung der räumlichen Organisationsprinzipien und zeitlichen Organisationsprinzipien nicht auf die Häufigkeit der vorkommenden Organisationsformen, die aus deren Kombination gebildet werden, geschlossen werden kann *(vgl. Bild 49)*.

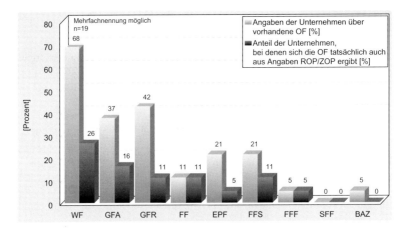

Bild 49:　Organisationsformen der Fertigung in den Unternehmen

Davon abgeleitet ist auf nicht optimale Kombinationen räumlicher und zeitlicher Organisationsprinzipien zu schließen, was auf die **Produktionsorganisation als ein wesentliches Gestaltungsfeld zur Steigerung der Produktivität** hindeutet.

Ähnliche Schlussfolgerungen sind aus der Ermittlung von Transportwegen und der Flächennutzung ableitbar.

Der **Handprozess**, der **Maschinenprozess** und der **mechanisierte Prozess** kennzeichnen die Produktion der Unternehmen. **Teilautomatisierungen** und die **Vollautomatisierung** spielen eine untergeordnete Rolle.

Die mittleren Anteile betragen

➢ 45% Handprozesse
➢ 27% mechanisierte Prozesse
➢ 44% Maschinenprozesse
➢ 13% teilautomatisierte Prozesse und
➢ 10% vollautomatisierte Prozesse.

In der Darstellung des **kinematischen Verhaltens der Elementarfaktoren** werden alle theoretisch denkbaren Kombinationen erwähnt.

Die wesentlichen Kombinationsvarianten sind:

➢ AK und BM stationär, WS instationär (40% Nennung)
➢ AK und BM instationär, WS stationär (50% Nennung).

Ihre Häufigkeit erscheint als zu gering, wenn man sie mit den definierten Organisationsformen in Beziehung setzt.

Kaum plausibel sind die genannten Kombinationsvarianten:

➢ AK und WS stationär, BM instationär (10%) und
➢ BM und WS stationär, AK instationär (20%).

Bei 5% **Einzelplatzfertigung** ist eine 35% Nennung lediglich stationärer Elementarfaktoren ebenfalls zu überprüfen.

Auch hier deutet sich die Notwendigkeit zur Verbesserung der Gestaltung der Organisationsformen an.

Auch der Stand der Erfassung, Dokumentation und Darstellung des Auftragsabwicklungsprozesses verdeutlicht Reserven in der Produktionsvorbereitung, der Produktionsorganisation und der Planung und Steuerung der Produktionsprozesse.

Die Hälfte der Unternehmen ist nach DIN EN ISO 9000 ff. zertifiziert.
Weitere 25% beabsichtigen eine Zertifizierung durchführen zu lassen.
18% der Unternehmen sind der Auffassung, dass mit der Zertifizierung keinerlei Vorteile verbunden sind.

Folgende Vorteile werden von den Unternehmen durch die **Zertifizierung** erwartet:
➢ 76% bessere Kundenakzeptanz
➢ 53% Verbesserung der Transparenz des Produktionsablaufes
   (genau an dieser Stelle besitzen viele Unternehmen Probleme)
➢ 47% effizientere Fehleranalysen
➢ 53% Steigerung des Qualitätsbewusstseins der Arbeitskräfte
➢ 29% Kostensenkung durch geringeren Ausschuss.

Lediglich 18% der Unternehmen messen der Zertifizierung eine Bedeutung auf dem Weg zum Total Quality Management (TQM) bei.

Aus der Sicht der Mittelwerte sind folgende Kostenanteile an den gesamten Qualitätskosten errechnet worden:
➢ 64% interne Fehlerkosten
➢ 32% externe Fehlerkosten
➢ 26% Prüfkosten
➢ 13% Fehlerverhütungskosten
➢ 14% Schrottkosten.

Der Anteil **externer Fehlerkosten** ist viel zu hoch.
Er schwächt die Marktposition der Unternehmen erheblich.
Der geringe Anteil an **Fehlerverhütungskosten** verdeutlicht einen wesentlichen Gestaltungsansatz mit Produktivitätswirkung *(vgl. Bild 50)*.

Das **Schrottkostenvolumen** ist vor dem Hintergrund der dargestellten Ausschussquote zu hinterfragen.

In 55% der Unternehmen besteht ein betriebliches Vorschlagswesen, in 50% werden kontinuierliche Verbesserungsprozesse realisiert.
Nur 10% der Unternehmen arbeiten mit Qualitätszirkeln.

Sowohl aus der Sicht der genannten Prozentzahlen als auch aus der Sicht einsetzbarer Qualitätsmanagementmethoden sind an dieser Stelle erhebliche Reserven gegeben.

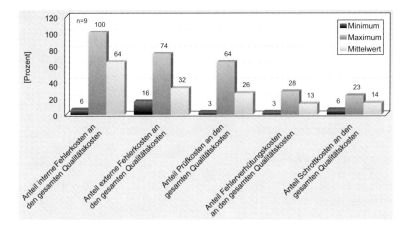

Bild 50:　Qualitätskostenstruktur

3.2.3.3　Schwerpunkt Steuerung

Bereits 70% der befragten Unternehmen arbeiten mit **PPS-Systemen**.
Deren Einführung ist bei weiteren 5% beabsichtigt.

Alle gängigen Module sind in den eingesetzten PPS-Systemen vorhanden.
Ihre Nutzung erfolgt allerdings auf sehr unterschiedliche Art und Weise.

Nutzungsschwerpunkte sind die:
➢ Stammdatenverwaltung　(93%)
➢ Materialwirtschaft　　　(86%)
➢ Auftragsveranlassung　　(71%)
➢ Auftragsüberwachung　　(64%)
➢ Betriebsdatenerfassung　(50%).

Die Möglichkeiten zur Produktionsprogrammplanung (50%), Kapazitäts- und Terminplanung (50%) und Produktionssteuerung (43%) werden nicht optimal genutzt.

Hier stellt sich die Frage, inwieweit eingeführte PPS-Systeme den konkreten Unternehmens-bedingungen angepasst sind.

Von der Qualität der Anpassung hängt u.a. die ergiebige Nutzungsfähigkeit der Module ab *(vgl. Bild 51)*.

Die Einschätzung der Eignung der PPS-Module für die Unternehmen ergab mehrheitlich gute Ergebnisse.

Sehr gute, gute und mittlere Bewertungen überwiegen.
Mit einem Wert von 86% sehr guter und guter Nennungen wird die Stammdatenverwaltung am höchsten eingeschätzt.

Auch die Produktionsprogrammplanung (trotz ihrer relativ geringen Nutzung) wird mit 72% (sehr gut und gut) hoch bewertet.
Ähnliches gilt für die Auftragsveranlassung (75% sehr gut und gut).

Schlechte und sehr schlechte Bewertungen erhalten die Betriebsdatenerfassung (33%) und die Auftragsüberwachung (18%).

Die Produktionssteuerung wird mit 38% als schlecht geeigneter Modul bezeichnet *(vgl. Bild 52)*.

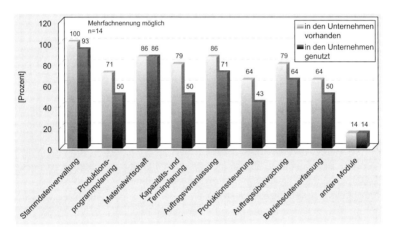

Bild 51:   PPS-Systemmodule in den Unternehmen

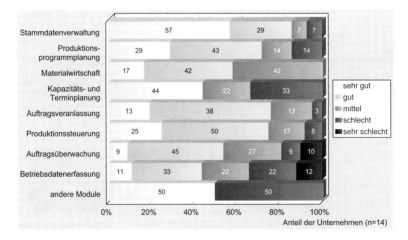

Bild 52:   Einschätzung der Eignung der PPS-Module für die Unternehmen

In 74% der Unternehmen werden auch rechnergestützte Systeme in solchen Gebieten eingesetzt, die an die **PPS-Funktionen** angrenzen.
Das trifft insbesondere für folgende Bereiche zu:

➢ Einkauf
➢ Vertrieb
➢ Rechnungswesen
➢ CAD
➢ CAQ
➢ CAP
➢ Fertigung (CAM).

Als Problem ist zu identifizieren, dass es nur einen relativ geringen Anteil von rechnergestütz-
ten Systemen auf diesen Gebieten gibt, die eine Schnittstelle zur PPS besitzen *(vgl. Bild 53)*.

Bis auf OPT werden offensichtlich alle bekannten Verfahren zur Produktionssteuerung in den
Unternehmen angewendet.
Die Streubreite der Nennungen lässt vermuten, dass innere Hierarchien sowie die sinnvollen
Einsatzvarianten in ausgewählten Organisationsformen nicht durchgängig bekannt sind *(vgl.
Bild 54)*.

80% der Unternehmen geben an, über keine dezentrale Fertigungssteuerung zu verfügen.
70% der Unternehmen setzen keine Fertigungsleitstände ein.
Die verbleibenden 30% strukturieren sich in:

➢ 25% zentrale Leitstände für die gesamte Fertigung
➢ 5% dezentrale Leitstände in den Fertigungssegmenten.

Simulationswerkzeuge spielen in den befragten Unternehmen für die Produktionssteuerung
eine untergeordnete Rolle (90% der Unternehmen setzen keine Simulationswerkzeuge ein).

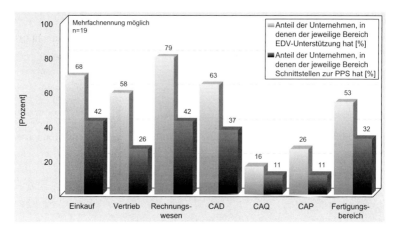

Bild 53:   Bereiche mit EDV-Unterstützung und Schnittstellen zur PPS

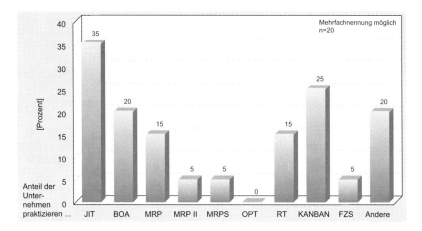

Bild 54:   Verfahren zur Produktionssteuerung in den Unternehmen

Die **Betriebsdatenerfassung** erfolgt auf manuelle oder rechnergestützte Art und Weise. Insbesondere Stücklistendaten (70% der Unternehmen), Arbeitsplandaten (40%) und Auftragsdaten (65% der Unternehmen) werden überwiegend rechnergestützt erfasst.

In der **Zeitdatenerfassung** (70%), der Erfassung von Daten zum Bearbeitungszustand (55%) und Qualitätsdatenerfassung (55%) überwiegt die manuelle Vorgehensweise.

Für die **Personaldatenerfassung** gibt es ein Gleichgewicht der eingesetzten Verfahren.

3.2.4   Selbsteinschätzung der Unternehmen

Die überwiegende Mehrzahl der Unternehmen schätzt ein, dass sie qualitätsgerecht produziert (70% sehr gut und gut).
Nur 5% schätzen die eigene Qualitätsfähigkeit als schwach ein.

Die interne Logistik wird von 60% der Unternehmen als stark von 40% als mittel bis schwach eingeschätzt.

Auf dem Gebiet der externen Logistik umfasst der mittlere bis schwache Bereich 50% der Unternehmen.

Als sehr gut wird die externe Logistik lediglich von 10% der Unternehmen bezeichnet. Personal, Fertigung und Unternehmensorganisation werden überwiegend als stark empfunden.

Die Breite der mittleren bis schwachen Bewertung dieser Bereiche schwankt zwischen 20% und 40%.

75% der Unternehmen sind der Auffassung, dass ihre Produkte bezüglich der Marktfähigkcit als sehr stark oder stark zu bewerten sind. Nur 5% meinen, dass ihre Produkte eher als schwach zu bewerten sind.

Trotz dieser überdurchschnittlichen Bewertung der Produkte geben 80% der Unternehmen an, das sie nur über eine mittlere bis sehr schwache Marktposition verfügen. Hier sind offensichtlich Marketingaktivitäten auszulösen.

Die technische Ausstattung wird von 95% der Unternehmen als stark bis mittel bezeichnet.

Die Mengenflexibilität und die Produktartflexibilität werden als äußerst wertvolles Potenzial herausgestellt.

Die Einschätzung der Eignung der Fertigungstechnologie für die Befriedigung gegenwärtiger Kundenbedarfe wird besser eingeschätzt als für die Befriedigung zukünftiger Bedarfe.
95% der Unternehmen verfügen über eine starke bis mittlere technische Ausstattung der Fertigung.

Der Mechanisierungsgrad ist, was zu vermuten war, stärker ausgeprägt als der Automatisierungsgrad.

In der Bewertung der Fertigungstechnologie und ihrer technischen Ausstattung sowie beim Automatisierungsgrad bleibt der „sehr starke" Bereich unbelegt.
Das deutet auf eventuelle Reserven für technisch-technologische Prozessverbesserungen hin.

Die Mitarbeiterqualifikation und Motivation ist in den Unternehmen stark ausgeprägt.
Damit liegen aus der Sicht der Arbeitskräfte offensichtlich beste Voraussetzungen für die Produktivitätsentwicklung vor.
Leichte Abstriche sind bezüglich des Qualitätsbewusstseins notwendig.
Hier werden nur der starke (60%) und der mittlere (40%) Bereich belegt.
Der sehr starke Bereich ist ausgespart.

Wesentlich für die Wettbewerbsfähigkeit ist das Innovationsklima.
Hier sind bis auf „sehr schwach" alle Bereiche vertreten:
> 5% sehr stark
> 40% stark
> 35% mittel
> 20% schwach.

Das Übergewicht liegt bedenklicherweise bei der Wertung mittel bis schwach. Die große Streubreite lässt auf eine völlig unterschiedliche Bedeutung und Einschätzung dieses Indikators pro Unternehmen schließen.

Misst man die überdurchschnittliche Bewertung der Produkte und Prozesse an diesem Indikator und seiner Beurteilung, so könnte eventuell auf eine Produkt- und Prozessüberbewertung geschlossen werden.

Auch die Entscheidungsfreude wird sehr unterschiedlich bewertet. 5% der Unternehmen bewerten sie mit sehr gut.
70% der Unternehmen belegen mit ihren Äußerungen den Bereich sehr gut bis mittel.
Aber auch 30% der Unternehmen werten diese Problematik als schwach bis sehr schwach.

Auf eine eher durchschnittliche Bewertung der Entscheidungsfreude folgt eine besser bewertete Umsetzungsfähigkeit (95% stark bis mittel).

Die Wertung der Informationsbeziehungen als Leistungsvoraussetzung belegt bei 90% der Unternehmen den Bereich stark bis mittel.
10% schätzen die Informationsbeziehungen als sehr schwach ein.

Es ist zu vermuten, dass Verbesserungen im Informationsmanagement positiv auf die Entscheidungsfreude, die Umsetzungsfähigkeit aber auch auf das Qualitätsbewusstsein und das Innovationsklima wirken können.

Zur Beurteilung der Leistungsfähigkeit der Organisation der Unternehmen wurden die Indikatoren bereichsübergreifende Kooperation, Kostentransparenz, Entscheidungsfähigkeit, Umsetzungsfähigkeit, Kommunikation und Informationsfluss, Lean Management und Unternehmensorganisation eingeschätzt.

Die befragten Unternehmen vertreten die Auffassung, dass diese Indikatoren in der Spannweite von55% bis 70% positiv zu bewerten sind (sehr stark und stark).

Der Bereich von 45% bis 30% wird durch die Bewertung mittel bis schwach belegt.
Die höchste Bewertung „sehr stark" erhalten:
➢ die Kostentransparenz mit 15%
➢ die Umsetzungsfähigkeit mit 5%
➢ die Entscheidungsfähigkeit mit 10%
➢ der Kommunikation und Informationsfluss mit 5% und
➢ das Lean Management mit 11%.

Auch hier deutet sich an, dass Verbesserungen im Informations- und Kommunikationsbereich zu weiteren positiven Entwicklungen der Bewertung und Wirkung der anderen Indikatoren führen können.

Besonders die bereichsübergreifende Kooperation, die Unternehmensorganisation und die Umsetzungsfähigkeit scheinen verbesserungswürdig zu sein.

Nur 5% der befragten Unternehmen vertreten die Auffassung, dass sie eine sehr hohe Bedeutung für ihre Kunden besitzen und nur schwer ersetzbar sind.

21% sind der Meinung, dass sie nur mit einem hohen Aufwand austauschbar sind.

Die restlichen 74% schätzen ihre Bedeutung für die Kunden weit schlechter ein und meinen, dass sie mit nur geringem oder mittlerem Aufwand verbunden ersetzbar sind.

Daraus leitet sich die Notwendigkeit ab, Maßnahmen zu ergreifen, die die Kundenbindung verstärken.
Eine Möglichkeit dafür ist in der Realisierung primärer - das Kernprodukt begleitender - und sekundärer - zusätzlich zum Kernprodukt anzubietender - industrieller Dienstleistungen zu vermuten.

Die Beurteilung strategischer Zielstellungen durch die Unternehmen ergab folgende Ergebnisse:

➤ 95% aller Unternehmen nennen an erster Stelle die Steigerung der Rentabilität mit höchster Priorität

➤ 89% der Unternehmen verfolgen ebenfalls mit höchster Priorität das Ziel: Produktivitätssteigerung

Beide extrem bewertete - eng miteinander verbundenen - Zielstellungen untermauern nachdrücklich die Wichtigkeit des realisierten Projektes „Produktivitätsoffensive".

➤ 75% verbinden mit dem Umsatzwachstum die stärkste Zielorientierung.

➤ 58% der Unternehmen werten die Erreichung der Qualitätsführerschaft besonders hoch. Alle sind der Auffassung, dass die Qualitätsführerschaft wesentlich für die Wettbewerbsfähigkeit ist (100% sehr gut bis mittel).

➤ 55% sehen in der Beschäftigungssicherung die höchste Priorität (100% sehr gut bis mittel).

Die Mitarbeiterqualifizierung wird bei 50% der Unternehmen als wichtige Priorität (sehr stark) bewertet.
Das überrascht, setzt man dagegen die überdurchschnittliche Beurteilung der Qualifikation von Arbeitskräften und Angestellten.

Das überrascht nicht, wenn man dieses Ziel an den vergleichbar sehr geringen Ausfallzeiten für Qualifizierungsmaßnahmen spiegelt.

Die Kostenführerschaft wird von 47% der Unternehmen mit starker Priorität angestrebt.

Letztlich münden alle diese Einzelzielstellungen in der Produktivität und der Rentabilität.

Nicht besonders stark ausgeprägt sind Zielstellungen wie:

➤ Minimierung der Umweltbelastung

➤ Veränderung der Fertigungstiefe und Fertigungsbreite.

Die Überprüfung und ggf. Veränderung der Fertigungstiefe und Fertigungsbreite kann zu einem wesentlichen Gestaltungsfeld zur Produktivitätssteigerung in den einzelnen Unternehmen werden.

Die untersuchten Unternehmen streben eine Fertigung im Ausland eher nicht an. Nur für 16% besitzt dieses Ziel eine starke bzw. sehr starke Ausprägung *(Bild 55)*.

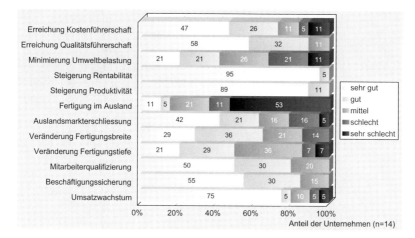

Bild 55:   Beurteilung strategischer Zielstellungen durch die Unternehmen

3.2.5   Zusammenfassende Wertung

Die befragten Unternehmen besitzen neben **ausgeprägten Stärken**, die es auszubauen gilt, auch Schwächen, die die Produktivitätsentwicklung hemmen.

Das Stärken- und Schwächenprofil wird in *Tabelle 1* dargestellt.

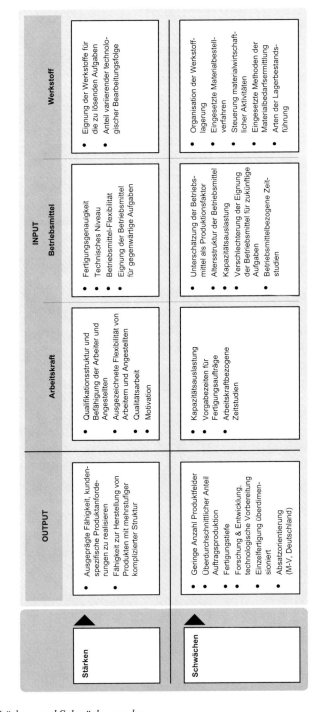

Tabelle 1a: Stärken- und Schwächenanalyse

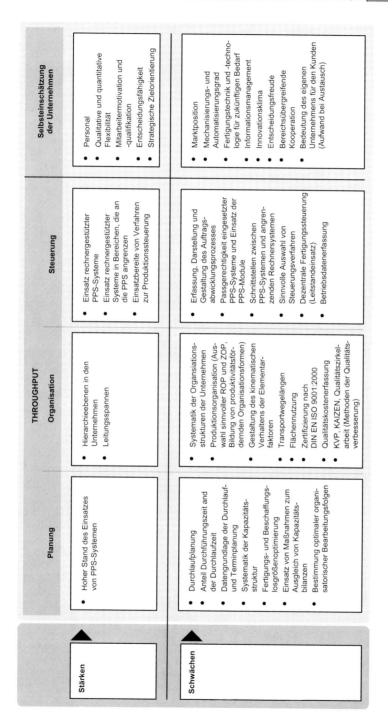

	Planung	THROUGHPUT — Organisation	Steuerung	Selbsteinschätzung der Unternehmen
Stärken	• Hoher Stand des Einsatzes von PPS-Systemen	• Hierarchieebenen in den Unternehmen • Leitungsspannen	• Einsatz rechnergestützter PPS-Systeme • Einsatz rechnergestützter Systeme in Bereichen, die an die PPS angrenzen • Einsatzbreite von Verfahren zur Produktionssteuerung	• Personal • Qualitative und quantitative Flexibilität • Mitarbeitermotivation und -qualifikation • Entscheidungsfähigkeit • Strategische Zielorientierung
Schwächen	• Durchlaufplanung • Anteil Durchführungszeit and der Durchlaufzeit • Datengrundlage der Durchlauf- und Terminplanung • Systematik der Kapazitätsstruktur • Fertigungs- und Beschaffungslosgrößenoptimierung • Einsatz von Maßnahmen zum Ausgleich von Kapazitätsbilanzen • Bestimmung optimaler organisatorischer Bearbeitungsfolgen	• Systematik der Organisationsstrukturen der Unternehmen • Produktionsorganisation (Auswahl sinnvoller ROP und ZOP, Bildung von produktivitätsfördernden Organisationsformen) • Gestaltung des kinematischen Verhaltens der Elementarfaktoren • Transportwegelängen • Flächennutzung • Zertifizierung nach DIN EN ISO 9001:2000 • Qualitätskostenerfassung • KVP, KAIZEN, Qualitätszirkelarbeit (Methoden der Qualitätsverbesserung)	• Erfassung, Darstellung und Gestaltung des Auftragsabwicklungsprozesses • Passgerechtigkeit eingesetzter PPS-Systeme und Einsatz der PPS-Module • Schnittstellen zwischen PPS-Systemen und angrenzenden Rechnersystemen • Sinnvolle Auswahl von Steuerungsverfahren • Dezentrale Fertigungssteuerung (Leitstandseinsatz) • Betriebsdatenerfassung	• Marktposition • Mechanisierungs- und Automatisierungsgrad • Fertigungstechnik und -technologie für zukünftigen Bedarf • Informationsmanagement • Innovationsklima • Entscheidungsfreude • Bereichsübergreifende Kooperation • Bedeutung des eigenen Unternehmens für den Kunden (Aufwand bei Austausch)

Tabelle 1b: Stärken- und Schwächenanalyse

3.3   Auswertung des Benchmarking

Auf der unter 3.2 dargestellten Grundlage des Benchmarking-Konzeptes wurden aus den möglichen Kombinationen von Input- und Outputgrößen sowie durch die Wahl unterschiedlicher Bemessungsgrößen folgende **Produktivitätskennzahlen** ermittelt:

- ➢ Umsatz je Arbeiter
- ➢ Umsatz je Beschäftigter
- ➢ Umsatz je Arbeitsstunde
- ➢ Umsatz je Beschäftigungsstunde
- ➢ Umsatz je Personalaufwand
- ➢ Wertschöpfung je Arbeiter
- ➢ Wertschöpfung je Beschäftigter
- ➢ Wertschöpfung je Arbeitsstunde
- ➢ Wertschöpfung je Beschäftigtenstunde
- ➢ Wertschöpfung je Personalaufwand
- ➢ Umsatz je Anschaffungswert der Betriebsmittel
- ➢ Umsatz je Anlagevermögen
- ➢ Wertschöpfung je Anschaffungswert der Betriebsmittel
- ➢ Wertschöpfung je Anlagevermögen
- ➢ Umsatz je Materialaufwand
- ➢ Wertschöpfung je Materialaufwand.

Dabei handelt es sich um Produktivitätsgrößen auf der Basis des Umsatzes bzw. der Wertschöpfung.

Sie entsprechen der Arbeits(kräfte)produktivität, wenn ihre Nennerwerte mit unterschiedlichen Maßstäben den Einsatz der Arbeitskräfte zur Outputerzielung kennzeichnen (z.B. Arbeitsstunde, Personalaufwand).

Sie entsprechen der Betriebsmittelproduktivität, wenn ihre Nennerwerte mit unterschiedlichen Maßstäben den Einsatz der Betriebsmittel zur Outputerzielung kennzeichnen (z.B. Anschaffungswert der Betriebsmittel, Anlagevermögen).

Sie entsprechen der Werkstoffproduktivität, wenn ihre Nennerwerte mit dem Maßstab Materialaufwand den Einsatz von Werkstoffen zur Outputerzielung kennzeichnen.

Über die reinen Produktivitätskennzahlen hinausgehend wurden im Rahmen des Benchmarking noch folgende Kennzahlen ermittelt:

Rentabilitätskennzahlen
- ➢ Gesamtkapitalrentabilität
- ➢ Fremdkapitalrentabilität
- ➢ Eigenkapitalrentabilität
- ➢ Vermögensrentabilität
- ➢ Rentabilität des Anlagevermögens
- ➢ Rentabilität des Umlaufvermögens
- ➢ Umsatzrentabilität
- ➢ Wertschöpfungsrentabilität
- ➢ Eigenkapitalquote

Anlagenkennzahlen

- ➤ Investitionsquote
- ➤ Ersatzinvestitionsquote
- ➤ Erweiterungsinvestitionsquote
- ➤ Nettoinvestitionsdeckung
- ➤ Abschreibungsquote
- ➤ Aussonderungsquote
- ➤ Instandhaltungsquote

Damit sollten Einflussfaktoren und Wirkungsbedingungen der Unternehmen charakterisiert werden, in deren Rahmen die Produktivitätsentwicklung geschieht.

Nachfolgend wird anhand ausgewählter Beispiele die Produktivitätssituation der analysierten Betriebe gekennzeichnet.

3.3.1 Arbeitsproduktivität

Mit der Kennzahl **Arbeitsproduktivität** wird die Leistung des Personals innerhalb eines Betrachtungszeitraumes charakterisiert. Die Ergiebigkeit eines Unternehmens erhöht sich mit steigender Leistung pro Kopf des eingesetzten Personals.
Im Betriebsvergleich kann davon ausgegangen werden, dass unter sonst gleichen Bedingungen das Unternehmen mit dem höheren Umsatz, bzw. der höheren Wertschöpfung pro Kopf effizienter wirtschaftet als ein Unternehmen mit einem niedrigeren Koeffizienten, d.h. es weist eine höhere Produktivität aus.

Die Umsatzorientierung dieser Kennzahl verliert mit der Veränderung der Fertigungstiefe an Bedeutung und Aussagekraft für den Unternehmensvergleich.

Die **Kennzahl Umsatz pro Anzahl Beschäftigte** ist für den Untersuchungsbereich im *Bild 56* dargestellt.

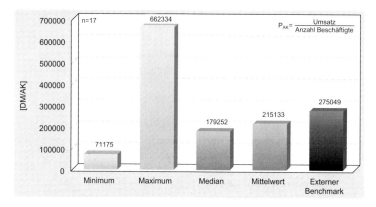

Bild 56:   Arbeitskräfteproduktivität – umsatzorientiert (Basis Arbeitskräfteanzahl) (Externer Benchmark: ([Sonderheft]35))

In der Realität ist die Aussagekraft der Kennzahl begrenzt.

Zum einen ist die durchschnittliche Beschäftigtenzahl leicht beeinflussbar, ohne dass damit notwendigerweise eine Effizienzsteigerung einhergeht, z.B. durch Maßnahmen des Outsourcing und Zeitarbeitsverträge; sie kann auch starken saisonalen Schwankungen unterliegen, die im Durchschnitt nicht abgebildet werden.

Zum anderen kann die Struktur des Umsatzes im Zeitablauf Veränderungen unterliegen bzw. von anderen Unternehmen abweichen.

Unternehmen verschiedener Branchen und Fertigungstiefen realisieren z.T. sehr unterschiedliche Kenngrößen, wie aus einem Benchmarking-Vergleich des Institutes für angewandte Arbeitswissenschaft e.V. (IfaA) 1999 deutlich wird.

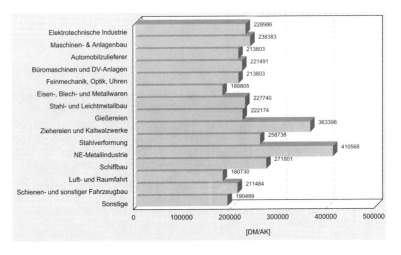

Bild 57:   Umsatz je Mitarbeiter nach Industriezweigen

Im Betriebsvergleich ist die Aussagekraft um so größer, je vergleichbarer die Strukturen und Fertigungstiefen der betrachteten Unternehmen sind.

Der mittlere Pro-Kopf-Umsatz der beteiligten Unternehmen entspricht mit 215.133 DM/Mitarbeiter in etwa den Durchschnittswerten der Unternehmen der Industriebranche Maschinen- und Anlagenbau bzw. Stahl- und Leichtmetallbau des IfaA-Benchmarking, liegt aber nur bei ca. 78% des verarbeitenden Gewerbes in Mecklenburg-Vorpommern.

Im Benchmarking Vergleich des Verbandes deutscher Maschinen- und Anlagenbau e.V. (VDMA) für den gesamten deutschen Maschinenbau mit 281 TDM je Beschäftigten ([Handbuch] 43) erreichen die beteiligten Unternehmen im Durchschnitt ca. 76%.
Gemessen am Pro-Kopf-Umsatz des Ostdeutschen Maschinenbaus mit 235.200 DM im Jahre 1999 ([Maschinenbau] 93) erreichten die beteiligten Unternehmen im Durchschnitt ca. 91%.

Bei diesem Vergleich sollte trotz Branchenübereinstimmung die Problematik der Umsatzkennzahl nicht unberücksichtigt bleiben.

Die **Kennzahl Umsatz pro Arbeitszeitfonds der Arbeiter** gibt den Umsatz an, der auf eine Stunde gewerbliche Tätigkeit (Arbeiterstunde) entfällt.
Im Gegensatz zur Kennzahl Umsatz je Arbeiter, wird hierbei die eingesetzte Arbeitszeit (z.B. 40 h/Woche oder 35 h/Woche) berücksichtigt, so dass eine realere Produktivitätseinschätzung möglich wäre, als über die Anzahl eingesetzter Arbeitskräfte.

Bedingung dafür ist, dass z.B. das Arbeitszeitvolumen externer Dienstleister (Leiharbeitnehmer) oder das Überstundenvolumen im Zeitfonds mit einbezogen sind.
Dies ist im Rahmen der vorliegenden Benchmarks nicht erfolgt (Vergleichbarkeit mit externen Benchmarks).

Die Aussagekraft dieser Kennzahl entspricht daher in etwa der Pro-Kopf-Umsatz-Kennzahl.

Auch in dieser Betrachtung liegen die Durchschnittswerte der beteiligten Unternehmen mit 190,40 DM/Arbeiterstunde unterhalb der Produktivitätswerte im verarbeitenden Gewerbe Mecklenburg-Vorpommerns mit 233,00 DM/Arbeiterstunde *(vgl. Bild 58)*.

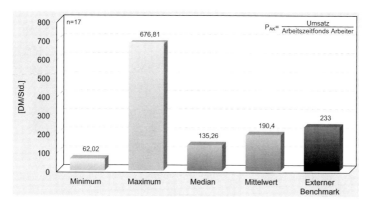

Bild 58:   *Arbeitskräfteproduktivität – umsatzorientiert (Basis Zeitfonds)*

Die Kennzahl **Umsatz pro Personalaufwand** gibt an, welcher Umsatz je 1,00 DM Personalaufwand erreicht wurde. Tendenziell ist zu erwarten, dass mit steigendem Umsatz je 1,00 DM Personalaufwand eine höhere Produktivität einhergeht.

Insbesondere kann in dieser Kennzahl der z.T. vorhandene Lohnkostenvorteil in der ostdeutschen Industrie berücksichtigt werden.

Der Mittelwert des Umsatzanteils je 1,00 DM Personalaufwand bei den am Projekt beteiligten Unternehmen beträgt 3,53 DM *(vgl. Bild 59)* gegenüber dem VDMA-Benchmark des deutschen Maschinenbaus von 3,16 DM (Basis 1996 – neuere Werte sind nicht veröffentlicht) ([Handbuch] 79).

Aus den Daten des IfaA-Benchmarking ([IfaA-Benchmarking]) ergibt sich als Vergleichsbenchmark für den Maschinen- und Anlagenbau 1999 ein Umsatz von 2,63 DM je 1,00 DM Personalaufwand und für den Stahl- und Leichtmetallbau ein Umsatz von 2,53 DM je 1,00 DM Personalaufwand.

Dies deutet auf eine hohe Arbeitsproduktivität der am Projekt beteiligten Unternehmen gemessen am Umsatz je Personalaufwand hin, sollte aber in der Wertung die problematische
Umsatzkennzahl nicht vernachlässigen.

Eine in der öffentlichen Statistik hinreichend dokumentierte Kennzahl ist der Umsatzanteil je
Lohn- und Gehaltssumme bzw. der Anteil Löhne und Gehälter am Umsatz ([Jahrbuch] 203).

Demnach betrug 1998 der Anteil der Löhne und Gehälter am Umsatz im verarbeitenden Gewerbe   Mecklenburg-Vorpommerns   15,8%   und   im   Maschinenbau   Mecklenburg-
Vorpommerns 24,7%.

Dabei unberücksichtigt bleiben Arbeitgeberanteile und sonstige nicht in Lohn und Gehalt ent-
haltene Aufwendungen.

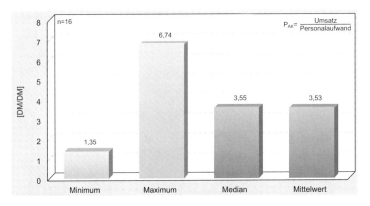

Bild 59:   Arbeitskräfteproduktivität – umsatzorientiert (Basis Personalaufwand)

Wesentliches Element einer möglichen **Verzerrung** in der umsatzorientierten Produkti-
vitätskennzahl ist die fehlende Berücksichtigung der Fertigungstiefe und damit der Vorleistungen anderer Unternehmen.

Die **Wertschöpfungsquote** als Verhältnis von

$$\text{Wertschöpfungsquote} = \frac{\text{Wertschöpfung} \cdot 100\%}{\text{Umsatz}}$$

gibt einen Überblick über den Anteil „eigener Leistung" am Umsatz.

Um zwangsläufige Verzerrungen bei zwischenbetrieblichen Vergleichen zu vermeiden, sollten nur die mit gleicher Wertschöpfungsquote auf der Ebene umsatzorientierter Produktivitätskennzahlen verglichen werden.

Diese Verzerrung wird weitgehend eliminiert bei der Verwendung der Wertschöpfung als
Outputgröße.

Die ermittelten **Kennzahlen Arbeitsproduktivität – wertschöpfungsorientiert,** der im Projekt beteiligten Unternehmen liegen zwischen 12.882 DM und 300.528 DM Wertschöpfungsanteil je Mitarbeiter und Jahr *(vgl. Bild 60).*

Dies ist nach der Verteilungsrechnung die Summe der an die Produktionsfaktoren ausschüttungsfähigen Erträge.
Damit dürfte der ausgewiesene Minimumwert nicht ausreichen, um die Arbeitskosten zu decken.

Demgegenüber weist der Maximumwert einen hohen ausschüttungsfähigen Ertrag aus.

Zur Wertung dieser „echten" Produktivitätskennzahlen kann kaum noch auf öffentliche Statistiken zurückgegriffen werden.
Externe Vergleichsmaßstäbe können ggf. aus anderen Benchmarking-Projekten hinzugezogen werden.

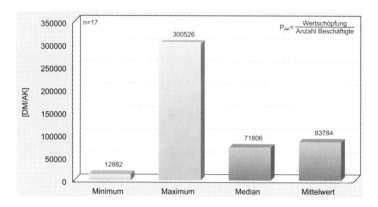

Bild 60:   Arbeitskräfteproduktivität – wertschöpfungsorientiert (Basis Arbeitskräfteanzahl)

So dokumentiert das IfaA-Benchmarking 1999 aus einer deutschlandweiten Benchmarking-Studie mit 91 Teilnehmernennungen folgende Pro-Kopf-Wertschöpfung:
➢ Minimum   56.819 DM/Mitarbeiter
➢ Mittelwert 200.842 DM/Mitarbeiter
➢ Maximum 470.327 DM/Mitarbeiter.

Im Rahmen einer Produktinnovationserhebung in der deutschen Investitionsgüterindustrie 1998 durch das Fraunhofer Institut für Systemtechnik und Innovationsforschung ([Leistungsstand]) mit 1.329 Teilnehmernennungen wurden folgende Pro-Kopf-Wertschöpfungskenndaten ausgewiesen:
➢ 5. Perzentil 50.000 DM/Mitarbeiter
             (5% der beteiligten Unternehmen erreichen eine Pro-Kopf-Wertschöpfung
             von maximal 50.000 DM)
➢ Median   114.000 DM/Mitarbeiter
➢ 95. Perzentil 216.000 DM/Mitarbeiter
             (95% der beteiligten Unternehmen erreichen eine Pro-Kopf-Wertschöpfung
             von maximal 216.000 DM; 5% der beteiligten Unternehmen haben eine höhere Pro-Kopf-Wertschöpfung).

Gemessen an diesen Ergebnissen ist ein Mittelwert von 83.784 DM Pro-Kopf-Wertschöpfung der beteiligten Unternehmen kritisch festzustellen.

> Die Kennzahl **Wertschöpfung pro Personalaufwand** gibt an, welche Wertschöpfung je 1,00 DM Personalaufwand erreicht wurde. Durch die Berücksichtigung der eigenen „Veredelungsleistung" (Wertschöpfung) auf der Outputseite und durch die Einbeziehung der realen Aufwendungen für das Personal (bezahlter Zeitfonds unter Berücksichtigung und Bewertung von Qualifikations- und Entgeltstrukturen) ist mit dieser Produktivitätskennzahl eine **aussagekräftige Arbeitsproduktivität** ausweisbar.

Der Vorteil dieser Kennzahl liegt auch darin, dass sie für verschiedene Wirtschaftszweige und unterschiedliche Wirtschaftsregionen angewandt werden kann, die Ergebnisse aber miteinander vergleichbar sind.

Darüber hinaus ist diese Kennzahl im Zeitvergleich ein geeigneter Maßstab für die Entwicklung der Arbeitskräfteproduktivität und z.B. die Definition von Zielvereinbarungen mit den Mitarbeitern.

Ein besonderer Handlungsbedarf ist gegeben, wenn die Kennzahl Wertschöpfung je Personalaufwand im Ergebnis kleiner oder gleich eins ist.

Dies würde bedeuten, dass mit 1,00 DM Personalaufwand eine „Veredelungsleistung" mit einem Gegenwert von kleiner/gleich 1,00 DM erzielt wird.

Der Mittelwert für die Wertschöpfung je Personalaufwand aus den am Projekt beteiligten Unternehmen liegt mit 1,34 deutlich über dem kritischen Bereich und im Maximumwert sogar bei 3,06 DM Wertschöpfung je DM Personalaufwand *(vgl. Bild 61)*.

Offizielle statistische Angaben über diesen Arbeitskräfteproduktivitätsvergleich wurden bisher nicht dargestellt.

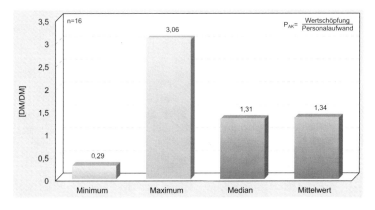

Bild 61:   Arbeitsproduktivität – wertschöpfungsorientiert (Basis Personalaufwand)

Die Ergebnisse der Produktivitätsstudie zeigen, dass ein zweckmäßiger Produktivitätsvergleich auf Basis der Wertschöpfung einzelner Unternehmen oder der Wirtschaft insgesamt mit einheitlichen Maßstäben erfolgen muss.

Auf Basis der europaweit vereinheitlichten Grundsätze der volkswirtschaftlichen Gesamt-
rechnung können zum Vergleich die Kennzahlen für das produzierende Gewerbe des Landes
Mecklenburg-Vorpommern und die des Bundesdurchschnitts herangezogen werden.

Zum einen wird deutlich, dass die Arbeitskräfteproduktivität auf Basis Wertschöpfung je Personalaufwand zwischen Bundes- und Landesdurchschnitt sich kontinuierlich annähern. Die
„Produktivitätslücke" zwischen Mecklenburg-Vorpommern und der Bundesrepublik auf Basis
dieser Kennzahl beträgt 1999 2,8%.

Der Branchendurchschnitt der am Benchmarking-Projekt beteiligten Unternehmen liegt rund
6% unter dem Produktivitätswert des Bundesdurchschnitts und rund 3,6% unter dem Landesdurchschnitt.

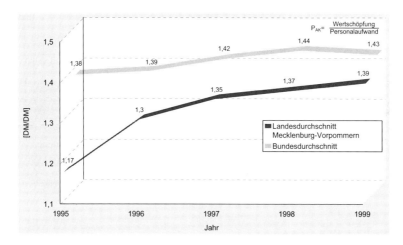

*Bild 62:   Produktivitätsentwicklung 1995-1999 – Produzierendes Gewerbe ohne Bauge-
werbe*

Für eine Gesamtbeurteilung der wirtschaftlichen Entwicklung ist jedoch eine Berücksichtigung der Investitionen z.B. in Betriebsmittel und der Einsatz an Rohstoff und Material in den
Produktionsprozessen notwendig.

3.3.2   Betriebsmittelproduktivität

Mit dieser Kennzahl wird die **Ergiebigkeit der Betriebsmittel** im Durchschnitt der Periode charakterisiert.
Im Zeitvergleich gilt, dass sich die Effizienz eines Unternehmens mit steigender Leistung je eingesetztem Betriebsmittel erhöht.

Die im Benchmarking konzipierten Kennzahlen zum Betriebsmittelproduktivitätsvergleich sind nicht vergleichbar detailliert möglich wie die Kennzahlen der Arbeitskräfteproduktivität. Dies ist im wesentlichen der Tatsache geschuldet, dass die Unternehmen über keine Betriebsmitteldaten in vergleichbarer Detaillierung wie bei Personaldaten verfügen.

Ursache dafür kann die betriebliche Einschätzung sein, dass Betriebsmittel keine dominanten (kostenbestimmenden) elementaren Produktionsfaktoren sind.

Die Kennzahl **Umsatz pro Anlagevermögen** verdeutlicht, wieviel Umsatz mit einer DM Anlagevermögen realisiert wird.
Der Mittelwert der untersuchten Unternehmen lag bei 6,35 DM. Maximal wurden 15,21 DM realisiert *(vgl. Bild 63)*.

Alternativ wären die Kennzahlen **Wertschöpfung pro Anschaffungswert** der Sachanlagen oder **Wertschöpfung pro Anlagevermögen** zur Produktivitätsmessung einsetzbar.
Die erzielten Analysewerte sind in den *Bildern 64-65* dargestellt.

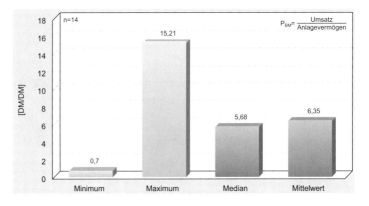

Bild 63:   *Betriebsmittelproduktivität –umsatzorientiert (Basis Anlagevermögen)*

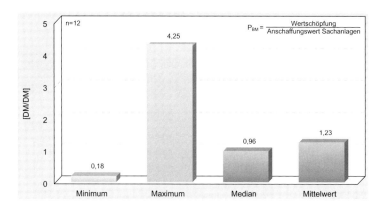

Bild 64: *Betriebsmittelproduktivität – wertschöpfungsorientiert (Basis Anschaffungswert Sachanlagen)*

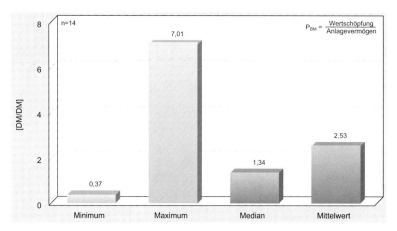

Bild 65: *Betriebsmittelproduktivität – wertschöpfungsorientiert (Basis Anlagevermögen)*

3.3.3 Werkstoffproduktivität

Mit der Kennzahl **Werkstoffproduktivität** wird die Ergiebigkeit des eingesetzten Werkstoffs im Durchschnitt der Periode charakterisiert. Im Zeitvergleich gilt, dass sich die Effizienz eines Unternehmens mit steigender Leistung je eingesetztem Werkstoffbezugswert erhöht.

Obwohl in der betrieblichen Einschätzung der Werkstoff als ein dominanter (kostenbestimmender) elementarer Produktionsfaktor bewertet wird, ist die Datenverfügbarkeit zur Produktivitätsbewertung in den Unternehmen keinesfalls vergleichbar mit der Datenlage zur Arbeitskräfteproduktivität.
Hieraus ergibt sich zunächst eine sehr eingeschränkte Möglichkeit zur Produktivitätsbewertung.

Die Kennzahlen **Umsatz pro Materialaufwand** bzw. **Wertschöpfung pro Materialaufwand** beschreiben, welche Leistung mit 1,00 DM Materialeinsatz erzielt werden kann.

Eine hohe Kennzahl kann auf eine gute Materialausbeute im Sinne von Produktivität hindeuten, gleichzeitig kann insgesamt die Materialaufwandsquote an der Leistung auch nur gering sein (Dienstleistungen sind weniger materialintensiv) *(vgl. Bilder 66-67)*.

Eine Kennzahl mit vergleichbarem Aussagewert ist die sogenannte **Materialaufwandsquote** in Prozent

$$\text{Materialaufwandsquote} = \frac{\text{Materialaufwand} \cdot 100\%}{\text{Umsatz}}$$

Diese Quote dokumentiert zunächst, wie materialintensiv das Unternehmen produziert.

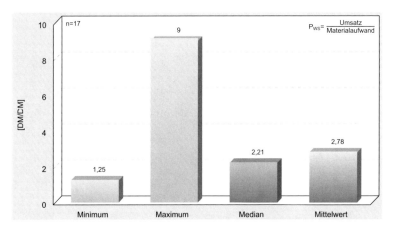

Bild 66:   *Werkstoffproduktivität – umsatzorientiert (Basis Materialaufwand)*

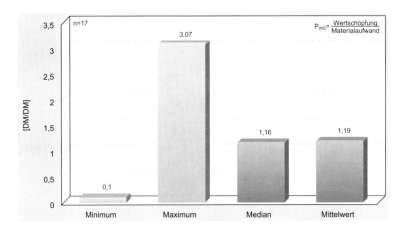

Bild 67:   Werkstoffproduktivität – wertschöpfungsorientiert (Basis Materialaufwand)

Aus dem IfaA-Benchmarking 1999 (Husmann[IfaA Benchmarking]) können entsprechende Vergleichswerte (Mittelwerte) herangezogen werden.

Industriezweig	Materialaufwandsquote
Maschinen- und Anlagenbau	42,0%
Eisen-, Blech- und Metallwaren	32,0%
Stahl- und Leichtmetallbau	41,5%
Schienen- und sonstiger Fahrzeugbau	43,0%

Die minimale Materialaufwandsquote der am Projekt beteiligten Unternehmen betrug 11,1%, die maximale Materialaufwandsquote 80%.

Die Spreizung ist nicht ungewöhnlich, sie unterstreicht aber, dass unterschiedliche Bewertungsansätze zur Charakteristik der Produktivität und damit unterschiedliche Problemlösungsansätze zur Steigerung der Produktivität notwendig sind.

Insgesamt wurden im Rahmen des Produktivitätsbenchmarking folgende Annahmen bestätigt:
➤ Der Stand der Produktivität ist in den am Projekt beteiligten Unternehmen sehr differenziert.
➤ Das öffentliche Meinungsbild einer geringen Produktivität ist in den ostdeutschen Unternehmen in der pauschalen Form nicht zutreffend.
➤ Hochproduktive am Projekt beteiligte Unternehmen können als Best-Practice-Partner wesentliche Impulse zur Produktivitätsentwicklung geben.
➤ Das Problembewusstsein in den Unternehmen über die Bedeutung der Produktivität ist vorhanden, die Werkzeuge und Datenbasis zur realen Beurteilung der erreichten Produktivität und deren Entwicklung werden überwiegend unzureichend genutzt.
➤ Die Produktivitätsbewertung beschränkt sich aufgrund der z.T. wenig detaillierten Datenbasis fast ausschließlich auf die Arbeitskräfteproduktivität.

> ➤ Die Problemsicht auf Betriebsmittel- und Werkstoffproduktivität ist kaum ausge-
> prägt. Damit wird die Wertung derartiger Daten als zu gering erachtet.
> ➤ Von besonderem Interesse sind für die beteiligten Unternehmen die Einflussfakto-
> ren und Handlungsfelder zur Produktivitätsentwicklung.

3.3.4 Rentabilitätskennzahlen

Aus dem Jahresabschluss eines Unternehmens lassen sich eine Vielzahl von betriebswirt-
schaftlichen Kennzahlen ableiten.

Eine direkte Verbindung zur Produktivität ist dabei nicht in jedem Fall gegeben, so dass auf
eine Ergebnisdiskussion hier verzichtet werden kann.

In jedem Fall bemerkenswert ist die **Gesamtkapitalrentabilität** von 0,165 (Maximumwert
der Verzinsung des eingesetzten Gesamtkapitals von 16,5%) *(vgl. Bild 68)*.

Gleichzeitig ist eine im Mittelwert negative Gesamtkapitalrentabilität ein deutliches Alarm-
zeichen.

Vergleichbare Aussagen ergeben sich bei der Betrachtung der Vermögensrentabilität als auch
bei der Umsatzrentabilität.

Die mittlere Eigenkapitalquote von 15,1% bestätigt die allgemeine Situation der angespannten
Eigenkapitalsituation der beteiligten Unternehmen.

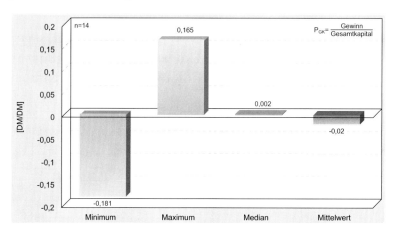

Bild 68:   *Gesamtkapitalrentabilität*

3.3.5   Weiterführende Kennzahlen

Der Vermutung folgend, dass in den Unternehmen und in offiziellen Statistiken die Betriebsmittelproduktivität nicht den gebührenden Stellenwert bei der Produktivitätsanalyse erhält, Investitionen insbesondere in Sachanlagevermögen aber eine Zukunftsvorsorge der Unternehmen darstellen, sind wesentliche Kennzahlen aus Sicht der Betriebsmittelwirtschaft wie z.B.

- ➤ Investitionsquote
- ➤ Nettoinvestitionsdeckung
- ➤ Abschreibungsquote

als Benchmark dargestellt.

Die z.T. geringe Anzahl verwertbarer Daten widerspiegelt das Problembewusstsein der Unternehmen in diesem Punkt.

Bemerkenswert erscheint, dass in Auswertung der Nettoinvestitionsdeckung kein am Projekt beteiligtes Unternehmen den in der Abrechnungsperiode erfolgten Werteverzehr am Anlagevermögen durch Neuinvestitionen kompensiert (Risiko des Substanzverlustes).

Dabei sind ggf. spezielle Einflüsse wie Sonderabschreibungen nicht gesondert ausgewiesen.

3.4   Zusammenführung der Unternehmensbefragung und des Benchmarking zur Identifikation von unternehmensbezogenen Problemfeldern

3.4.1   Kennzahlen, Wirkungsketten, Arbeitspakete

Die in Punkt 3.3 dargestellten Kennzahlen, die in der ersten Stufe des Benchmarking ermittelt worden waren, zeigen hinsichtlich der Ableitung von Handlungsoptionen folgende Schwierigkeiten:

- ➤ Der Einsatz sehr **unterschiedlicher Maßstäbe** für die Zähler- und Nennerwerte führte in der Auswertung z.T. zu sehr **ähnlichen Aussagen**. Daraus ergibt sich die Frage nach der Bedeutung der Einzelkennzahl und nach der Sinnhaftigkeit des Einsatzes als Benchmark.
- ➤ Die **Vielzahl** der definierten **Kennzahlen erschwerte** eine **abgestimmte Auswertung** und die Systematisierung der **Benchmarking-Ergebnisse**.

Die oben genannte Situation erforderte eine Fokussierung auf eine eingeschränkte Anzahl der Kennzahlen, die sinnvollerweise in das Benchmarking einzubeziehen waren *(vgl. dazu 2.2)*.

Es erfolgte eine **Reduktion auf vier Kennzahlen** *(vgl. Bild 69)*.
Dabei wurde eine besondere Orientierung auf die Kennzahlen vorgenommen, die die in den Produktionsprozessen eingesetzten Elementarfaktoren (Inputfaktoren) und ihre Produktivitätswirkungen darstellen.

Die übergeordnete Prozesssicht wird dadurch realisiert, dass im Nenner die Aufwandsgrößen der drei Elementarfaktoren summiert wurden. Durch die Einbeziehung des Gesamtaufwandes für Elementarfaktoren erfolgt quasi eine Berücksichtigung der Wirkung dispositiver Faktoren im Prozess.

Die **Qualität der Kombination der Elementarfaktoren** im Produktionsprozess wird **durch** die **Qualität der Wirkung der dispositiven Faktoren** (Organisation, Planung, Lenkung, Kontrolle) bestimmt. Die **Qualität der Wirkung dispositiver Produktionsfaktoren bestimmt** die **Höhe** des notwendigen **Gesamtaufwandes**.

Da der Gesamtaufwand für die eingesetzten Betriebsmittel nicht durchgängig erfasst werden konnte, wurden die Abschreibungen für Sachanlagen als wesentlicher Aufwandsfaktor integriert.

Den Zähler aller Kennzahlen bildete die Wertschöpfung.

Die Veränderung der Zähler- und Nennergrößen, die zur Produktivitätssteigerung führt, kann für jede Größe in zu definierenden Wirkungsketten dargestellt werden.

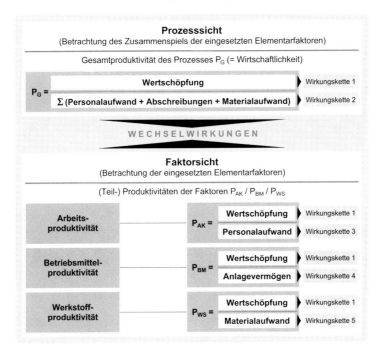

Bild 69: Gewählte Kennzahlen zur Produktivitätsbewertung

Für diese Kennzahlen wurden über alle an der Analyse beteiligten Unternehmen die Maximalwerte bestimmt.

Die **Maximalwerte** der vier Kennzahlen dienen als **Benchmarks** im Rahmen der Unternehmensanalyse.

Für alle Kennzahlen wurden die Werte jedes Unternehmens ermittelt und mit den Maximalwerten also den Benchmarks verglichen.
Auf diese Weise konnte für jedes Unternehmen, kennzahlenbezogen, seine **„Lücke" zum Bestwert** dargestellt werden *(vgl. Bild 70)*.

Für die Verbesserung der Produktivität eines Unternehmens ist es von besonderer Bedeutung, nicht nur die jeweilige Lücke zu identifizieren, sondern auch zu ergründen, welche Ursachen für die Lücke vorliegen.

Es gilt die **Frage** zu beantworten: Welche Gründe führen dazu, dass ein analysiertes Unternehmen geringere faktor- und prozessbezogene Produktivitätswerte erzielt als das jeweilige „Best-Unternehmen"?

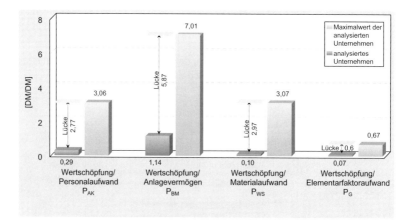

Bild 70: *Produktivitätsbenchmarks – Unternehmenswerte (Beispiel) und Produktivitätslücke*

Zur Beantwortung dieser Frage und damit zur Ergründung von Problemkomplexen je Unternehmen erfolgte eine Verknüpfung und eine Kombination der Befragungsergebnisse und der Benchmarking-Ergebnisse.

Der **erste Schritt** diente der Identifikation von **Wirkungsketten**, über die eine Einflussnahme auf jede Kennzahl im Zähler und im Nenner der vier Quotienten zur Messung der Produktivität erfolgen kann.

Die **Wirkungskette 1** orientiert auf die **Verbesserung der Wertschöpfung**. In diesem Zusammenhang sind **drei Arbeitspakete** zu identifizieren. Im *Bild 71* werden die Arbeitspakete dargestellt.

Die **Unternehmensphilosophie verbunden mit den Marketingstrategien, die Marktposition und die gestaltbaren Kooperationsbeziehungen** sowie die **faktor-, erzeugnis- und prozessbezogene Innovationsfähigkeit** üben Einflüsse auf die Wertschöpfung aus und sind Gegenstände der Arbeitspakete.
Die zugeordneten Schlagworte verdeutlichen Schwerpunkte bzw. Potenzialfelder, die im Rahmen der Arbeitspakete von besonderer Bedeutung sind.

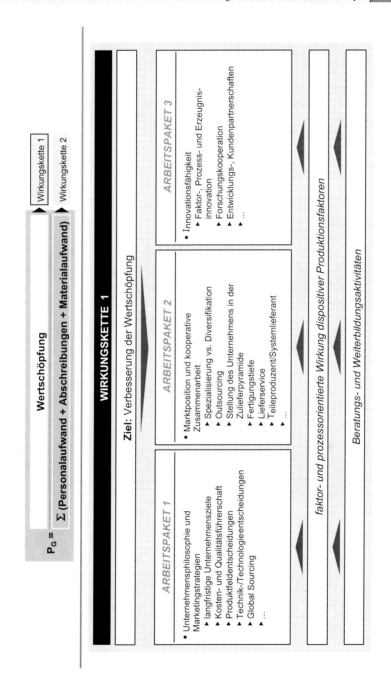

Bild 71:   Arbeitspakete der Wirkungskette 1

Die Wirkungskette 2 verfolgt die Senkung des Gesamtfaktoraufwandes und damit die Steigerung der Produktivität durch eine Verbesserung des Zusammenwirkens der eingesetzten Elementarfaktoren. Es wurden sechs Arbeitspakete identifiziert *(vgl. Bild 72)*.

Diese beinhalten Facetten der Wirkung dispositiver Produktionsfaktoren. Dabei handelt es sich um das **Informationsmanagement**, die **Produktionsplanung und -steuerung**, die **Produktionsorganisation**, die **Produktionsvorbereitung und -durchführung**, das **Qualitätsmanagement** sowie das **Logistikmanagement.**

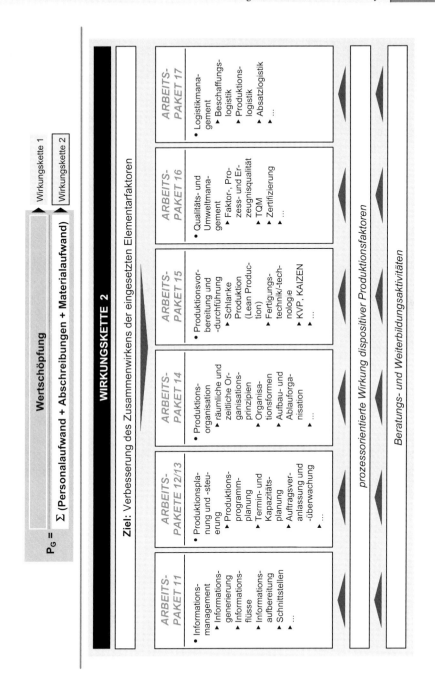

Bild 72:   Arbeitspakete der Wirkungskette 2

Die **Wirkungskette 3** konzentriert sich auf die **Gestaltung des Personalaufwandes** und seines Einflusses auf die Arbeitsproduktivität.

Drei Arbeitspakete orientieren auf die Verbesserung der Wirkung der eingesetzten Arbeitskräfte *(vgl. Bild 73)*.

Dabei stehen die **Leistungsfähigkeit und -bereitschaft**, die **Kapazität und ihre Auslastung** sowie die **Arbeitsstrukturierung** im Mittelpunkt der Betrachtungen.

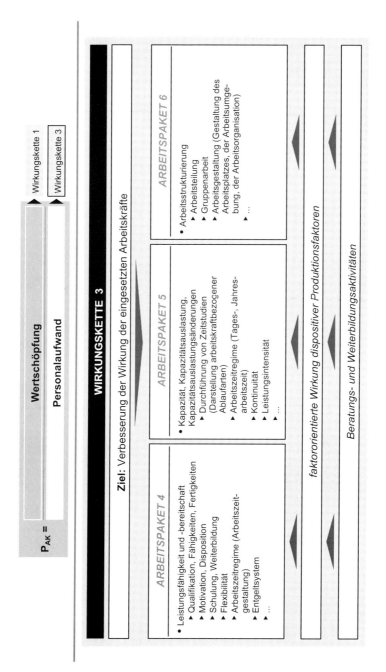

Bild 73:   Arbeitspakete der Wirkungskette 3

Die **Wirkungskette 4** orientiert auf die **Verbesserung der Wirkung der eingesetzten Betriebsmittel** und damit auf die Entwicklung der Betriebsmittelproduktivität.

Es wurden **zwei** wesentliche **Arbeitspakete** identifiziert, durch die die angestrebte Entwicklung erreicht werden kann *(vgl. Bild 74)*.

Auch hier sind die **Leistungsfähigkeit und ihre Erhaltung** sowie die **Kapazität und ihre Auslastung zentrale** Ansatzpunkte.

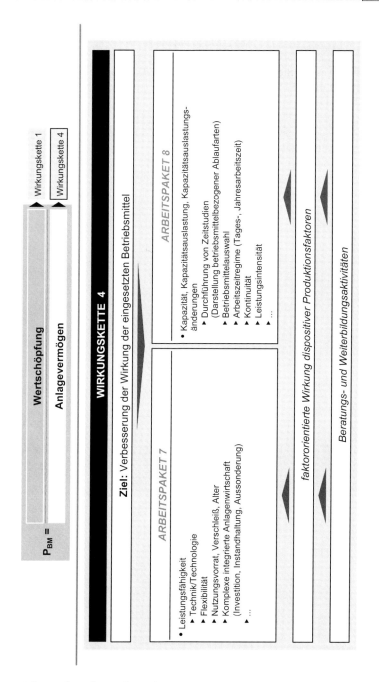

Bild 74:   Arbeitspakete der Wirkungskette 4

Die **Wirkungskette 5** verfolgt das Ziel einer **Verbesserung der Wirkung der eingesetzten Werkstoffe** und verbessert so die Werkstoffproduktivität.

Hier wurden **zwei wesentliche Arbeitspakete** dargestellt, die die **Werkstoffeigenschaften**, den **Materialwert und die Materialbeschaffung** einerseits und die **Materialflussgestaltung** andererseits beinhalten *(vgl. Bild 75)*.

> Über alle Wirkungsketten wurden damit **17 Arbeitspakete** dargestellt, deren Gestaltung Produktivitätsentwicklungen initiiert.

Es stellt sich die Frage, welche Arbeitspakete die Ursache sind, durch die eine Produktivitätslücke zum Bestwert entsteht?

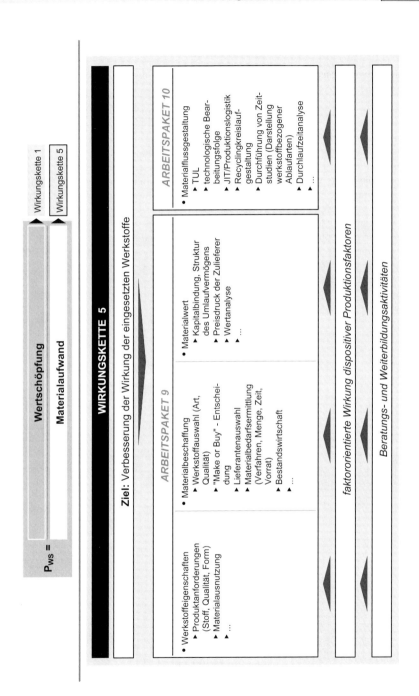

Bild 75: Arbeitspakete der Wirkungskette 5

3.4.2 Zusammenhang Unternehmensbefragung und Arbeitspakete

Im **zweiten Schritt** wird identifiziert, welche Fragestellungen der **Unternehmensbefragung** einen **Zusammenhang** zu welchen **Arbeitspaketen** besitzen.

Der Aufbau der Unternehmensbefragung ist in seinen Teilabschnitten identisch zu den Zähler- bzw. Nennergrößen der Benchmarking-Kennzahlen.
Die Beantwortung der Fragen zum Output lässt Rückschlüsse auf die Wertschöpfung als Zählergröße zu.
Die Beantwortung der Fragen zum Input, gegliedert nach Arbeitskraft, Betriebsmittel und Werkstoff lässt Aussagen zu den Nennergrößen zu.
Die Entwicklung des Gesamtaufwandes an Inputfaktoren gestattet Aussagen über die Wechselbeziehungen der Inputfaktoren im Produktionsprozess und über die Wirksamkeit der dispositiven Faktoren bei der Gestaltung dieser Wechselbeziehungen in ablaufenden Prozessen.
Die inhaltliche Zuordnung von Einzelfragestellungen der Unternehmensbefragung zu Wirkungsketten und Arbeitspaketen erfolgt in den *Bildern 76/1-76/3.*

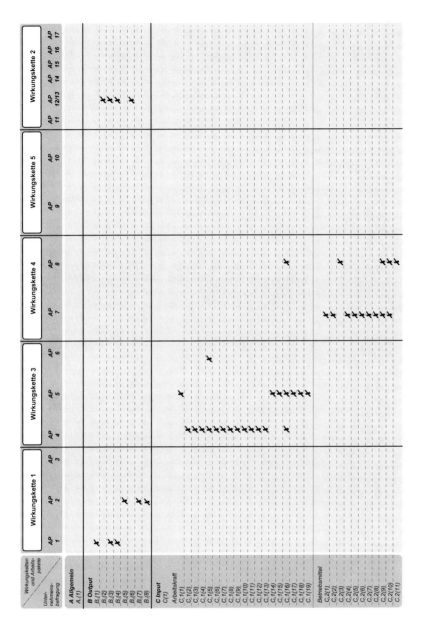

Bild 76/1: Inhaltliche Zuordnung von Einzelfragestellungen der Unternehmensbefragung zu Wirkungsketten und Arbeitspaketen

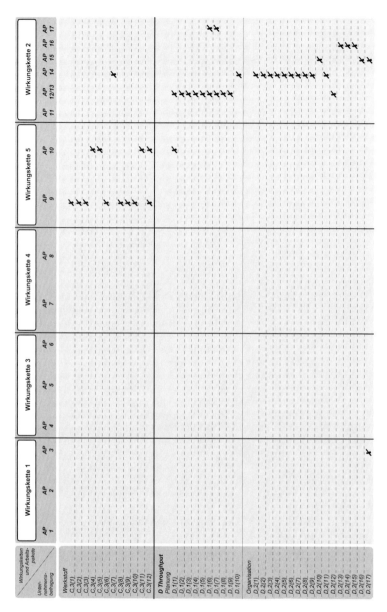

Bild 76/2: Inhaltliche Zuordnung von Einzelfragestellungen der Unternehmensbefragung zu Wirkungsketten und Arbeitspaketen

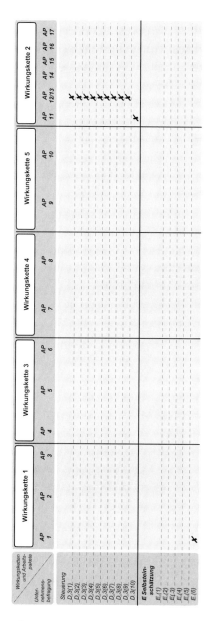

Bild 76/3: Inhaltliche Zuordnung von Einzelfragestellungen der Unternehmensbefragung zu Wirkungsketten und Arbeitspaketen

3.4.3 Vergleich der Befragungsergebnisse des Bestunternehmens und eines analysierten Beispielunternehmens je Arbeitspaket

Der **dritte Schritt** beinhaltet den Vergleich der **Fragenbeantwortung durch** das **Bestunternehmen und** das **analysierte Einzelunternehmen** je Wirkungskette und Arbeitspaket.
Dabei wird davon ausgegangen, dass die **unterschiedliche Beantwortung von Fragen**, die einem Arbeitspaket zugeordnet wurden, zur **Identifikation von** möglichen **Problemkomplexen** des analysierten Einzelunternehmens führt.

Die nachfolgenden Bilder stellen das Ergebnis des dritten Arbeitsschrittes für ein Beispielunternehmen dar.

Die Buchstaben-Zahlen-Kombination identifizieren die Systematik der zugeordneten Fragen aus dem Fragebogen zu einem Arbeitspaket (z.B. E.(6), B.(1), D.(17)).

Die hervorgehobenen (hellgrau und kursiv gedruckten) Begriffe zeigen Problemkomplexe, die durch unterschiedliche Fragenbeantwortungen durch das Bestunternehmen und das analysierte Einzelunternehmen identifiziert wurden *(vgl. Bilder 77/1-77/5)*.

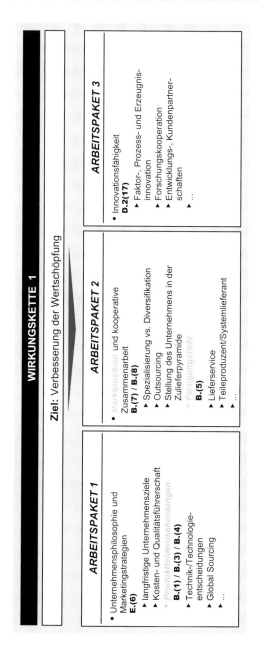

Bild 77/1:   *Identifikation von Problemkomplexen eines analysierten Einzelunternehmens (Arbeitspakete 1 bis 3)*

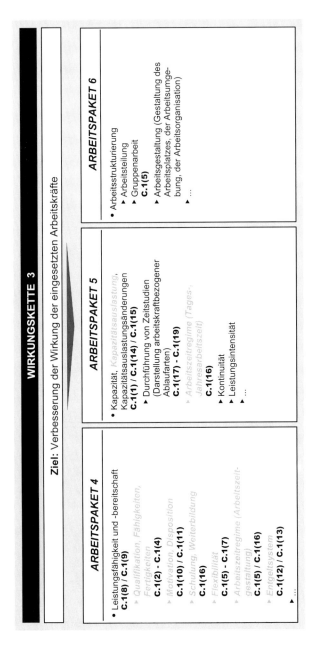

Bild 77/2: Identifikation von Problemkomplexen eines analysierten Einzelunternehmens (Arbeitspakete 4 bis 6)

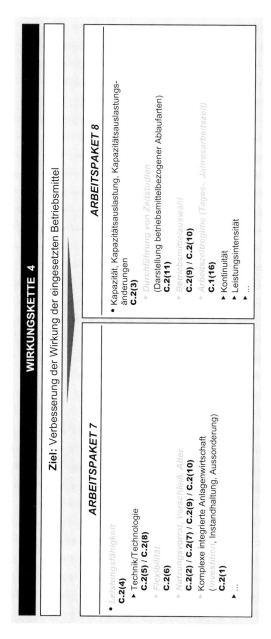

Bild 77/3:   Identifikation von Problemkomplexen eines analysierten Einzelunternehmens (Arbeitspakete 7 und 8)

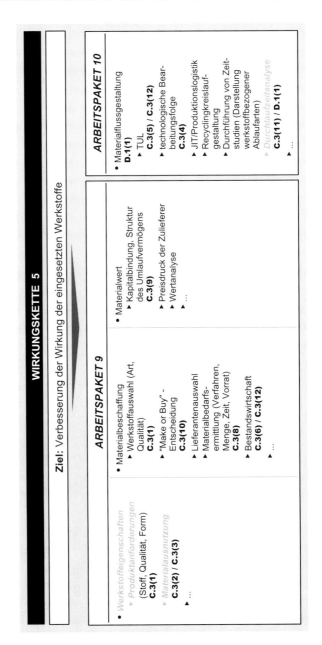

Bild 77/4:   Identifikation von Problemkomplexen eines analysierten Einzelunternehmens (Arbeitspakete 9 und 10)

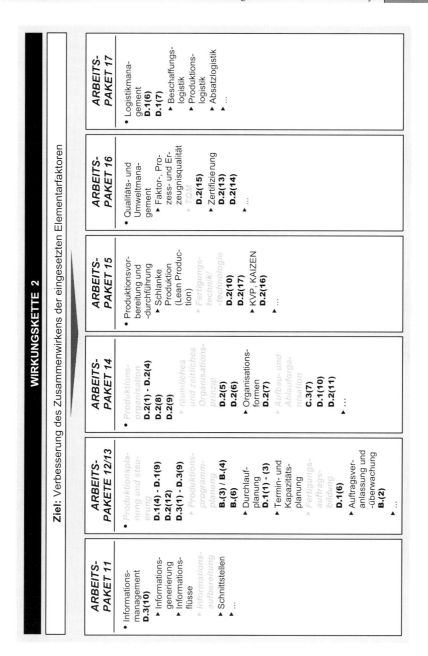

Bild 77/5: Identifikation von Problemkomplexen eines analysierten Einzelunternehmens (Arbeitspakete 11 bis 17)

An zwei Beispielen soll gezeigt werden, auf welche Weise sich die Fragenbeantwortung der verglichenen Unternehmen unterscheidet und wie dadurch der Problemkomplex des analysierten Einzelunternehmens und das zu gestaltende Arbeitspaket identifiziert werden können.

> Beispiel 1:   Arbeitspaket: 2
>   Fragestellung: B.(5)
>   Identifizierter Problemkomplex: FERTIGUNGSTIEFE

Bild 78 verdeutlicht, dass offensichtlich die Konzentration des Bestunternehmens auf Montageprozesse zu einer effizienteren Prozessorganisation führt, als die große Fertigungstiefe des analysierten Einzelunternehmens.

Hier werden Teilefertigung, Vor- und Endmontage eigenständig realisiert.
Überlegungen zum Outcourcing könnten Prozessrationalisierungen nach sich ziehen.

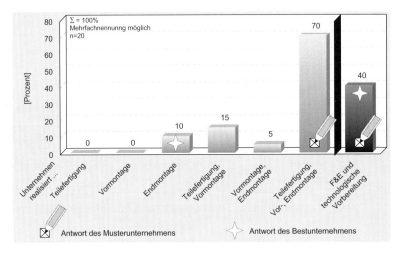

Bild 78:   *Potenzielle Ursachen zur Begründung der Lücke aus dem Vergleich der Fragen-*
           beantwortung (Fertigungstiefe der Unternehmen; Wirkungskette 1/Arbeitspaket 2)

> Beispiel 2:   Arbeitspaket: 12/13
>   Fragestellungen: D.1(4) - D.1(9)
>   D.2(12), D.3(1) - D.3(9)
>   Identifizierter Problemkomplex: PRODUKTIONSPLANUNG und -STEUERUNG

Bild 79 verdeutlicht, dass das Bestunternehmen und das analysierte Einzelunternehmen über ein PPS-System mit identischen Modulen verfügen.
Das weniger produktive Unternehmen nutzt sein PPS-System aber nicht so komplex wie das Bestunternehmen.

Die Produktionsprogrammplanung, die Kapazitäts- und Terminplanung, die Produktionssteuerung und die Betriebsdatenerfassung werden nicht durch das PPS-System realisiert.

Damit bleiben offensichtlich Produktivitätspotenziale ungenutzt.

Beide Beispiele bestätigen die Anfangsvermutung: **eine unterschiedliche Fragenbe-antwortung durch das Bestunternehmen und das analysierte Einzelunternehmen verdeutlichen die Arbeitspakete und Wirkungsketten, in denen Veränderungen zu realisieren sind, mit denen die Produktivitätsentwicklung in Richtung auf das Bestunternehmen erfolgen kann.**

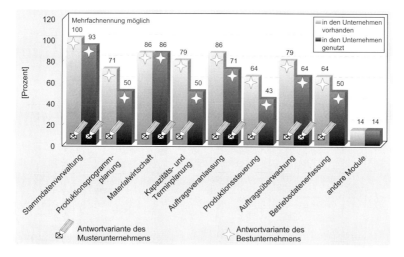

Bild 79:   Potenzielle Ursachen zur Begründung der Lücke aus dem Vergleich der Fragen-beantwortung (PPS-System-Module in den Unternehmen; Wirkungskette 2/Ar-beitspaket 12/13)

Im *Bild 80* erfolgt die Darstellung des methodischen Gesamtablaufes zur Begründung von Produktivitätslücken je Unternehmen durch das **Zusammenspiel von Ergebnissen der Un-ternehmensbefragung und des Benchmarking.**

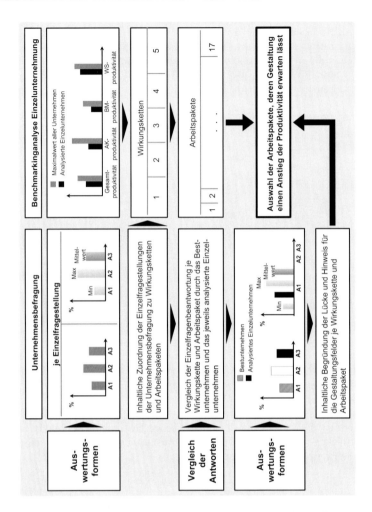

Bild 80: Begründung von Produktivitätslücken je Unternehmen durch das Zusammenspiel von Ergebnissen der Unternehmensbefragung und des Benchmarking

3.5 Identifikation von Handlungsfeldern

Hier besteht die Aufgabe darin, für jedes Unternehmen festzustellen, welche Arbeitspakete eine besondere Rolle für die Steigerung der Produktivität spielen.

Jedes Arbeitspaket wurde, wie bereits dargestellt, in Schwerpunkte (oder Potenzialfelder) untergliedert. **Die Häufigkeit der Nennung dieser Schwerpunkte je Arbeitspaket verdeutlicht deren Bedeutung für ein Unternehmen.**

Je mehr Schwerpunkte pro Arbeitspaket als problematisch herausgestellt wurden, um so wichtiger ist es, gestalterisch auf dieses Arbeitspaket einzuwirken, um Produktionssteigerungen zu erzielen.

In einem **ersten Schritt** wurden in Abhängigkeit der Häufigkeit der Nennung einzelner Potenzialfelder **Punktwerte zur Wichtung der Bedeutung jedes Arbeitspaketes** für die Produktivitätssteigerung vergeben:

> ➢ 0 Punkte: keine Bedeutung für das Unternehmen
> ➢ 1 Punkt: geringe Bedeutung für das Unternehmen
> ➢ 2 Punkte: hohe Bedeutung für das Unternehmen
> ➢ 3 Punkte: sehr hohe Bedeutung für das Unternehmen
> ➢ 4 Punkte: besonders hohe Bedeutung für das Unternehmen

Bild 81 zeigt das Bewertungsergebnis als Übersicht über die 20 beteiligten Unternehmen (vgl. Zeilen- und Spaltensummen).

Es werden sowohl die **Bedeutung jedes Arbeitspaketes je Unternehmen** als auch die **Bedeutung jedes Arbeitspaketes über alle analysierten Unternehmen** herausgearbeitet.

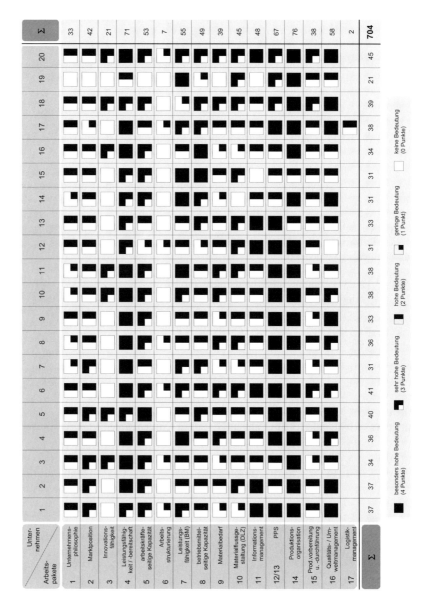

Bild 81:   *Unternehmensbezogene Bedeutung der definierten Arbeitspakete für die Produktivitätsentwicklung*

Auf dieser Basis sind grundsätzliche Schlussfolgerungen darüber zu treffen, welche Aufgaben je Unternehmen in Angriff genommen werden könnten, um Produktivitätssteigerungen einzuleiten.

> Die **Spreizung** der Punktsummen der gewichteten relevanten Arbeitspakete je Unternehmen von 21 Punkten bis 45 Punkte zeigt einerseits, dass die produktivitätsbestimmenden Potenzialfelder unterschiedlich erschlossen sind, andererseits, dass jedes der beteiligten Unternehmen Reserven zur Produktivitätssteigerung besitzt.

Daneben wird deutlich, dass die Vielzahl der Ansatzpunkte und Handlungsfelder in einigen Unternehmen für die Umsetzung eine **Einschränkung auf die wesentlichen** und erfolgversprechenden **Handlungsfelder** erfordert.

Dies erfolgt in einem **zweiten Schritt** zunächst durch eine Beschränkung auf die Darstellung solcher Arbeitspakete, die einen Punktwert größer 1 erhielten und denen somit eine hohe bis besonders hohe Bedeutung zugeordnet wurde.
Diese sind in dem nachfolgenden *Bild 82* durch Punkte gekennzeichnet.

Infolge der Beschränkung auf die Handlungsfelder mit hoher bis besonders hoher Bedeutung ergeben sich je Unternehmen immer noch 7 bis 14 relevante Arbeitspakete zur Erschließung von Produktivitätssteigerungspotenzialen.

Dies ist angesichts begrenzter kapazitiver Gestaltungsmöglichkeiten insbesondere der Klein- und Mittelstandsunternehmen ein zu breiter Ansatz, dessen Umsetzbarkeit wenig realistisch erscheint.

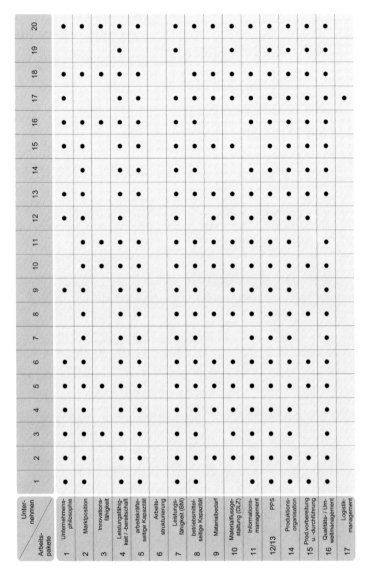

Bild 82: Darstellung der Arbeitspakete, denen eine besondere Bedeutung bei der Erschließung von unternehmensbezogenen Produktivitätspotenzialen zugeordnet wird

In einem **dritten Schritt** erfolgte eine weitere Eingrenzung der für die zeitnahe Umsetzung relevanten Handlungsfelder im Rahmen von Produktivitätsworkshops, die in den Unternehmen durchgeführt wurden.

In der Diskussion mit den Mitarbeitern der Unternehmen wurde herausgearbeitet, welche der wesentlichen Handlungsfelder unter Beachtung betrieblicher Rahmenbedingungen eine **aktuelle Priorität** erhalten sollen.

Es handelt sich dabei um eine betriebliche Schwerpunktsetzung. Im nachfolgenden *Bild 83* sind die benannten Schwerpunkte durch „große Punkte" besonders gekennzeichnet.

Auf diese Art und Weise erschließt sich für die Unternehmen ein auch aus betrieblicher Sicht bewertetes Spektrum an potenziellen Handlungsfeldern zur Produktivitätssteigerung.

Ein besonderer Vorteil dieser Vorgehensweise ist die starke Einbindung der Mitarbeiter in die Auswahl der aktuellen Handlungsfelder, verbunden mit einem hohen Grad der Identifikation und Bereitschaft zur aktiven Mitwirkung.

Dabei ist nicht auszuschließen, dass auch andere als die durch das systematische Benchmarking identifizierten Handlungsfelder in der Diskussion und Wertung der Mitarbeiter von besonderer, aktueller Brisanz sind.

In der Zusammenstellung der Ergebnisse wird deutlich, dass 96 Prozent der aus betrieblicher Sicht zur kurzfristigen Umsetzung priorisierten Handlungsfelder sich mit den Schwerpunktsetzungen aus dem Benchmarking decken.

Dieses Ergebnis bestätigt eine **hohe Trefferquote** der aus dem Benchmarking abgeleiteten Handlungsfelder gemessen an der betrieblichen Bewertung.

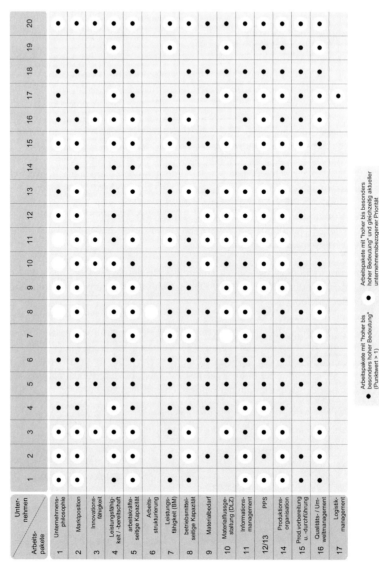

Bild 83: Kennzeichnung der von den Unternehmen als für sie besonders wichtig bewerteten Arbeitspakete

Es wird deutlich, dass je Unternehmen drei bis zwölf Arbeitspakete als Handlungsfelder priorisiert werden.

Die Chancen einer Erfolg versprechenden praktischen Umsetzung dieser großen Anzahl sind als eher gering einzuschätzen.

Es kann davon ausgegangen werden, dass in den Unternehmen, insbesondere in Folge begrenzter Gestaltungskapazitäten, parallel maximal zwei bis drei Arbeitspakete in Angriff genommen werden können.

Dies ist dann gegeben, wenn im **vierten Schritt nur die Handlungsfelder** in Betracht gezogen werden, die im Rahmen des Benchmarking mit 4 Punkten bewertet und damit als **„von besonders hoher Bedeutung"** eingestuft wurden. Hier ergibt sich ein Spektrum von zwei bis vier Handlungsfeldern je Unternehmen. Bringt man dieses Spektrum in Deckung mit den aus betrieblicher Sicht zu priorisierenden Maßnahmen, dann bleibt ein überschaubares und umsetzbares Handlungsfeld von im Durchschnitt zwei Arbeitspaketen mit hoher Priorität, die für die Erschließung der Produktivitätspotenziale eine besondere Bedeutung besitzen.

In *Bild 84* werden die Arbeitspakete dargestellt, die eine höchste Bewertung (Punktwert) erfuhren und denen gleichzeitig eine höchste Unternehmenspriorität eingeräumt wurde.

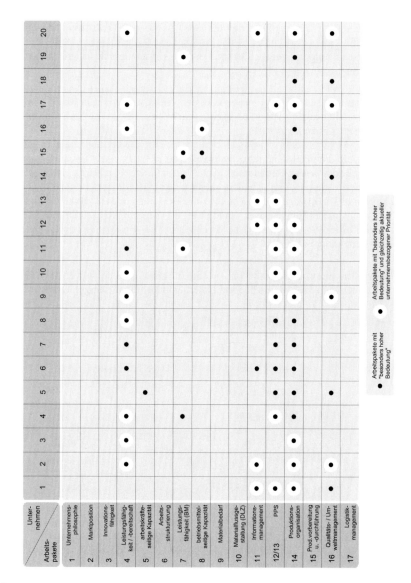

Bild 84: Arbeitspakete mit höchstem Punktwert und höchster Unternehmenspriorität

Zusammenfassend wird in den *Bildern 85 und 86* eine Gesamtübersicht für die gewichtete Bedeutung der definierten Arbeitspakete über alle analysierten Unternehmen und die gewichtete Bedeutung je Unternehmen als Problemkomplex erkannter Arbeitspakete gegeben.

Hier wird deutlich, dass offensichtlich:
> die Produktionsorganisation
> die Produktionsplanung und -steuerung
> das Informationsmanagement
> die Materialflussgestaltung
> die Leistungsfähigkeit und -bereitschaft der Arbeitkräfte
> die Produktionsvorbereitung sowie
> das Qualitäts- und Umweltmanagement

eine **herausragende Bedeutung** besitzen.

Diese Bedeutung wird sowohl dokumentiert durch die entdeckten Problemfelder und deren Bestätigung durch die Unternehmen als auch durch die in Bearbeitung befindlichen Arbeitspakete.

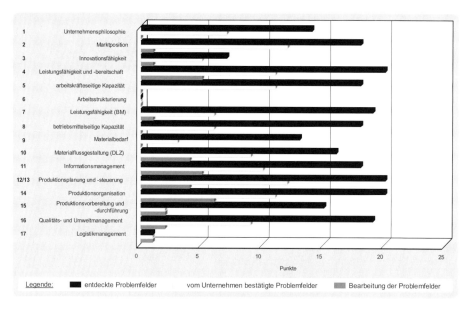

Bild 85: Gewichtete Bedeutung der definierten Arbeitspakete über alle analysierten Unternehmen (ausgehend von der Analyse- bis hin zur Umsetzungsphase)

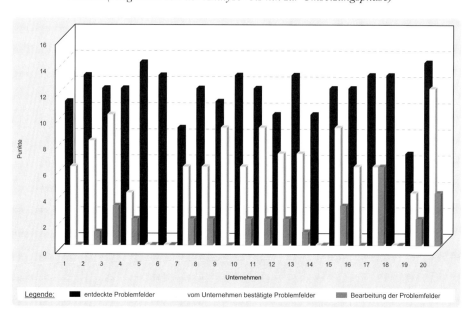

Bild 86: Gewichtete Bedeutung je Unternehmen erkannter Problemkomplexe/Arbeits-
pakete

4 Methodische Instrumentarien zur konzeptionellen Bearbeitung der Arbeitspakete/Problemfelder

Die Arbeitspakete enthalten mögliche Handlungsoptionen zur Produktivitätssteigerung.
Ob diese Optionen sinnvollerweise wahrzunehmen sind, entscheidet die Unternehmensanalyse.

Die Arbeitspakete bündeln die spezifischen Einflussgrößen und die dafür relevanten methodischen Gestaltungsvarianten, die auf die Kennzahl Produktivität wirken.

Die Analyse der Einflussgrößen identifiziert unkritische Arbeitspakete, die verdeutlichen, dass in diesen Bereichen keine zu priorisierenden Änderungen notwendig sind.

Für die Bereiche, in denen gestalterisch einzugreifen ist, ergeben sich folgende **Handlungsoptionen:**

1. Die bereits in der Gegenwart positiv auf die Produktivität wirkenden Faktorkomplexe sind zu stärken.
2. Die identifizierten perspektivischen Entwicklungsfelder zur positiven Beeinflussung der Produktivität sind durch strategisch/taktische Produkt-, Faktor-, Prozessplanung zu unterstützen.
3. Die erkannten Problemfelder, von denen eine negative Produktivitätsbeeinflussung ausgeht, sind tiefgründig zu analysieren, die wirkenden Einflussfaktoren sind zu systematisieren, der Entscheidungsprozess ist zu strukturieren um Handlungskonzepte mit sinnvollen Maßnahmen abzuleiten und im Unternehmen umzusetzen.

Dieser Abschnitt ist insbesondere der Identifikation und Reduzierung von negativ wirkenden Einflussfaktoren gewidmet.

Durch die Unternehmensanalyse erfolgte für jedes Unternehmen die Identifikation der entsprechenden Handlungsoptionen.

Um die Produktivität zu steigern, müssen diese systematisch erschlossen und in Gestaltungsmaßnahmen überführt werden.
Das erfordert die Entwicklung **methodischer Instrumente zur Entscheidungsfindung und Bearbeitung für jedes Problemfeld**, die dafür zunächst zu systematisieren sind *(vgl. Bild 87)*.

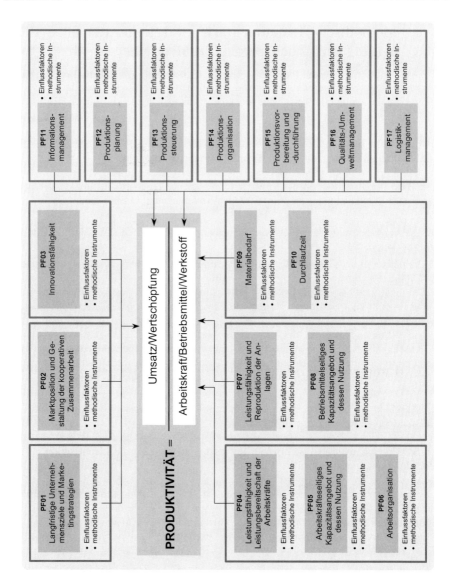

Bild 87: Systematisierung der abgeleiteten Problemfelder zur Analyse der Einflussfaktoren auf die Produktivität und zur Darstellung methodischer Instrumente zur Steigerung der Produktivität

Für jedes Arbeitspaket sind die wirkenden **Einflussfaktoren** zu definieren.
Dies geschieht in Tabellenform. Dabei werden

➢ die Einflussfaktoren benannt,

➢ mögliche **Fehlerquellen** identifiziert und ihre **Auswirkungen auf die Produktivität** verdeutlicht,

➢ die denkbaren **Problemlösungsansätze** sowie die zu verwendenden **Instrumente** benannt.

Für jedes Arbeitspaket wird ein **methodischer Ablaufplan zur Entscheidungsfindung** entworfen.
Er bildet die Grundlage für den arbeitspaketbezogenen Entscheidungsfindungsprozess.

Da identifizierte Problemfelder nicht isoliert sind, ist mit Wechselbeziehungen zwischen den Feldern zu rechnen. Diese führen ggf. zu Zielkonflikten bzw. zu **Interdependenzen zwischen den Arbeitspaketen**. Auftretende Interdependenzen werden abschließend analysiert.

4.1 Einflussfaktoren und methodische Problemlösungsansätze mit Wirkung auf den Output

4.1.1 Arbeitspaket/Problemfeld 1: Langfristige Unternehmensziele und Marketingstrategien

Zielsysteme von Unternehmen basieren auf einem **Leitbild** der Unternehmenstätigkeit, dass dem Unternehmenszweck, seine Philosophie und seine Identität ausdrückt und stellen Hierarchien von übergeordneten und abgeleiteten Zeiten dar (Meffert [Marketing-Management] 79).

Der **Unternehmenszweck** legt die angestrebte Unternehmensleistung – also die Geschäftsfelder – fest.

Die **Unternehmensphilosophie** charakterisiert verbindliche Leitlinien des Handelns gegenüber internen und externen Anspruchsgruppen.

Die Umsetzung der Unternehmensphilosophie führt zur **Unternehmensidentität**, die zur Imagebildung und Identifikation mit dem Unternehmen beiträgt.

Das Leitbild, die Geschäftsfelddefinition und die Umwelt mit ihren Rahmenbedingungen bestimmen die **Unternehmensziele**.

Ihre Orientierung ist vielschichtig, ihre Umsetzung erfordert eine Differenzierung aus sachlich, zeitlich und räumlicher Sicht sowie die dafür unerlässliche Ableitung von **Mittelentscheidungen**.

Damit stehen Marketingstrategien zur Sicherung von Wettbewerbsvorteilen, Marktwahlstrategien zur Auswahl von Absatzmärkten sowie Marktteilnehmerstrategien, die das Verhalten gegenüber Anspruchsgruppen, mit denen das Unternehmen in Wechselbeziehungen steht in engem Zusammenhang.

In *Tabelle 2* werden **Einflussfaktoren** der **langfristigen Unternehmensziele und Marketingstrategien auf die Produktivität** dargestellt.

Einflussfaktoren	Fehlerquellen	Auswirkungen auf die Produktivität	Problemlösungsansätze/Instrumente
Definition des Unternehmenszwecks	ungenaue/unzureichende Analyse der Wettbewerbsposition des Unternehmens	Ressourcenallokation nicht optimal, Markteintritts- und -austrittsbarrieren unterschätzt, geringe Kapazitätsauslastung ⇒ Produktivität↓	Festlegung der Kernkompetenzen, Definition komparativer Konkurrenzvorteile (KKV), SWOT-, Lebenszyklus-, Portfolio-, Kosten-, Wertkettenanalysen (vgl**PF11**)
	ungenaue bzw. unzureichende Markt- und Geschäftsfeldabgrenzung	Synergieeffekte ungenutzt, Ressourcenallokation nicht optimal ⇒ Produktivität↓	Marktabgrenzungskonzepte zur Identifikation relevanter Märkte: Kreuzpreiselastizitäten, Ähnlichkeit der Produkte, Reaktionsverbundenheit der Unternehmen, Geschäftsfeldabgrenzung nach: Abnehmern, Markträumen, Produkten
	falsche Beurteilung der Marktentwicklung und des Produktlebenszyklus	Investition in veraltete bzw. wenig aussichtsreiche Produkt- und Produktionstechnologien (vgl**PF03** und **PF07**) ⇒ Auslastung↓, Umsatz geringer als Erwartungen, Kapitaldienst für Fehlinvestitionen⇒ Produktivität↓	Markt- und Produktlebenszyklusanalyse (LZA), "gesunde" Mischung der Geschäftsfelder im Sinne der Portfolioanalyse (Zukunft)
Definition der Unternehmensphilosophie	Unternehmensphilosophie ist niedergeschrieben, wird aber in Praxis nicht kommuniziert/realisiert/gelebt	Motivations- und Identifikationsverluste der Belegschaft⇒ geringe Leistungsbereitschaft der Arbeitskräfte (vgl**PF04**), Umsatzpotenziale nicht ausgeschöpft⇒ Produktivität↓	Aufbau eines langfristigen und praktizierten Unternehmensimages nach außen und innen, Festschreibung und Kommunikation von verbindlichen Unternehmensleitlinien/-grundsätzen, PR-Maßnahmen etc.
Definition der Unternehmensidentität (Corporate Identity)	Image- und Identifikationsanspruch und -realität stimmen nicht überein	interne und externe Konflikte auf längere Sicht⇒ Umsatz↓ ⇒ Produktivität↓	
Definition strategischer Unternehmensziele (Oberziele)	fehlende Ordnung im Zielsystem des Unternehmens	Zielzusammenhänge/ -beziehungen nicht erkannt⇒ falsche Vergabe der Prioritäten⇒ schlechte Umsatz- und Kapazitätsentwicklung ⇒ Produktivität↓	Aufbau eines geschlossenen hierarchi- schen Ziel- und Präferenzsystems auf der Grundlage von Mittel-Zweck-Beziehungen bzw. -Vermutungen (z.B. Du Pont-System)
	Verfolgung konfliktärer Zielstellungen (Di-/Polylemma ungelöst), Präferenzordnung fehlt	keine zieladäquate Ressourcenallokation, Abstimmungs-/ Koordinationsaufwand⇒ Produktivität↓	
	unrealistische/ realitätsferne Zielstellungen (gehen an Marktbedingungen vorbei, z.B. zu optimistisch)	Diskrepanz zwischen Marktanforderungen/-entwicklungen und Unternehmensplanung⇒ Ressourceneinsatz und Umsatz nicht optimal⇒ Produktivität↓	kontinuierliche Überwachung der Marktentwicklungen mit Hilfe von Lebenszyklus-, Portfolio- und Werkkettenanalysen etc.
Leitbild des Unternehmens		**Zielsystem des Unternehmens i.e.S.**	

Tabelle 2a: Einflussfaktoren der langfristigen Unternehmensziele und der Marketingstrategien auf die Produktivität (Teil 1)

Einflussfaktoren	Fehlerquellen	Auswirkungen auf die Produktivität	Problemlösungsansätze/Instrumente
Definition der Zwischenziele	Funktionsbereichsziele nicht auf Oberziele ausgerichtet und abgestimmt, u.U. konfliktär	Geschäftsbereiche wirken nicht zusammen, falsche Anreize⇒ Fehlsteuerung, Synergieeffekte nicht genutzt, Ressourcen verschwendet⇒ Produktivität↓	Aufbau eines geschlossenen hierarchischen Zielsystems auf der Grundlage von Mittel-Zweck-Beziehungen bzw. -Vermutungen
Definition der operativen Ziele	Ziele sind zu abstrakt und nicht operational, Zielbeziehungen nicht erkennbar, falsche Anreize	Zielrichtung im operativen Geschäft nicht erkennbar⇒ Gefahr von Fehlinterpretationen⇒ u.U. nicht zieladäquater Ressourceneinsatz⇒ Produktivität↓	Definition operativer Ziele (eindeutig nach Inhalt, Ausmaß), Zeitrahmen und Verantwortung (sachliche, zeitliche und räumliche Abgrenzung)
	inflexible Festlegung, Kommunikation und Durchsetzung der operativen Zielstellungen	kurzfristige Veränderungen der Marktanforderungen/-entwicklungen möglich, niedrige Flexibilität⇒ Umstellungen zeit- und kostenintensiv, Risiko ⇒ Produktivität↓	Aufbau eines geeigneten Informationssystems im Unternehmen (vgl **PF11**), Installation flexibler Technologien (vgl. **PF07**)
Definition des Marktareals (regional, national, international)	zu große Zielregion (Überdimensionierung)	Ressourcenbedarf zur Marktbearbeitung/ Ausschöpfung des Marktpotenzials zu groß, Investitionen in Markterschließungen unrentabel, Umsätze aus Kapazitätsgründen nicht realisierbar⇒ zusätzliche Kosten⇒ Produktivität↓	SWOT-Analyse, Portfolioanalysen, Lebenszyklusanalysen, kostenorientierte Analysen, Wertkettenanalysen
	zu kleine Zielregion (Unterdimensionierung)	zu geringes Marktpotenzial, Auslastung zu gering⇒ Kapitaldienst für ungenutzte Investitionen, Produktionspotenziale nicht ausschöpfbar⇒ Produktivität↓	
Definition der Marktparzellierung (Massenmarkt vs. Segmentierung)	unzureichende Parzellierung	Markt wird als Massenmarkt bearbeitet⇒ Umsatz- und Preispotenziale durch geeignete Segmentierung und Variantenproduktion ungenutzt⇒ Produktivität↓	Marktanalysen (LZA, Portfolio), Methoden der optimalen Varianten- und Sortimentsbestimmung
	übermäßige Marktsegmentierung	zu hohe Variantenvielfalt (Sortimentsbreite)⇒ zu hoher Koordinationsaufwand, Komplexitätskosten⇒ Produktivität↓	
Definition der Markt- bzw. Geschäftsfeldstrategie (Produkt-Markt-Kombinationen)	ausschließliche Konzentration auf das Kerngeschäft (keine Diversifikation)	zukunftsträchtige Geschäftsfelder nicht beachtet⇒ Auslastung und Umsatz vom "traditionellen" Geschäftsfeld abhängig, keine Risikodiversifikation⇒ Gefährdung der Überlebensfähigkeit, Produktivität↓	Wahl eines gemischten Portfolios aus "traditionellen" und zukünftig besonders aussichtreichen Geschäftsfeldern, Wirtschaftlichkeitsanalysen für Markt-/ Produktentwicklung und Diversifikation, Orientierung an Wettbewerbern (Benchmarking), Kooperationen (vgl **PF02**)
	Entfernung vom Kerngeschäft, zu weitreichende Diversifikation	Ressourcen nicht ausreichend, Kernkompetenzen gehen verloren, Gefahr des "Verzettelns", mangelnde Synergien ⇒ zu hohe Kosten⇒ Produktivität↓	
	zu geringe Markt-/Produktentwicklung	fehlendes Schließen von Umsatzlücken, "Verschlafen" der Entwicklung (vgl. **PF03**) ⇒ Gefährdung der Überlebensfähigkeit, Produktivität↓	
Zielsystem des Unternehmens i.e.S.	**Marktwahlstategien**		

Tabelle 2b: Einflussfaktoren der langfristigen Unternehmensziele und der Marketingstrategien auf die Produktivität (Teil 2)

	Einflussfaktoren	Fehlerquellen	Auswirkungen auf die Produktivität	Problemlösungsansätze/Instrumente
Marktwahlstrategien	Definition der Marktfeldstrategie	zu hohe Markt-/Produktentwicklung	hohes Risiko bei Innovationen (vgl **PF03**), hoher Finanzbedarf ⇒ Gefährdung der Überlebensfähigkeit, Produktivität↓	s.o.
	Definition der Marktstimulierungsstrategie (Preis vs. Differenzierung)	inkonsequente Ausrichtung, inkonsistentes Bild des Unternehmens nach außen, fehlende Corporate Identity	Vermischung von Kosten- und Qualitätsführerschaft, mangelnde Ansprache der Kunden⇒ Umsatzpotenzial nicht ausgeschöpft, Auslastung zu gering⇒ Produktivität↓	konsequente Ausrichtung auf entweder Kostenführerschaft (Positionierung über Preis, Ausnutzung von Erfahrungs- und Größendegressionseffekten) oder Qualitätsführerschaft (Positionierung über Differenzierungsvorteile: Qualität, Innovation, Programmbreite, Marken etc. bei höheren Preisen); Outpacing (vgl. **PF02**)
Marktteilnehmerstrategien	Definition der konkurrenzorientierten Marketingstrategie	Vernachlässigung der Konkurrenzbeziehungen	erhalten der Wettbewerber nicht beachtet, Entwicklungen nicht antizipiert⇒ Gefahr von Innovationen und Substitutionsgütern ⇒ Umsatz↓ ⇒ Produktivität↓	weitsichtige Markt-, Konkurrenz- und Unternehmensanalyse (LZA, Portfolio, Benchmarking etc.), Definition eines eigenen Profils und eigener Strategien
		zu weitreichende/komplette Orientierung an der Konkurrenz	Verlust von Unternehmensimage und Wettbewerbsvorteil⇒ Umsatz↓ ⇒ Produktivität↓	
		Konflikt mit Konkurrenz (Konkurrenzkampf)	Ressourcenverschwendung für Wettbewerb, Risiko des Verlierens⇒ Kosten↑ ⇒ Produktivität↓	
		Abhängigkeit von Wettbewerbern durch Kooperationen (vgl **PF02**)	Abhängigkeitsverhältnisse führen zu defensiver Lage gegenüber Wettbewerbs-/Kooperationspartnern ⇒ Umsatz↓ ⇒ Produktivität↓	
	Definition der abnehmerorientierten Marketingstrategie	undifferenzierte Leistungen (Standardprodukte)	Standardprodukte austauschbar, Positionierung über Preis⇒ Umsatz↓ ⇒ Produktivität↓	Marktanalysen (LZA, Portfolio), Benchmarking, Methoden der optimalen Variantenbestimmung, optimale Differenzierung über Qualitäts-, Zeitvorteile etc.
		zu stark differenzierte Leistungen	zu hohe Kosten aufgrund übergroßer Sortimentsbreite (Komplexitätskosten)⇒ Produktivität↓	
	Definition der handelsorientierten Marketingstrategie	passive Haltung gegenüber Absatzmittlern, Duldung der Handelsmacht	Abhängigkeit von Absatzmittlern, Übernahme von Handelsfunktionen⇒ Kosten↑ ⇒ Produktivität↓	SWOT-Analyse, Benchmarking
		Machtkampf mit Handel	Belastung der Ressourcen, gesteigerte Kosten durch Eigenvertrieb, Risiko des Verlierens⇒ Kosten↑ ⇒ Produktivität↓	

Tabelle 2c: Einflussfaktoren der langfristigen Unternehmensziele und der Marketingstrategien auf die Produktivität (Teil 3)

	Einflussfaktoren	Fehlerquellen	Auswirkungen auf die Produktivität	Problemlösungsansätze/Instrumente
Marktteilnehmer-strategien	Definition der zuliefer-orientierten Marketing-strategie	Konzentration auf weitest mögliche Eigenfertigung	hohe Investitionskosten, Gefahr von Fehlinvestitionen, Produktrisiko liegt in einer Hand, hoher Steuerungsaufwand, Verschenken von Spezialisierungsvorteilen ⇒ Produktivität↓	SWOT-Analyse, Benchmarking, Kooperationen, Entwicklungspartnerschaften (vgl. **PF02**), Modular/Global Sourcing (vgl. **PF09**)
		weitreichendes Outsourcing	Verlust von Kernkompetenzen, Abhängigkeit von Zulieferern ⇒ Produktivität↓	
Marketingmanagement	Festlegung der Unternehmensziele und Marketing-strategien	Wahl ungeeigneter Marketingstrategien	schlechte Positionierung am Markt, Wettbewerbsnachteile ⇒ Umsatzpotenziale unausgenutzt⇒ Produktivität↓	fundierte Markt- und Unternehmensanalyse, richtige Ableitung der Strategien durch iterativen und kontinuierlichen Marketingmanagementprozess
	Implementierung der Marketing-strategien	ungeeignete organisatorische Verankerung des Marketingmanagements	keine Durchsetzungsbefugnis, Koordinationsmechanismen funktionieren nicht⇒ Umsatz↓ ⇒ Produktivität↓	organisatorische Einbettung des Marketings in die höchste Ebene der Unternehmensführung
		fehlende Unterstützung durch Unternehmensführung	Unternehmensführung zeigt keinen Willen zur Durchsetzung, verleiht keine Kompetenz⇒ keine Effekte der Maßnahmen, Kosten↑ ⇒ Produktivität↓	Unternehmensführung muss Zielbildung und Strategieimplementierung tragen
	Kontrolle der Zielerreichung	kein Rückkopplungsprozess, keine Durchführung von Kontrollen	keine Kontrolle des Maßnahmenerfolges/ der Zielerreichung, fehlende Veranlassung notwendiger Ziel- und Strategieanpassungen⇒ Umsatz- und Rationalisierungspotenziale verschenkt, Fehlentwicklungen nicht erkannt ⇒ Kosten↑ ⇒ Produktivität↓	Aufbau von Managementinformationssystemen und Frühwarnsystemen zur kontinuierlichen Kontrolle der Zielrealisierung (vgl.**PF11**)

Tabelle 2d: Einflussfaktoren der langfristigen Unternehmensziele und der Marketingstrategien auf die Produktivität (Teil 4)

In den Bildern 88 und 89 wird die **Vorgehensweise zur Definition langfristiger Unternehmensziele als Entscheidungsprozess** aus der besonderen Sichtweise des Produktivitätsmanagements dargestellt.

Außerdem werden geeignete methodische Instrumentarien zur Entscheidungsvorbereitung und Problembewältigung benannt.

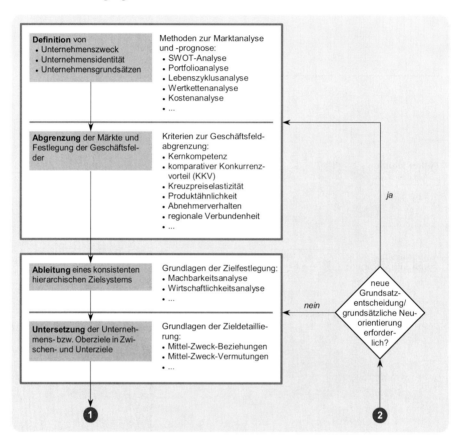

Bild 88:   *Strukturierung des methodischen Entscheidungsprozesses im Rahmen der Definition langfristiger Unternehmensziele und der Ableitung von Marketingstrategien (Teil 1)*

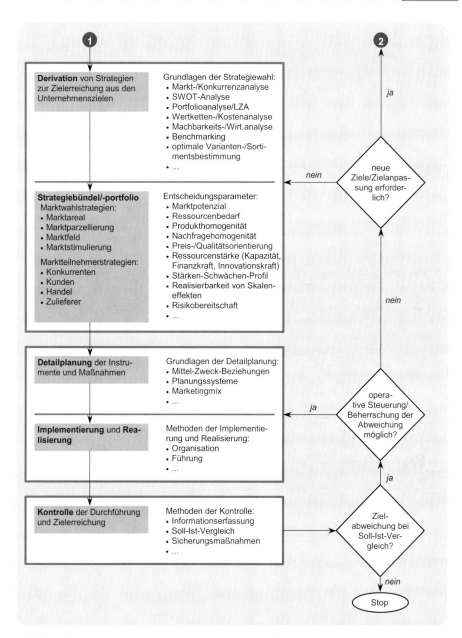

Bild 89:   Strukturierung des methodischen Entscheidungsprozesses im Rahmen der Definition langfristiger Unternehmensziele und der Ableitung von Marketingstrategien (Teil 2)

4.1.2   Arbeitspaket/Problemfeld 2: Marktposition und Gestaltung der Kooperation

Die Marktposition eines Unternehmens kennzeichnet seine Beziehung zu den Wettbewerbern.

Die Positionierung geht in drei Richtungen (Porter [Wettbewerbsstrategie] 21):
  (1) Realisierung von **Kostenvorteilen** durch Streben nach hohen Marktanteilen, die zu Skaleneffekten infolge großer Stückzahlen führen.
  (2) **Produktdifferenzierung** durch Betonung der Einmaligkeit, der Unverwechselbarkeit der eigenen Leistung.
      Differenzierungsgegenstände sind z.B. die Qualität der Produkte, die Innovationsfähigkeit, der Lieferservice sowie die Fähigkeit fertigungsnahe industrielle Dienstleistungen mit den Produkten im Paket anzubieten (Benkenstein [strategisches Marketing] 138 ff).
  (3) Orientierung auf **Nischenprodukte**.
      Hier ist der Marktanteil von untergeordneter Bedeutung.
      Eine geringe Wettbewerbsintensität und die Erzielung relativ hoher Preise auf Grund der kaum ausgeprägten Konkurrenzsituation stehen im Vordergrund.

Die Stärke eines Unternehmens liegt auch in seiner Bereitschaft zur **Kooperation**, die eine **Konzentration auf besondere Fähigkeiten bei den in die Kooperation einbezogenen Unternehmen** ermöglicht.
Damit in engem Zusammenhang stehen sinnvoll **Make-or-Buy-Entscheidungen**, die Einbeziehung von **Forschungs- und Entwicklungskapazitäten** der Kooperationspartner, die Gestaltung der **Fertigungstiefe** und damit der **Wertschöpfungsanteile** am Output und die **Positionierung in der Zulieferpyramide**.

In *Tabelle 3* werden **Einflussfaktoren** der **Marktposition und der Gestaltung der kooperativen Zusammenarbeit auf die Produktivität** verdeutlicht.

Einflussfaktoren	Fehlerquellen	Auswirkungen auf die Produktivität	Problemlösungsansätze/Instrumente
Realisierung von Kosten-vorteilen (Kosten-/Preisführer-schaft)	niedrige Preise auf Kosten der Substanz	erzielte Preise decken Gesamtkosten nicht, Amortisationen reichen nicht zum Substanzerhalt⇒ Gefahr für langfristige Existenz des Unternehmens, Produktivität↓	genaue Kostenkalkulation, Deckungsbeitragsrechnungen
	Marktanteile können im Wettbewerb nicht vergrößert bzw. verteidigt werden	Marktanteilsstrategien schlagen trotz geringer Einführungspreise fehl ⇒ Preise verharren auf niedrigem Niveau ⇒ Umsatz gering⇒ Produktivität↓	Marktanalysen/-prognosen, Benchmarking mit Vergleichsprodukten, Informations-/ Frühwarnsystem (vgl. **PF11**
	Erfahrungskurven- und Skalen-/Synergieeffekte überschätzt	Kostensenkungspotenziale trotz hoher Stückzahlen unter Erwartungen⇒ Kosten steigen (über-)proportional zum Umsatz ⇒ Produktivität verbleibt auf Niveau oder sinkt	Prozessinnovationen (vgl**PF03**), Investitionen, Änderung der Marketingstrategie (Differenzierung)
	Konkurrenzverhalten zu wenig/nicht beachtet	Kooperationen und Allianzen können zu Synergieeffekten bei Konkurrenz führen ⇒ Preise ↓ ⇒ Umsatz↓ ⇒ Produktivität↓	Marktbeobachtung/-forschung, Antizipation des Marktteilnehmerverhaltens (vgl.**PF01**), Bildung eigener Kooperationen/strategischer Allianzen
Realisierung von Differenzierungs-/ Qualitätsvorteilen	zu starke Differenzierung (zu breites Sortiment, zu hohe Variantenvielfalt)	Kunden honorieren Differenzierung über ein bestimmtes Maß hinaus nicht, Höhe der Komplexitätskosten durch Variantenvielfalt unterschätzt⇒ Produktivität↓	Marktforschung, Marktanalysen/-prognosen, Methoden der optimalen Variantenwahl und Sortimentsbestimmung
	kein Marktbedarf für Differenzierung (Standardprodukte ausreichend)	Differenzierungsvorteile werden aus Anbietersicht überschätzt, Angebot am Kundenwunsch vorbei⇒ Umsatz↓ ⇒ Produktivität↓	
	Differenzierungsaufwand unterschätzt	progressive Kosten für Koordination, zusätzlichen Service etc. liegen über den Zusatzerlösen durch Differenzierung ⇒ Produktivität↓	
Konzentration auf Markt-nischen	Überschätzung des Potenzials der Marktnische (Preise und Mengen)	realisierbare Preise und Absatzmengen unter den Erwartungen ⇒ Umsatz↓ ⇒ Produktivität↓	Marktforschung, Umsatz- und Kostenplanung, Controlling
	Unterschätzung der Differenzierungskosten	hohe Kosten der Marktnischenbearbeitung bei geringen Chancen der Steigerung des Marktanteils/-potenzials ⇒ Produktivität↓	genaue Kostenkalkulation, Controlling, Benchmarking
	Abhängigkeit von kleiner Abnehmergruppe	Abhängigkeiten, Ausübung von Nachfragemacht⇒ Preise ↓ ⇒ Umsatz↓ ⇒ Produktivität↓	Marktbeobachtung, evtl. Rückzugsstrategien, Risikodiversifikation

strategische Marktpositionierung

Tabelle 3a: Einflussfaktoren der Marktposition und der Gestaltung der kooperativen Zusammenarbeit auf die Produktivität (Teil 1)

Einflussfaktoren	Fehlerquellen	Auswirkungen auf die Produktivität	Problemlösungsansätze/Instrumente
Marktdurch-dringung	Marktpotenzial bereits (fast) vollständig ausgeschöpft	Umsatz stagniert trotz Marketinginvestitionen⇒ Kosten ↑ ⇒ Produktivität↓	Markt- und Produktanalysen (Lebenszyklus-, Portfolioanalyse) (vgl**PF01**)
	Marketingkosten zu hoch	Kosten des Marketings übersteigen Mehrumsatz⇒ Kosten ↑ ⇒ Produktivität↓	Markt- und Produktanalysen, Investitionsrechnung für Marketingmaßnahmen
	Reaktion der Konkurrenz zu wenig/nicht beachtet	Konkurrenz verteidigt Marktanteile und reagiert durch Gegenmaßnahmen/ Preissenkungen ⇒ Preise ↓ ⇒ Umsatz ↓ ⇒ Produktivität↓	Marktbeobachtung, Antizipation des Konkurrentenverhaltens
Produktent-wicklung	Erhöhung der Variantenzahl verursacht hohe Kosten	Investitions-, Handlings- und Steuerungskosten (progressive Komplexitätskosten)↑ ⇒ Produktivität↓	organisatorische Umstrukturierungen, Outsourcing, Sortimentsbereinigung
	Kannibalisierung zwischen eigenen Produktvarianten	Verkauf neuer, zusätzlicher Varianten reduziert Absatz alter Produkte ⇒ Umsatz stagniert⇒ Kosten ↑ ⇒ Produktivität↓	exakte Marketingplanung; Schaffung "neuer" Produkte aus Sicht des Kunden, keine Substitute (vgl**PF03**)
horizontale Diversifikation	Sortimentserweiterung verursacht hohe Kosten	hohe Investitions-, Marketing- und Koordinationskosten geringer als Mehrumsatz⇒ Produktivität↓	organisatorische Umstrukturierungen, Outsourcing, Sortimentsbereinigung
	Kannibalisierung innerhalb der Produktfamilie	Verkauf neuer Produkte mindert Absatz traditioneller Produkte ⇒ Umsatz stagniert⇒ Kosten ↑ ⇒ Produktivität↓	Einsatz des Marketinginstrumentariums (z.B. unterschiedliche Markierung, Preisgestaltung etc.)
laterale Diversifikation	hohe Markteintrittsbarrieren	hohe Investitionskosten zur Markterschließung, Gefahr der Abwehr durch Wettbewerber⇒ Preiskämpfe etc. ⇒ Umsatz gering ⇒ Kosten ↑ ⇒ Produktivität↓	Markt- und Wettbewerbsanalysen, Investitionsrechnungsverfahren, Benchmarking, externe Beratung
	mangelndes Know-how, keine Kernkompetenzen, Gefahr des "Verzettelns"	keine für Kunden erkennbaren Kernkompetenzen oder komparativen Konkurrenzvorteile, wenig Synergieeffekte ⇒ Kosten ↑ ⇒ Produktivität↓	Kooperationen, organisatorische Umstrukturierungen, Neudefinition (vgl. **PF01**)
	Imageverlust der traditionellen Produkte	Umsatzrückgang bei traditionellen Produkten, Imageverwässerung⇒ Umsatz ↓ ⇒ Produktivität↓	Marketinganalysen, Gegenmaßnahmen im Rahmen des Marketingmix

strategische Besetzung von Marktfeldern

Tabelle 3b: Einflussfaktoren der Marktposition und der Gestaltung der kooperativen Zusammenarbeit auf die Produktivität (Teil 2)

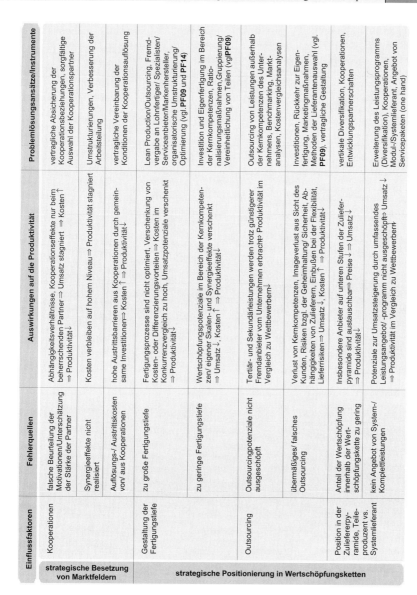

Einflussfaktoren	Fehlerquellen	Auswirkungen auf die Produktivität	Problemlösungsansätze/Instrumente
Kooperationen	falsche Beurteilung der Motivationen/Unterschätzung der Stärke der Partner	Abhängigkeitsverhältnisse, Kooperationseffekte nur beim beherrschenden Partner ⇒ Umsatz stagniert ⇒ Kosten↑ ⇒ Produktivität↓	vertragliche Absicherung der Kooperationsbeziehungen, sorgfältige Auswahl der Kooperationspartner
	Synergieeffekte nicht realisiert	Kosten verbleiben auf hohem Niveau⇒ Produktivität stagniert	Umstrukturierungen, Verbesserung der Arbeitsteilung
	Auflösungs-/ Austrittskosten von/ aus Kooperationen	hohe Austrittsbarrieren aus Kooperationen durch gemeinsame Investitionen⇒ Kosten↑⇒ Produktivität↓	vertragliche Vereinbarung der Konditionen der Kooperationsauflösung
Gestaltung der Fertigungstiefe	zu große Fertigungstiefe	Fertigungsprozesse sind nicht optimiert, Verschenkung von Kosten- oder Differenzierungsvorteilen⇒ Kosten im Konkurrenzvergleich zu hoch, Umsatzpotenziale verschenkt ⇒ Produktivität↓	Lean Production/Outsourcing, Fremdvergabe an Lohnfertiger/ Spezialisten/ Serviceanbieter/Markenhersteller, organisatorische Umstrukturierung/ Optimierung (vgl. **PF09** und **PF14**)
	zu geringe Fertigungstiefe	Wertschöpfungspotenziale sind nicht optimiert im Bereich der Kernkompetenzen/ eigener Skalen- und Synergieeffekte verschenkt ⇒ Umsatz↓, Kosten↑ ⇒ Produktivität↓	Investition und Eigenfertigung im Bereich der Kernkompetenzen, Rationalisierungsmaßnahmen, Gruppierung/ Vereinheitlichung von Teilen (vgl**PF09**)
Outsourcing	Outsourcingpotenziale nicht ausgeschöpft	Tertiär- und Sekundärleistungen werden trotz günstigerer Fremdanbieter vom Unternehmen erbracht⇒ Produktivität im Vergleich zu Wettbewerbern↓	Outsourcing von Leistungen außerhalb der Kernkompetenzen des Unternehmens, Benchmarking, Marktanalysen, Kostenvergleichsanalysen
	übermäßiges/ falsches Outsourcing	Verlust von Kernkompetenzen, Imageverlust aus Sicht des Kunden, Risiken bzgl. der Geheimhaltung/ Sicherheit, Abhängigkeiten von Zulieferern, Einbußen bei der Flexibilität, Lieferrisiken⇒ Umsatz↓, Kosten↑ ⇒ Produktivität↓	Investitionen, Rückkehr zur Eigenfertigung, Marketingmaßnahmen, Methoden der Lieferantenauswahl (vgl. **PF09**), vertragliche Gestaltung
Position in der Zuliefererpyramide, Teileproduzent vs. Systemlieferant	Anteil der Wertschöpfung innerhalb der Wertschöpfungskette zu gering	Insbesondere Anbieter auf unteren Stufen der Zuliefererpyramide sind austauschbar⇒ Preise↓⇒ Umsatz↓ ⇒ Produktivität↓	vertikale Diversifikation, Kooperationen, Entwicklungspartnerschaften
	kein Angebot von System-/ Komplettleistungen	Potenziale zur Umsatzsteigerung durch umfassendes Leistungsangebot/ -programm nicht ausgeschöpft⇒ Umsatz↓ ⇒ Produktivität im Vergleich zu Wettbewerbern↓	Erweiterung des Leistungsprogramms (Diversifikation), Kooperationen, Modul-/Systemlieferant, Angebot von Servicepaketen (one hand)
strategische Besetzung von Marktfeldern	**strategische Positionierung in Wertschöpfungsketten**		

Tabelle 3c: Einflussfaktoren der Marktposition und der Gestaltung der kooperativen Zusammenarbeit auf die Produktivität (Teil 3)

In den Bildern 90 und 91 wird die Strukturierung des methodischen Entscheidungsprozesses zur Festlegung der Marktposition und der Gestaltung der Kooperation vorgenommen.

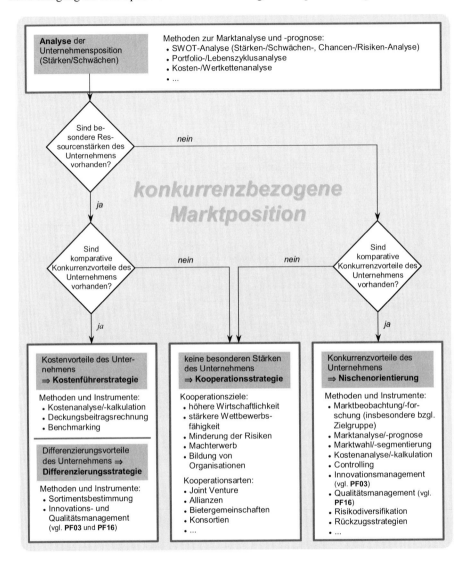

Bild 90:   *Strukturierung des methodischen Entscheidungsprozesses zur Festlegung der Marktposition und Gestaltung der Kooperation (Teil 1: konkurrenzbezogen)*

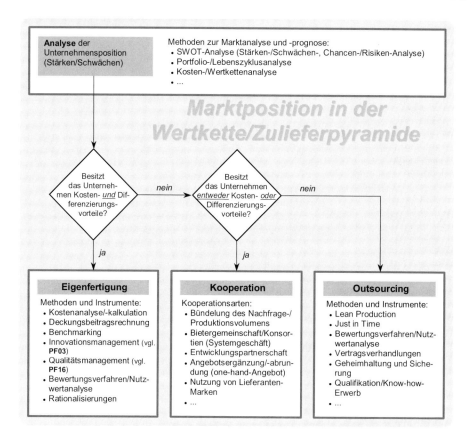

Bild 91: Strukturierung des methodischen Entscheidungsprozesses zur Festlegung der Marktposition und Gestaltung der Kooperation (Teil 2: wertkettenbezogen)

4.1.3   Arbeitspaket/Problemfeld 3: Innovationsfähigkeit

Die aktuelle Marktsituation zwingt die Unternehmen zu permanenten Innovationen. Sie sind für das Überleben und das Wachstum der Unternehmen unerlässlich.

Von besonderer Bedeutung sind **Produkt- und Prozessinnovationen**.

> **Produktinnovationen** führen zur Verbesserung der Nachfragebefriedigung der Kunden und lösen häufig zusätzliche Bedarfe aus.
> Durch sie werden vorhandene Produkte weiterentwickelt oder durch völlig neue Produkte ersetzt.
> **Prozessinnovationen** sind häufig die Folge von Produktinnovationen. Sie sichern, dass neue Produkte mit einer hohen Ergiebigkeit in den Produktionsprozessen hergestellt werden können.

Ein besonderes Augenmerk der Prozessinnovation liegt auf der **Gestaltung** der **Flexibilität** von Produktionsprozessen.

Die Flexibilität eines Produktionssystems beinhaltet die Fähigkeit zur Produktion veränderter, neuer Produkte durch die vorhandene Technik und Technologie.
Durch Flexibilität wird der Zwang zur ständigen Prozessgestaltung infolge der Produktdynamik gebrochen.

> **Flexibilität** erfordert die Fähigkeiten von Produktionsprozessen
> ➤ zur Aufnahme alternativer Inputfaktoren,
> ➤ zur Produktion veränderter Produkte mit vorhandenen Potenzialfaktoren,
> ➤ zur Gestaltung neuer Faktorkombinationen und
> ➤ zur Schaffung von Kapazitätsreserven für die Befriedigung von Nachfrageschwankungen.

In *Tabelle 4* werden **Einflussfaktoren** der **Innovationsfähigkeit auf die Produktivität** dargestellt.

	Einflussfaktoren	Fehlerquellen	Auswirkungen auf die Produktivität	Problemlösungsansätze/Instrumente
Innovationsobjekt	Produkt-innovation	keine/unzureichende Entwicklung und Einführung neuer Produkte (Überlebensrisiko)	Ende des Lebenszyklus überholter Produkte⇒ Umsatzeinbruch, keine Alternativen, um Umsatzlücke zu schließen⇒ Produktivität↓, Gefährdung der Existenz des Unternehmens	frühzeitige Entwicklung von Folge-/Alternativprodukten, Produktvariation, Marktentwicklung (vgl.**PF01**), Imitation
		Innovationspotenzial des Unternehmens nicht ausgeschöpft	weniger Innovationen als mit Potenzial des Unternehmens bei moderatem Risiko möglich⇒ Verschenkung von Differenzierungsvorteilen, Marktanteilen und Umsatzpotenzialen⇒ Produktivität↓	Marktbeobachtung, Stärken- Schwächen-/Konkurrenzanalyse, Benchmarking, Innovationsmanagement
		zu hohe Innovationsrate (Erfolgsrisiko)	sehr hohe F&E-Aufwendungen, hohes Erfolgs-/Fehlentwicklungsrisiko, Entwicklung am Kundenwunsch vorbei, Erzeugung künstlichen Innovationsdrucks⇒ Kosten übersteigen Mehrumsatz⇒ Produktivität↓	Marktbeobachtung, Stärken-Schwächen-/Konkurrenzanalyse, Kundenbefragungen, Innovationsmanagement
	Prozess-innovation	keine/unzureichende Verbesserungen der Prozesse	Einsatz veralteter Fertigungs-, Lager-, Transport- und Informationssysteme⇒ hohe Personal-, Betriebs- und Instandhaltungskosten, geringerer Output, niedrige Qualität, lange Entwicklungs- und Durchlaufzeiten⇒ Produktivität↓	Kundenorientierung, Restrukturierung/-organisation (vgl.**PF14**), Rationalisierung, Verfahrensentwicklung/-verbesserung (vgl.**PF07** und **PF16**)
	Faktor-innovation	keine/unzureichende Innovationen im Werkstoffbereich	"Verschlafen" von Neuerungen, unzureichende Verarbeitungs- und Gebrauchseignung, niedrige Qualität, Verschenkung von Kostensenkungspotenzialen durch Substitute⇒ Kosten↑ ⇒ Produktivität↓	Marktbeobachtung, Veröffentlichungen, Lieferantenauswahl, Wertanalyse (vgl. **PF09**)
Innovationsprozess	Ideenge-winnung	keine/ unzureichende Berücksichtigung von externen Anregungen/Problemfeldern (Ideensammlung)	Probleme der Abnehmer (Kunde/Handel) nicht bekannt/ berücksichtigt, mangelnde Kundenorientierung, mangelnde Berücksichtigung der generellen technischen Entwicklung ⇒ unzureichende Bedarfsbefriedigung, "Verschlafen" des Fortschritts ⇒ Umsatz↓ ⇒ Produktivität↓	Informationsbeschaffung (Kundenbefragungen, Messen, Veröffentlichungen, vgl. **PF10**), Konkurrenzvergleich, Stärken-Schwächen-/Funktionsanalyse (vgl. **PF01** und **PF02**)
		keine/unzureichende Berücksichtigung von internen Anregungen/ Problemfeldern (Ideensammlung)	Erfahrungen und Erkenntnisse aus der Produktion/ Anwendung nicht/ unzureichend berücksichtigt⇒ Verschenken von Rationalisierungs- und Verbesserungspotenzialen, schlechtes Innovationsklima⇒ Umsatz↓ ⇒ Produktivität↓	Informationsbeschaffung (Erfahrungen von Außendienst/Produktion/ Instandhaltung/F&E, betriebliches Vorschlagswesen (BVW)), Funktionsanalyse
		Produktion von zu wenigen/ qualitativ nicht ausreichenden Ideen	schlecht organisiertes betriebliches Vorschlagswesen, innovationsfeindliches Betriebsklima, fehlende/mangelnde Fähigkeiten der Mitarbeiter (Qualifikation, Kreativität), kein methodisches Vorgehen zur Ideenfindung⇒ zu wenige Innovationen, Gefährdung der Umsatzentwicklung⇒ Produktivität↓, Gefährdung der Existenz des Unternehmens	Unternehmenskultur, Betriebsklima (vgl. **PF01**), Personalauswahl/-entwicklung (vgl. **PF04**), Methoden der Ideenproduktion (diskursiv: Fragenkatalog, Funktionsanalyse, Morphologie, intuitiv: Synektik, Brainstorming), Produktvariation, Marktentwicklung, Know-how-Einkauf, Kooperation (vgl.**PF02**), Imitation

Tabelle 4a: Einflussfaktoren der Innovationsfähigkeit auf die Produktivität (Teil 1)

Einflussfaktoren	Fehlerquellen	Auswirkungen auf die Produktivität	Problemlösungsansätze/Instrumente
Innovationsprozess — Ideenprüfung	unzureichende/ unsichere Informationsgrundlage zur Ideenbewertung	Informationen über zukünftige Entwicklungen unsicher, Erfolgswahrscheinlichkeit der Ideen nur schwer abschätzbar ⇒ Fehlentscheidungen möglich, Misserfolg der Innovation ⇒ Produktivität↓	fundierte Marktanalysen/-prognosen, Kundenbefragungen (Informationsmanagement, vgl **PF11**)
	mangelnde Objektivität der Ideenbewertung/-prüfung	subjektive Kriterienauswahl/-gewichtung, Beeinflussung der Kriterienbewertung⇒ Fehlentscheidungen möglich, Misserfolg der Innovation⇒ Produktivität↓	Gremienentscheidungen, Kontrollorgane/ -verfahren, Verfahrensanweisungen/Vorgaben, Anreizsysteme
	Unterlassung der Ideenbewertung/ -prüfung	Wegfall einer gründlichen Überprüfung aus Zeit- oder Kostengründen⇒ Fehlentscheidungen möglich, Misserfolg der Innovation, hohe Folgekosten⇒ Produktivität↓	
	falsche Vorauswahl	Ausschluss lohnenswerter Ideen (Selektionsfehler) bzw. Zulassung ungeeigneter Vorschläge (Akzeptanzfehler) durch falsche k.o.-Kriterien, mangelnde Vereinbarkeit mit Zielen und Mittelvorräten des Unternehmens⇒ Potenziale verschenkt bzw. Folgekosten⇒ Produktivität↓	Ausschlusskriterien, Checklisten, Punktbewertungsmethoden, Gremienentscheidungen, Kontrollorgane/ -entscheidungen, Verfahrensanweisungen/ Vorgaben, Anreizsysteme
	falsche Feinauswahl	Selektions-/ Akzeptanzfehler durch Wahl ungeeigneter Investitionsrechnungsverfahren/ Entscheidungskalküle⇒ Potenziale verschenkt bzw. Folgekosten⇒ Produktivität↓	Investitionsrechnungsverfahren, komplexe Entscheidungskalküle, erweiterte Wirtschaftlichkeitsrechnungen, Nutzwertanalyse, Verfahrensanweisungen/ Kontrollen
Ideenverwirklichung	keine/ unzureichende Berücksichtigung des Gesamtlebenszyklus in F&E	F&E determiniert Großteil der Funktionen und Kosten des Produkts, Folgewirkungen nicht/ unzureichend beachtet⇒ Ressortoptimierung, Mehrkosten⇒ Produktivität↓	Innovationsmanagement, Berücksichtigung in-/externer Anregungen, Lebenszyklusbetrachtungen (vgl **PF16**)
	lange Entwicklungszeiten	Entwicklungszeitrisiko, Zeitvorteil für die Konkurrenz ⇒ Ausfallrisiko, Umsatzeinbußen⇒ Produktivität↓	Prozessbeschleunigung (CAD/CAM, Simultaneous Engineering), Terminplanung (Netzplantechnik), Kooperation **PF02**
	zu kurze Testphase	"Kinderkrankheiten", Akzeptanzprobleme beim Kunden ⇒ Rückrufaktionen, Verbesserungspotenziale verschenkt ⇒ Umsatz↓ ⇒ Produktivität↓	ausgiebige Produkt- und Markttest, wenn Wirtschaftlichkeit gegeben (Innovationsmanagement)
Planung und Steuerung	Markteinführung	fehlerhafter Einsatz der Marketinginstrumente ⇒ Kosten↑, Umsatz↓ ⇒ Produktivität↓	Wahl der Marketingstrategie, Planung des Marketingmix (vgl **PF01**)
	mangelnde Marktorientierung/ Koordination	Entwicklung am Markt vorbei, Schnittstellenverluste/ Abstimmungsschwierigkeiten⇒ Kosten↑ ⇒ Produktivität↓	Planung/ Steuerung, Informationsbasis, Kundenorientierung, Rückkopplungen
Geheimhaltung/ Schutz	Lücken in der Geheimhaltung, mangelnder Innovationsschutz	Zugang Unberechtigter zu Daten, fehlende Absicherung der Nutzungsrechte durch Schutzrechte⇒ Imitation durch Konkurrenz, Umsatzpotenzial verschenkt⇒ Produktivität↓	Zugangsberechtigungen, kontrollierte Datenvernichtung, Einbettung/ -kapselung, Patente, Gebrauchs-/ Geschmacksmuster

Tabelle 4b: Einflussfaktoren der Innovationsfähigkeit auf die Produktivität (Teil 2)

In den *Bildern 92 und 93* wird der **methodische Entscheidungsprozess im Rahmen des Produktinnovationsprozesses** strukturiert.

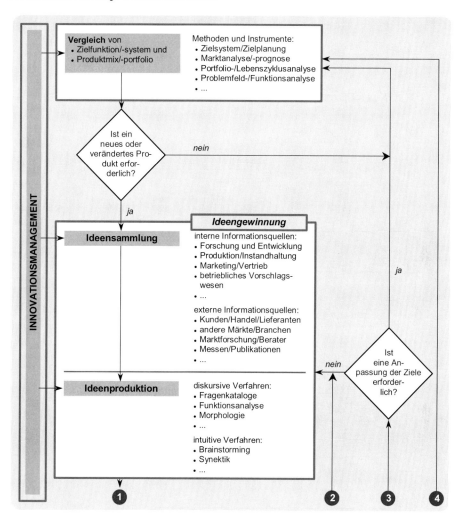

Bild 92:   *Strukturierung des methodischen Entscheidungsprozesses im Rahmen des Produktinnovationsprozesses (Teil 1)*

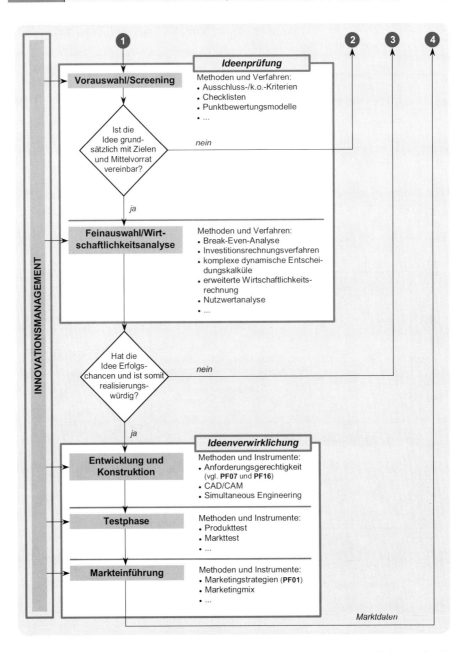

Bild 93: *Strukturierung des methodischen Entscheidungsprozesses im Rahmen des Produktinnovationsprozesses (Teil 2)*

4.2 Einflussfaktoren und methodische Problemlösungsansätze mit Wirkung auf den Input

4.2.1 Arbeitspaket/Problemfeld 4: Leistungsfähigkeit und Leistungsbereitschaft der Arbeitskräfte

Die Grundlage für die Arbeitsleistung bildet die **Leistungsfähigkeit**.
Sie ist das individuelle Potenzial einer Arbeitskraft, Arbeitsaufgaben zu erfüllen. Dieses „in der Lage sein" erfordert eine entsprechende Konstitution und Qualifikation.
Neben der Leistungsfähigkeit wird die Arbeitsleistung durch die **Leistungsbereitschaft** (Nebl [Produktionswirtschaft] 108 ff) bestimmt.
Sie ist durch das „Wollen" oder die Bereitschaft, dem Unternehmen seine Leistungsfähigkeit zur Verfügung zu stellen, bestimmt.

Leistungsmotivation, -anerkennung, -entlohnung und die Zufriedenheit im Leistungsumfeld beeinflussen die Bereitschaft zur Leistung.

Die Leistungsfähigkeit der Arbeitskraft ist durch die Personalbeschaffung, -auswahl, -einarbeitung sowie die Personalentwicklung und Arbeitsorganisation beeinflussbar.

In *Tabelle 5* werden **Einflussfaktoren** der **arbeitskräfteseitigen Leistungsfähigkeit und Leistungsbereitschaft auf die Produktivität** systematisiert.

Einflussfaktoren	Fehlerquellen	Auswirkungen auf die Produktivität	Problemlösungsansätze/Instrumente
Personal-beschaffung	Wahl des ungeeigneten/ ungünstigen Beschaffungsweges	Verfügbarkeit der benötigten Personen nicht sicher, Risiko der Betriebsblindheit (intern), Motivationswirkungen/Signale (intern), Fortbildungskosten (intern), Risiko der Fehleinstellung (extern), hohe Beschaffungskosten/ Gehaltsvorstellungen (extern)⇒ Produktivität↓	Auswahl des günstigsten Beschaffungsweges durch Abgleich der Vor- und Nachteile der Alternativen, Ableitung entsprechender Maßnahmen
	Auswahl eines nicht/ wenig geeigneten Bewerbers	kein/falsches Auswahlinstrument, Anforderungs- und Fähigkeitsprofil weichen zu stark voneinander ab, Aufgabenerfüllung durch Mitarbeiter kaum möglich (Überforderung) ⇒ Arbeitsproduktivität↓	sinnvoller und objektiver Einsatz geeigneter Auswahlverfahren (Analyse der Bewerbungsunterlagen, Einstellungstests [Persönlichkeit, Fähigkeiten], Einstellungsgespräch, Gruppendiskussion, Planspiele, Fallstudien und Assessment Center) (vgl.**PF16**)
		Anforderungs- und Fähigkeitsprofil weichen zu stark voneinander ab (Unterforderung), Frustration, Demotivation, Fluktuation ⇒ Arbeitsproduktivität↓	
	unzureichende Einarbeitung und Integration	Schwierigkeiten des neuen Mitarbeiters durch Auslastungs- und Rollenprobleme, langsame und unvollständige Leistungsentfaltung, viele Rückfragen und Koordinationsprobleme, Frustration und Fluktuation ⇒ Arbeitsproduktivität↓	realistische Personalwerbung (klares Bild von Stelle, Aufgabe und Organisation), regelmäßige und strukturierte Feedbackgespräche über Auslastungs- und Rollenprobleme, Patensystem zur sozialen und fachlichen Einbindung, Einführungsseminare mit Hinweisen auf mögliche Eingliederungsprobleme
Personal-entwicklung	unzureichende Qualifikation/ Qualifizierung der Mitarbeiter	Mitarbeiterentwicklungspotenzial nicht ausgeschöpft, Qualifikations- und Flexibilitätsniveau bleibt hinter externer Entwicklung zurück, Schwächung des internen Arbeitsmarktes, Beschaffung teurerer externer Arbeitskräfte⇒ Arbeitsproduktivität↓	Qualifizierungsmaßnahmen in Form von Aus-, Fort- und Weiterbildung (into the job, on the job, near the job, off the job, along the job, out of the job)
	Über-/ Fehlqualifikation der Mitarbeiter	Erwerb nicht nutzbarer Qualifikationen⇒ Frustration durch Unterforderung, Mehrkosten für Qualifizierung/ Entlohnung ⇒ Arbeitsproduktivität↓	Bestimmung des tatsächlichen qualitativen Personalbedarfs, Ableitung entsprechend abgestimmter Qualifizierungsmaßnahmen
Arbeits-organisation	unzureichende/ unzweckmäßige Arbeitsplatzgestaltung	fehlende physische Voraussetzungen für die Leistungserstellung durch die Arbeitskraft, unzureichende Berücksichtigung der Ergonomie, Mechanisierung; Umgebung und Unfallsicherheit, schnelle Ermüdung, Gefährdung und Ausfall ⇒ Arbeitsproduktivität↓	Schaffung angemessener Voraussetzungen für die Leistungserstellung, Berücksichtigung der Ergonomie, der Mechanisierung, der Umgebung (Raumbedarf, Beleuchtung, Belüftung, Klimatisierung, Lärmdämmung, Farbgebung, Hygiene etc.) und der Unfallsicherheit (vgl.**PF06**)

Leistungsfähigkeit

Tabelle 5a: Einflussfaktoren der arbeitskräfteseitigen Leistungsfähigkeit und Leistungsbereitschaft auf die Produktivität (Teil 1)

Einflussfaktoren	Fehlerquellen	Auswirkungen auf die Produktivität	Problemlösungsansätze/Instrumente
Motivation	Hygienefaktoren nicht erfüllt	Arbeitsbedingungen unzumutbar/unzureichend, Führungsstil ungeeignet, Demotivation, Frustration, Fluktuation ⇒ Arbeitsproduktivität↓	Schaffung geeigneter Arbeitsbedingungen, Sicherung eines partizipativen Führungsstils, personalorientierte Unternehmenspolitik (vgl **PF01**)
	Motivatoren nicht ausgeschöpft	Leistungssteigerungseffekte (Arbeitsinhalt, Leistungsanerkennung, Verantwortung) durch erhöhte Motivation und Zufriedenheit verschenkt⇒ Arbeitsproduktivität↓	Beachtung verschiedener Aspekte: partizipativer (mitarbeiterorientierter) Führungsstil, hohe Kohäsion durch kleine Gruppen, Stellung in der Gruppe, Schaffung von Handlungsspielraum ohne Überforderung des Mitarbeiters, guter Informationsfluss und gute Zusammenarbeit zwischen Abteilungen, Entwicklungsmöglichkeiten, Leistungsanerkennung, gerechte Entlohnung, Arbeitszeitgestaltung, Arbeitsaufgabe, Arbeitsplatzsicherheit etc.
Personalpolitik/ -strategie	fehlende/ zu geringe Mitarbeiterorientierung	fehlende Transparenz der Stellenbesetzung und Beförderung, schlechter Führungsstil, schlechtes Organisationsklima, grundsätzliche Beeinflussung der Arbeitsmotivation ⇒ Arbeitsproduktivität↓	Berücksichtigung der Interessen der Mitarbeiter, Gewährleistung der Transparenz von Stellenbesetzungs- und Beförderungsmaßnahmen (vgl **PF01**)
Personalbeschaffung	Wahl des ungeeigneten/ ungünstigen Beschaffungsweges	nicht zu unterschätzende Motivationsauswirkungen: leistungsfördernde Zufriedenheit durch Transparenz interner Aufstiegsmöglichkeiten, Leistungsabfall durch "Automatismus", Wettbewerb/Anreiz durch externe Beschaffung, Leistungsrückgang und Fluktuation⇒ Arbeitsproduktivität↓	Auswahl des günstigsten Beschaffungsweges durch Abgleich der Vor- und Nachteile der Alternativen, Ableitung entsprechender Maßnahmen
	unzureichende Einarbeitung und Integration	mangelhafte soziale Integration, Gefühl der Überforderung und des Alleingelassenseins, Demotivation, Frustration, Fluktuation (verstärkt im ersten halben Jahr)⇒ Arbeitsproduktivität↓	realistische Personalwerbung (klares Bild von Stelle, Aufgabe und Organisation), regelmäßige und strukturierte Feedbackgespräche über Auslastungs- und Rollenprobleme, Patensystem zur sozialen und fachlichen Einbindung und Einführungsseminare mit Hinweisen auf mögliche Eingliederungsprobleme

Leistungsbereitschaft

Tabelle 5b: Einflussfaktoren der arbeitskräfteseitigen Leistungsfähigkeit und Leistungsbereitschaft auf die Produktivität (Teil 2)

Einflussfaktoren	Fehlerquellen	Auswirkungen auf die Produktivität	Problemlösungsansätze/Instrumente
Personal-entlohnung	ungerechte Entlohnung	subjektives Gefühl der gerechten Entlohnung fehlt, keine monetäre Zufriedenheit, Abwanderung der Kompetenz-/Know-how-Träger ⟹ Arbeitsproduktivität↓	Anforderungs-, Qualifikations-, Leistungs- und Sozialgerechtigkeit durch Grund-, Zusatz- und Soziallohn, Wahl der geeignetsten Lohnform (Zeit-, Akkord-, Prämienlohn), Einführung von Mitarbeiterbeteiligungen (Erfolgs-, Kapitalbeteiligungen), gesetzliche und freiwillige soziale Leistungen
Personal-entwicklung	unzureichende Entwicklungsperspektiven für Mitarbeiter	fehlende interne Entwicklungsperspektiven (Selbstverwirklichung, Karriere), Motivation sinkt, Frustration, Fluktuation ⟹ Arbeitsproduktivität↓	Berücksichtigung der beruflichen Ziele der Mitarbeiter bei der Entwicklungsplanung
	verschenkte Entwicklungspotenziale	"Blick über den Tellerrand" durch Qualifikation fördert Zufriedenheit, Motivation und Verantwortungsbereitschaft verschenkt ⟹ Arbeitsproduktivität↓	
Arbeits-gestaltung	unzureichende Gestaltung der Arbeitsumgebung	ungünstige farbliche Gestaltung, ungeeignete/ erschwerende Umgebungsbedingungen (Beleuchtung, Klima, Lärm), fehlende Grünpflanzen, mangelnde Motivation ▸ Arbeitsproduktivität↓	Berücksichtigung sogenannter weicher Faktoren bei der Gestaltung der Arbeitsplätze
Arbeitsorga-nisation	schlechte Arbeitszeitgestaltung	hohe zeitliche Belastungen (Dauer), schlechte Schichtzuordnung, unpassende Pausen, Ermüdung, Unfälle, Frustration ⟹ Arbeitsproduktivität↓	Berücksichtigung der Mitarbeiterinteressen bei der Planung des Arbeitszeitregimes
	schlechte Arbeitsstrukturierung	zu starke vertikale oder horizontale Arbeitsteilung, Monotonie, Unzufriedenheit durch fehlende Autonomie ⟹ Arbeitsproduktivität↓	Steigerung des Handlungs-, Entscheidungs- und Kontrollspielraumes (Arbeitsinhalt, intrinsische Motivation) durch Arbeitsvergrößerung (job-enlargement), Arbeitsbereicherung (job-enrichment), Arbeitswechsel (job-rotation) und Gruppenarbeit (vgl. PF06)

Leistungsbereitschaft

Tabelle 5c: Einflussfaktoren der arbeitskräfteseitigen Leistungsfähigkeit und Leistungsbereitschaft auf die Produktivität (Teil 3)

In den Bildern 94 und 95 erfolgt die Strukturierung **des methodischen Entscheidungsprozesses aus Sicht der Leistungsfähigkeit und Leistungsbereitschaft der Arbeitskräfte**.

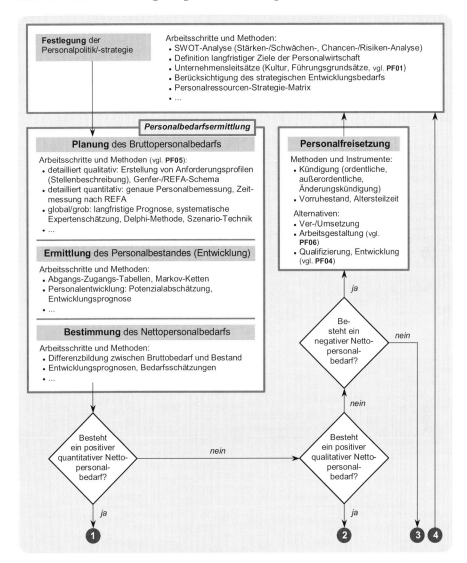

Bild 94:   Strukturierung des methodischen Entscheidungsprozesses aus Sicht der Leistungsfähigkeit und Leistungsbereitschaft der Arbeitskräfte (Teil 1)

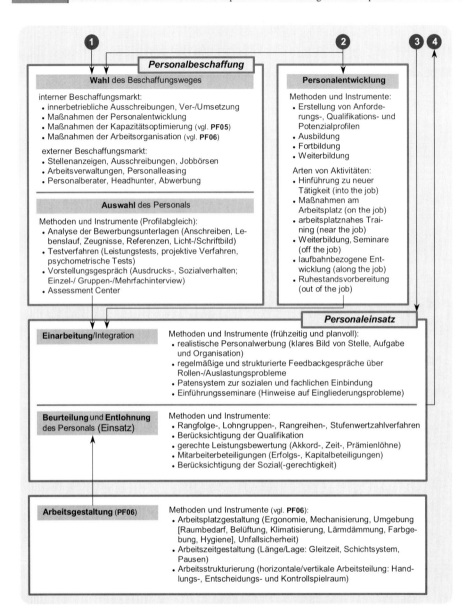

*Bild 95:   Strukturierung des methodischen Entscheidungsprozesses aus Sicht der Leistungs-
fähigkeit und Leistungsbereitschaft der Arbeitskräfte (Teil 2)*

4.2.2 Arbeitspaket/Problemfeld 5: Arbeitskräfteseitiges Kapazitätsangebot und dessen Nutzung

Die Arbeitskräfte sind Potenzialfaktoren. Sie besitzen die Fähigkeit Kapazität zu bilden und damit zu produzieren.

Die verfügbare Menge an Arbeitszeit bestimmt das **quantitative Kapazitätsangebot**. Qualifikation, Fähigkeiten und Fertigkeiten der Arbeitskräfte sowie ihre Mobilität und Flexibilität bestimmen das **qualitative Kapazitätsangebot**.

Die durch das Produktionsprogramm bestimmten Arbeitsaufgaben (Inhalt und Umfang) und ihre Zuordnung nach Kapazitätseinheiten charakterisieren das **Anforderungsprofil**, das an die Arbeitskräfte der jeweiligen Kapazitätseinheit gerichtet ist.
Deren **Fähigkeitsprofil** bestimmt, ob und wie die Arbeitsaufgaben gelöst werden können.

Die Gestaltung des quantitativen und qualitativen Kapazitätsangebotes sichert die Lösung der Produktionsaufgaben und die Befriedigung der Kundenbedürfnisse.
Dabei spielt die Kapazitätsauslastung – auch als extensive und intensive Nutzung bezeichnet (Matterne/Tannhäuser [Grundmittelwirtschaft] 458 ff) – eine entscheidende Rolle.

In *Tabelle 6* werden **Einflussfaktoren auf die Produktivität strukturiert, die vom Kapazitätsangebot der Arbeitskräfte und deren Nutzung ausgehen.**

Einflussfaktoren	Fehlerquellen	Auswirkungen auf die Produktivität	Problemlösungsansätze/Instrumente
Kapazitätsangebot			
qualitativ	unzureichendes qualitatives Kapazitätsangebot	Produktionsaufgabe kann nicht oder nur schlecht erfüllt werden, Einsatz unterqualifizierter Arbeitskräfte, Überforderung ⇒ Produktivität↓	möglichst exakte Bedarfsbestimmung, Auswahl der Arbeitskräfte nach möglichst hohem Übereinstimmungsgrad zwischen Anforderungs- und Fähigkeitsprofil (Stellenbesetzung; Rangfolge-, Spezialbegabungsverfahren, Profilvergleichsmethode), Personalentwicklung, Personalbeschaffung, Personalfreisetzung, Um-/Versetzung (vgl. **PF04**)
	überdimensioniertes qualitatives Kapazitätsangebot	hohe qualitative Flexibilität⇒ gute Anpassungsfähigkeit bei Umweltveränderungen, aber Überqualifikation, Unterforderung und Frustration⇒ Arbeitsproduktivität↓	
quantitativ	unzureichendes quantitatives Kapazitätsangebot	Produktionsaufgabe kann nicht oder nur schlecht erfüllt werden⇒ Leerkosten der Betriebsmittel (BM) ⇒ Produktivität↓ (Absatzpotenzial verschenkt)	möglichst exakte Bedarfsbestimmung (vgl. **PF04**: global: Kennzahlenmethode, statistische Modelle, Kreativitätstechniken [vgl.**PF03**]; detaillierte Personalbemessung: ablauf-, programmorientierte, organisationstheoretische Modelle, Organisationspläne), Personalbeschaffung, Personalfreisetzung, Um-/Versetzung
	überdimensioniertes quantitatives Kapazitätsangebot	hohe quantitative Flexibilität⇒ gute Anpassungsfähigkeit bei Umweltveränderungen, aber Überdimensionierung, geringe Auslastung ⇒ Wartezeiten, Personalleerkosten ⇒ Arbeitsproduktivität↓	
Kapazitätsnutzung			
extensive Ausnutzung	geringe extensive Ausnutzung	unzureichende Ausnutzung der Kalenderzeit durch Absentismus/ Betriebsruhe⇒ Leerkosten der Betriebsmittel, Zusatzkosten für personellen Reservebestand⇒ Produktivität↓	Überstunden, Wochenendarbeit, keine Betriebsferien/-pausen, Senkung des Krankenstandes, Abstimmung der Urlaubszeiten
	zu hohe extensive Ausnutzung	hohe Überstunden-, Schicht- und Wochenendzuschläge, Ermüdung, Unfallgefahr↑ ⇒ Personalkosten↑ ⇒ Produktivität↓	Senkung der Schichtanzahl, Vermeidung von Überstunden und Wochenendarbeit, Personalbeschaffung/ -leasing
intensive Ausnutzung	geringe intensive Ausnutzung	Nichtausnutzung von Rationalisierungspotenzialen, Verteilung der Personalkosten auf weniger Output ⇒ Produktivität↓	Verfahrensverbesserung, Vorrichtungen, Qualifikation der Mitarbeiter, Mehrmaschinenbedienung, Ablauf- und Zeitstudien, betriebliches Vorschlagswesen
	zu hohe intensive Ausnutzung	überproportional zunehmende Ermüdung/ Erschöpfung ⇒ erhöhte Belastung der Arbeitskräfte (AK)⇒ Leistungsvermögen↓, Aufmerksamkeit↓ und Unfallgefahr↑ ⇒ Produktivität↓	realistische Vorgabezeiten, Einplanung von Erholzeiten (vgl**PF15**), Rationalisierungsmaßnahmen
qualitative Ausnutzung	zu geringe qualitative Ausnutzung	hohe Personalkostenbelastung aufgrund von Überqualifikation, Unterforderung und Frustration ⇒ Produktivität↓	bedarfsgerechte Auswahl, Anpassung der Arbeitsaufgabe (Handlungs-, Entscheidungs- und Kontrollspielraum), Stellenbesetzung (vgl**PF04**)

Tabelle 6a: Einflussfaktoren des arbeitskräfteseitigen Kapazitätsangebotes und der Kapazitätsnutzung auf die Produktivität (Teil 1)

Verhältnis zwischen Kapazitätsangebot und Kapazitätsbedarf

Einflussfaktoren	Fehlerquellen	Auswirkungen auf die Produktivität	Problemlösungsansätze/Instrumente
bedarfsgerechte Gestaltung der Kapazität (Anpassung/ Abgleich)	mangelnde Übereinstimmung zwischen Kapazitätsangebot und -bedarf (vgl. PF08)	Unterdeckung des Kapazitätsbedarfes (Bedarf > Angebot) ⇒ Produktivität↓ (Absatzpotenzial verschenkt)	Kapazitätsangebot Arbeitskraft (Anpassung): Überstunden, Zusatzschichten, Personaleinstellung/-leasing, Senkung der Ausfallzeiten der Arbeitskräfte, Umstrukturierung (Um-/Versetzen von Mitarbeitern zwischen Organisationsformen)Kapazitätsbedarf Arbeitskraft (Abgleich): kleinere Losgrößen, Verschiebung von Aufträgen, Fremdvergabe, Zeiteinsparung durch Rationalisierung, Umstrukturierung (Bauteileverlagerungen in freie Kapazitätseinheiten)
		Überdeckung des Kapazitätsbedarfes (Bedarf < Angebot) ⇒ Überkapazitäten, geringe Ausnutzung⇒ Produktivität↓	Kapazitätsangebot Arbeitskraft (Anpassung): Abbau von Überstunden, Abbau von Zusatzschichten, Personalentlassungen, Kurzarbeit, Umstrukturierung (Um-/ Versetzen von Mitarbeitern zwischen Organisationsformen) Kapazitätsbedarf Arbeitskraft (Abgleich): größere Losgrößen, Zusatzaufträge, Vorziehen von Aufträgen, Ausführen von Lohnarbeiten, Umstrukturierung (Bauteileverlagerungen aus überbelegten Kapazitätseinheiten)
Proportionalität	Disproportionen	fehlende Übereinstimmung zwischen den Kapazitätsangeboten von Arbeitskräften und Betriebsmitteln einer Kapazitätseinheit, Kapazitätsangebot und -bedarf einer Kapazitätseinheit sowie Angebot und Bedarf aufeinanderfolgender Fertigungsstufen ⇒ Engpässe und Leerkapazitäten ⇒ Produktivität↓	genaue Bedarfs- und Zustandsanalyse, anforderungsgerechte Dimensionierung der Kapazitätseinheiten, geeignete Wahl der Organisationsformen der Fertigung, Montage und industriellen Dienstleistungen (vgl.**PF14**), PPS-Methoden und -Verfahren (vgl. **PF12** und **PF13**)
Kontinuität	niedriges Niveau der Kontinuität	kein ununterbrochenes Wirken der Produktionsfaktoren ⇒ ungleichmäßige Auslastung⇒ Produktivität↓	

Tabelle 6b: Einflussfaktoren des arbeitskräfteseitigen Kapazitätsangebotes und der Kapazitätsnutzung auf die Produktivität (Teil 2)

Bild 96 strukturiert den **methodischen Entscheidungsprozess aus Sicht der bedarfsgerechten Gestaltung der Kapazität der Arbeitskräfte.**

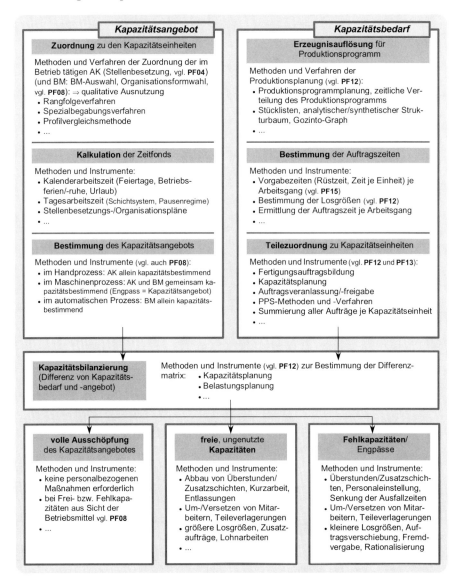

Bild 96: *Strukturierung des methodischen Entscheidungsprozesses aus Sicht der bedarfsgerechten Gestaltung der Kapazität der Arbeitskräfte*

4.2.3   Arbeitspaket/Problemfeld 6: Arbeitsgestaltung

Die Arbeitsorganisation ist ein wichtiges Teilgebiet der **Arbeitsgestaltung**. Weitere Bestandteile der Arbeitsgestaltung sind die Arbeitsplatzgestaltung und die Gestaltung der Arbeitsumgebung.

> Die **Arbeitsorganisation** beinhaltet das Schaffen eines aufgabengerechten, optimalen Zusammenwirkens von arbeitenden Menschen, Betriebsmitteln, Informations- und Arbeitsgegenständen.

Das Ziel der Arbeitsorganisation ist die Steigerung der Wirtschaftlichkeit durch optimierte organisatorische Strukturen und der Erhalt bzw. die Steigerung der Leistungsfähigkeit und Qualifikation der Mitarbeiter im Unternehmen.

Zu den Maßnahmen der Arbeitsorganisation gehören u.a. die zweckmäßige Gliederung von Arbeitsaufgaben und das Schaffen eines rationellen räumlichen und zeitlichen Ineinandergreifens (Arbeitsstrukturierung) und die Arbeitszeitgestaltung.

Die Gestaltungsmaßnahmen im Rahmen der Arbeitsorganisation/Arbeitsgestaltung beginnen i.d.R. damit, dass zunächst Lösungen im Sinne der Arbeitsorganisation (Arbeitsteilung, Arbeitsstrukturierung, Arbeitszeitregelung) zu finden sind. Darauf aufbauend sind die so definierten Arbeitsplätze und deren Umgebung im Sinne der Arbeitsgestaltung zu konzipieren bzw. zu verändern.

In *Tabelle 7* werden **Einflussfaktoren dargestellt, die von der Arbeitsgestaltung auf die Produktivität ausgehen.**

Einflussfaktoren	Fehlerquellen	Auswirkungen auf die Produktivität	Problemlösungsansätze/Instrumente
technisch-technologische Gestaltung	falsches/ ungünstiges Arbeitsverfahren	falsche Auswahl der technischen Mittel, ungeeignete Arbeitsteilung zwischen Mensch und Maschine, Über-/ Unterforderung ⇒ Produktivität↓	Bestimmung des geeigneten Verfahrens und des optimalen Technisierungsgrades (vgl. **PF07**)
sicherheitstechnische Gestaltung	unzureichende Sicherheit	Unfallgefährdung, Risiko von Berufskrankheiten, Invalidität und Tod ⇒ Folgekosten⇒ Produktivität↓	Betriebsmittelschutz, -überwachung, Brandschutz, Explosionsschutz, Schutz vor Gefahren der Elektrizität, allgemeiner Gefahrenschutz, Verwendung von Schutzkleidung und -ausrüstung, Einhalten von Vorschriften, Personalaufsicht, Arbeitsunterweisung, Weckung des Eigenschutzinteresses
anthropometrische Gestaltung	unzureichende Anpassung von Arbeitsplatz und Betriebsmittel an Körpermaße und -haltung des Menschen	schlechte Körperhaltung, schnellere Ermüdung, chronische Leiden, Gefährdungen⇒ Produktivität↓	Beachtung von Arbeitsplatzabmessungen, des Wirkraumes des Menschen, der Gestaltung von Werkzeugen und Stellteilen, der Positionierung von Anzeigen, von Sicherheitsabständen
physiologische Gestaltung (vgl. **PF04**)	ungünstige Dauer und Schwere der Arbeit, Krafteinsatz nach oben, Haltearbeit, einseitige Belastung	unzureichende technische Ausstattung, schnelle Ermüdung, Leistungsabfall, Gefährdung⇒ Produktivität↓	Anpassung von Arbeitsmethode, -verfahren und -bedingungen an Eigenarten und Fähigkeiten des Mitarbeiters durch Verringerung auszuübender Kräfte, Vermeidung statischer Muskelarbeit, Wahl einer optimalen Kraftrichtung, Vorgabe von Erholzeiten und Arbeitswechseln
informationstechnische Gestaltung (vgl. **PF11**)	unzweckmäßige informatorische Gestaltung	notwendige eindeutige und aktuelle Informationen stehen nicht zur Verfügung, Verzögerungen von Entscheidungen, Gefährdung ⇒ Produktivität↓	der optimalen sinnhaften Wahrnehmung angepasste Gestaltung: Sehen (Abstand, Beleuchtung, Ableseinstrumente), Hören (Warnsignale), Tasten (Hebel, Drehknöpfe), Fühlen
psychologische Gestaltung	unangenehme Arbeitssituation und schlechtes Betriebsklima (vgl. **PF01** und **PF04**)	unzureichendes Wirken externer Motivationsfaktoren, Leistungsfähigkeit nicht ausgeschöpft (mangelnde Leistungsbereitschaft), Sicherheitsdefizite⇒ Produktivität↓	Information und Kommunikation, Handlungsspielraum und Entscheidungsfreiheit, Wettbewerb, Pausengestaltung, Farbgestaltung, Pflanzen, eventuell Musik am Arbeitsplatz, Ordnung und Sauberkeit des Arbeitsumfeldes

Arbeitsplatzgestaltung
Arbeitsgestaltung

Tabelle 7a: Einflussfaktoren der Arbeitgestaltung auf die Produktivität (Teil 1)

Einflussfaktoren	Fehlerquellen	Auswirkungen auf die Produktivität	Problemlösungsansätze/Instrumente
Lärm	Lärmbelastungen	Beeinträchtigung der Leistungsbereitschaft und Leistungsfähigkeit, Risiko von chronischen Erkrankungen ⇒ Produktivität↓	baulicher (Lärmschutzwände, Gebäudeform, Schallschutzkabinen, schallschluckende Stoffe), maschinenbezogener (Schalldämpfung, Abschirmung), arbeitsorganisatorischer (Lärmpausen), mitarbeiterbezogener (persönlicher Gehörschutz, Weckung des Eigenschutzinteresses) Lärmschutz
Licht	unzureichende Beleuchtung	Ermüdung durch starke Konzentration, Gefährdung durch nicht erkennbare, sich bewegende Teile (stroboskopischer Effekt), unzureichende Qualität der Arbeit⇒ Produktivität↓	angemessene Beleuchtung (ausreichende Stärke, ausgewogener Kontrast, Vermeidung der Direktblendung, natürliche Farbwiedergabe etc.)
	schlechte farbliche Gestaltung	Vernachlässigung motivatorischer (Potenzialverschwendung) und sicherheitstechnischer Aspekte (Gefährdung) ⇒ Produktivität↓	angemessene farbliche Gestaltung aus motivatorischer und sicherheitstechnischer Sicht (Signalfarben)
Klima	unangenehmes Raumklima	mangelnde Behaglichkeit, abnehmende Leistungsbereitschaft und bei starken klimatischen Belastungen sinkende Leistungsfähigkeit, Sauerstoffmangel⇒ Produktivität↓	angenehmes Klima (Temperatur, Feuchtigkeit, Luftgeschwindigkeit etc.), ausreichende Lüftung

Gestaltung der Arbeitsumgebung
Arbeitsgestaltung

Tabelle 7b: Einflussfaktoren der Arbeitsgestaltung auf die Produktivität (Teil 2)

Einflussfaktoren	Fehlerquellen	Auswirkungen auf die Produktivität	Problemlösungsansätze/Instrumente
Arbeitsstrukturierung	unzweckmäßige organisatorische Gestaltung (vgl. PF12 bis PF15)	schlechte Strukturierung der Arbeitsaufgabe und des Arbeitsablaufes, ungeeignete Entlohnungsform, schlechtes Arbeitszeitregime ⟹ Produktivität ↓	Maßnahmen der Arbeitszeitgestaltung und Arbeitsstrukturierung
	zu hohe horizontale bzw. vertikale Arbeitsteilung	Monotonie, Unterbindung der Mitarbeiterentwicklung, Unzufriedenheit durch fehlende Autonomie, unflexible Mitarbeiter ⟹ Produktivität ↓	Erweiterung des Handlungs- oder Entscheidungs- und Kontrollspielraumes durch job-enlargement, job-enrichment, job-rotation, teilautonome Arbeitsgruppen
Arbeitszeitgestaltung	unzureichende Berücksichtigung des Kapazitätsbedarfs (vgl. PF05)	unzureichende Berücksichtigung von Kontinuitätszwängen gewisser Produktionsprozesse, schlechte Anlagenauslastung, Leerkosten ⟹ Produktivität ↓	Teilzeit (Teilzeitmodelle, job-sharing, Altersteilzeit), Gleitzeit (mit/ohne Kernarbeitszeit, kapazitätsorientierte variable Arbeitszeit), Schichtarbeit (Ein-, Mehr-, Wechselschichtsystem), Kombinationen (Jahresarbeitszeitverträge, Planung der Lebensarbeitszeit)
	unzureichende Berücksichtigung der Mitarbeiterinteressen	Frustration über Monotonie und Fremdbestimmung, Ermüdung/ Überlastung, Tagesrhythmus, Schichtbelastungen ⟹ Produktivität ↓	
	falsche Lage und Dauer der Pausen	unzureichende Erholung, Ermüdung/ Überlastung, abnehmende Leistungsfähigkeit, Gefährdung ⟹ Produktivität ↓	häufigere, kürzere Pausen anstatt weniger längerer, Anpassung an Belastungen
Disponibilität	unzureichende Flexibilität und Reaktionsschnelligkeit der Arbeitskräfte	Entstehen von Lücken durch Ausfall von Mitarbeitern, mangelnde kurzfristige Besetzbarkeit der Stelle, unzureichend flexible Organisation der Arbeitsdurchführung durch zentrale Steuerung ⟹ Potenziale verschenkt ⟹ Produktivität ↓	dezentrale Steuerung und Selbstorganisation durch teilautonome Arbeitsgruppen

Arbeitsorganisation
Arbeitsgestaltung

Tabelle 7c: Einflussfaktoren der Arbeitsgestaltung auf die Produktivität (Teil 3)

In den *Bildern 97 und 98* erfolgt die **Strukturierung des methodischen Entscheidungsprozesses aus Sicht der Arbeitsorganisation.**

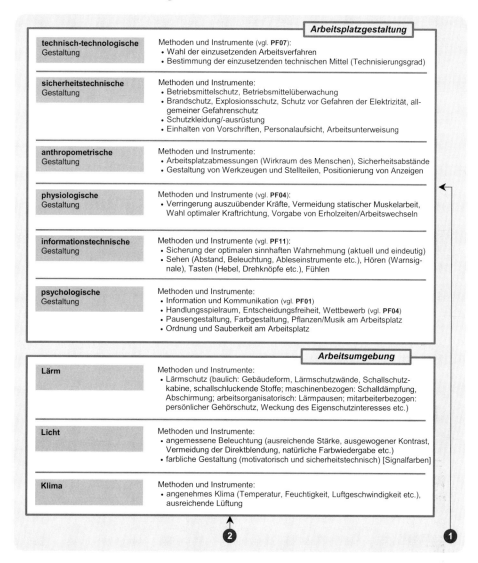

Arbeitsplatzgestaltung

technisch-technologische Gestaltung
Methoden und Instrumente (vgl. **PF07**):
- Wahl der einzusetzenden Arbeitsverfahren
- Bestimmung der einzusetzenden technischen Mittel (Technisierungsgrad)

sicherheitstechnische Gestaltung
Methoden und Instrumente:
- Betriebsmittelschutz, Betriebsmittelüberwachung
- Brandschutz, Explosionsschutz, Schutz vor Gefahren der Elektrizität, allgemeiner Gefahrenschutz
- Schutzkleidung/-ausrüstung
- Einhalten von Vorschriften, Personalaufsicht, Arbeitsunterweisung

anthropometrische Gestaltung
Methoden und Instrumente:
- Arbeitsplatzabmessungen (Wirkraum des Menschen), Sicherheitsabstände
- Gestaltung von Werkzeugen und Stellteilen, Positionierung von Anzeigen

physiologische Gestaltung
Methoden und Instrumente (vgl. **PF04**):
- Verringerung auszuübender Kräfte, Vermeidung statischer Muskelarbeit, Wahl optimaler Kraftrichtung, Vorgabe von Erholzeiten/Arbeitswechseln

informationstechnische Gestaltung
Methoden und Instrumente (vgl. **PF11**):
- Sicherung der optimalen sinnhaften Wahrnehmung (aktuell und eindeutig)
- Sehen (Abstand, Beleuchtung, Ableseinstrumente etc.), Hören (Warnsignale), Tasten (Hebel, Drehknöpfe etc.), Fühlen

psychologische Gestaltung
Methoden und Instrumente:
- Information und Kommunikation (vgl. **PF01**)
- Handlungsspielraum, Entscheidungsfreiheit, Wettbewerb (vgl. **PF04**)
- Pausengestaltung, Farbgestaltung, Pflanzen/Musik am Arbeitsplatz
- Ordnung und Sauberkeit am Arbeitsplatz

Arbeitsumgebung

Lärm
Methoden und Instrumente:
- Lärmschutz (baulich: Gebäudeform, Lärmschutzwände, Schallschutzkabine, schallschluckende Stoffe; maschinenbezogen: Schalldämpfung, Abschirmung; arbeitsorganisatorisch: Lärmpausen; mitarbeiterbezogen: persönlicher Gehörschutz, Weckung des Eigenschutzinteresses etc.)

Licht
Methoden und Instrumente:
- angemessene Beleuchtung (ausreichende Stärke, ausgewogener Kontrast, Vermeidung der Direktblendung, natürliche Farbwiedergabe etc.)
- farbliche Gestaltung (motivatorisch und sicherheitstechnisch) [Signalfarben]

Klima
Methoden und Instrumente:
- angenehmes Klima (Temperatur, Feuchtigkeit, Luftgeschwindigkeit etc.), ausreichende Lüftung

Bild 97: Strukturierung des methodischen Entscheidungsprozesses aus Sicht der Arbeitsgestaltung (Teil 1)

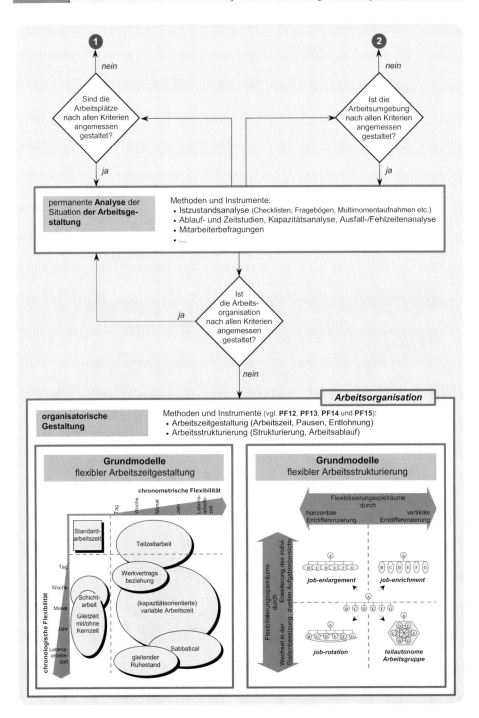

Bild 98: Strukturierung des methodischen Entscheidungsprozesses aus Sicht der Arbeitsgestaltung (Teil 2)

4.2.4 Arbeitspaket/Problemfeld 7: Leistungsfähigkeit und Reproduktion der Anlagen

Neben den Arbeitskräften bilden die Betriebsmittel den zweiten Potenzialfaktor, der die Fähigkeit zu produzieren besitzt und damit für die Kapazitätsbildung verantwortlich ist.

Betriebsmittel sind die technische Voraussetzung für die Durchführung von Produktionsprozessen.

Die **Produktionsaufgabe** wird durch das Produktionsprogramm bestimmt und **stellt an** die **Betriebsmittel** verwendungsbezogene **Anforderungen**.
Die **Beschaffenheitsmerkmale** von Betriebsmitteln entscheiden darüber, ob diese Anforderungen erfüllt werden können.
Die Beschaffung genau der benötigten Betriebsmittel ist eine Aufgabe der Anlagenwirtschaft.

Mit ihrer Nutzung verlieren die Betriebsmittel Nutzungsvorrat, sie verschleißen.

> Die bedarfsgerechte Aufrechterhaltung, Erweiterung und Reduktion der Leistungsfähigkeit und der Kapazität der Betriebsmittel ist eine Aufgabe der **komplexen Anlagenreproduktion**.
> Dazu werden die Maßnahmekomplexe Instandhaltung, Ersatz- und Rationalisierungsinvestition, Erweiterungsinvestition und Aussonderung eingesetzt.

Die abgestimmte Einbeziehung aller Maßnahmekomplexe sowie die Berücksichtigung ihrer Substituierbarkeit und ihrer sehr unterschiedlichen situations-bedingten Beeinflussung der Produktivität und Rentabilität sind Bedingungen für eine rationelle Anlagenreproduktion.

In *Tabelle 8* werden die **Einflüsse, die von der Leistungsfähigkeit der Betriebsmittel und ihres Erhalts auf die Produktivität ausgehen,** strukturiert.

Einflussfaktoren	Fehlerquellen	Auswirkungen auf die Produktivität	Problemlösungsansätze/Instrumente
Dimensionierung der Eigenschaften	Unterdimensionierung	Erfüllung der Produktionsaufgaben nicht möglich ⇒ Produktivität↓	genaue Bedarfs- (Anforderungsprofil) und Zustands-/Funktionsanalyse (Fähigkeitsprofil)
	Überdimensionierung (Overengineering)	Leistungsüberschuss, Qualitätsverschwendung↑ ⇒ Investitionsausgabe↑ ⇒ BM-Produktivität↓	Pflichtenheft
Ergiebigkeit	zu geringe Ergiebigkeit	Erstellung betrieblicher Leistungen unter Wirtschaftlichkeitsgesichtspunkten nicht sinnvoll⇒ Produktivität↓	Einsatz sinnvoller und aussagekräftiger Auswahlverfahren (bestmöglicher Profilabgleich)
Kapazität (vgl. **PF05** und **PF08**)	zu geringe quantitative/ qualitative Kapazität	Erfüllung der Produktionsaufgaben nicht möglich ⇒ Produktivität↓	Auswahl (Eignung)
	zu hohe quantitative/ qualitative Kapazität	Leistungsüberschuss, Qualitätsverschwendung⇒ Investitionsausgabe↑ ⇒ BM-Produktivität↓	regelmäßige Überprüfung und daraus abgeleitete bedarfsweise Bereinigung des Produktionsprogramms und Reorganisation des Betriebsmitteleinsatzes, kontinuierlicher Anlagenverbesserungsprozess (KAVP)
Flexibilität (qualitative Flexibilität ist durch Integrationsgrad messbar)	zu geringe Flexibilität/ Funktionsintegration	zu wenig integrierte Funktionen (Spezialbetriebsmittel), zu niedrige Anpassungsfähigkeit/-geschwindigkeit an veränderte Anforderungen des Marktes⇒ verschenktes Absatzpotenzial ⇒ Produktivität↓	
	zu hohe Flexibilität/ Funktionsintegration	hohe Investitionsausgabe, ungenutzte Funktionsvielfalt ⇒ Produktivität↓	
Schnittstellen	zu viele Schnittstellen, zu geringe Durchlässigkeit	Schnittstellen bilden Durchsatzengpässe, hemmen Material- oder Informationsfluss, steigern Koordinationsbedarf und -aufwand ⇒ Produktivität↓	
Automatisierung	zu geringe Automatisierung	hoher Handlingsaufwand, niedrige Transparenz, hoher Steuerungsaufwand⇒ Personalkosten↑ ⇒ Produktivität↓	
	Niveauunterschiede zwischen Teilsystemen	unangepasste Schnittstellen, Engpass bestimmt Systemdurchsatz, ungenutzte Potenziale⇒ Produktivität↓	
	zu hohe Automatisierung	hohe Investitionsausgabe, ungenutzte Potenziale ⇒ BM-Produktivität↓	
Verkettung/ Gebundenheit	Folgen bzw. Gefahren hoher Verkettung/Gebundenheit	Spezialisierung der Betriebsmittel durch Arbeitsteilung, hohe Forderungen an Proportionalität aufeinanderfolgender Betriebsmittel, gegenseitige Bedingtheit von Erneuerungsmaßnahmen, verringerte Gesamtverfügbarkeit des Systems⇒ Produktivität↓ (bei Nichtbeachtung der Zusammenhänge)	

funktionale Eigenschaften / Integrationseigenschaften / Betriebsmitteleigenschaften

Tabelle 8a: Einflussfaktoren der betriebsmittelseitigen Leistungsfähigkeit und ihres Erhaltes auf die Produktivität (Teil 1)

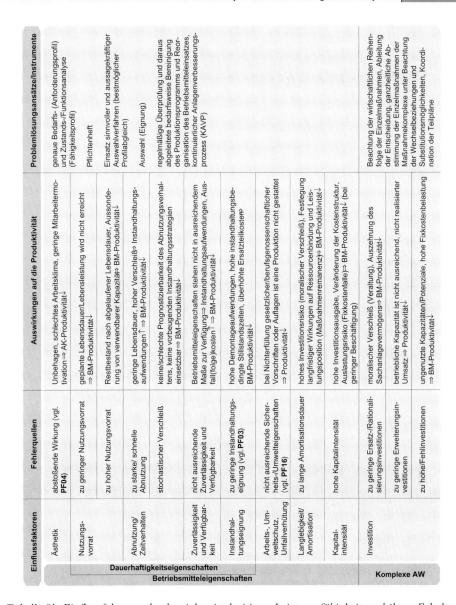

Einflussfaktoren	Fehlerquellen	Auswirkungen auf die Produktivität	Problemlösungsansätze/Instrumente
Ästhetik	abstoßende Wirkung (vgl. **PF04**)	Unbehagen, schlechtes Arbeitsklima, geringe Mitarbeitermotivation ⇒ AK-Produktivität↓	genaue Bedarfs- (Anforderungsprofil) und Zustands-/Funktionsanalyse (Fähigkeitsprofil)
Nutzungsvorrat	zu geringer Nutzungsvorrat	geplante Lebensdauer/Lebensleistung wird nicht erreicht ⇒ BM-Produktivität↓	Pflichtenheft
	zu hoher Nutzungsvorrat	Restbestand nach abgelaufener Lebensdauer, Aussonderung von verwendbarer Kapazität⇒ BM-Produktivität↓	Einsatz sinnvoller und aussagekräftiger Auswahlverfahren (bestmöglicher Profilabgleich)
Abnutzung/Zeitverhalten	zu starke/schnelle Abnutzung	geringe Lebensdauer, hoher Verschleiß⇒ Instandhaltungsaufwendungen↑ ⇒ BM-Produktivität↓	Auswahl (Eignung)
	stochastischer Verschleiß	keine/schlechte Prognostizierbarkeit des Abnutzungsverhaltens, keine vorbeugenden Instandhaltungsstrategien einsetzbar↑ ⇒ BM-Produktivität↓	regelmäßige Überprüfung und daraus abgeleitete bedarfsweise Bereinigung des Produktionsprogramms und Reorganisation des Betriebsmitteleinsatzes, kontinuierlicher Anlagenverbesserungsprozess (KAVP)
Zuverlässigkeit und Verfügbarkeit	nicht ausreichende Zuverlässigkeit und Verfügbarkeit	Betriebsmitteleigenschaften stehen nicht in ausreichendem Maße zur Verfügung⇒ Instandhaltungsaufwendungen, Ausfall(folge)kosten↑ ⇒ BM-Produktivität↓	
Instandhaltungseignung	zu geringe Instandhaltungseignung (vgl. **PF03**)	hohe Demontageaufwendungen, hohe instandhaltungsbedingte Stillstandszeiten, überhöhte Ersatzteilkosten⇒ BM-Produktivität↓	
Arbeits-, Umweltschutz, Unfallverhütung	nicht ausreichende Sicherheits-/Umwelteigenschaften (vgl. **PF16**)	bei Nichterfüllung gesetzlicher/berufsgenossenschaftlicher Vorschriften oder Auflagen ist eine Produktion nicht gestattet ⇒ Produktivität↓	
Langlebigkeit/Amortisation	zu lange Amortisationsdauer	hohes Investitionsrisiko (moralischer Verschleiß), Festlegung langfristiger Wirkungen auf Ressourcenbindung und Leistungsposition (Maßnahmenremanenz)⇒ BM-Produktivität↓	
Kapitalintensität	hohe Kapitalintensität	hohe Investitionsausgabe, Veränderung der Kostenstruktur, Auslastungsrisiko (Fixkostenfalle)⇒ BM-Produktivität↓ (bei geringer Beschäftigung)	
Investition	zu geringe Ersatz-/Rationalisierungsinvestitionen	moralischer Verschleiß (Veraltung), Auszehrung des Sachanlagevermögens⇒ BM-Produktivität↓	Beachtung der wirtschaftlichen Reihenfolge der Einzelmaßnahmen, Ableitung der Entscheidung, ganzheitliche Abstimmung der Einzelmaßnahmen der Maßnahmenkomplexe unter Beachtung der Wechselbeziehungen und Substitutionsmöglichkeiten, Koordination der Teilpläne
	zu geringe Erweiterungsinvestitionen	betriebliche Kapazität ist nicht ausreichend, nicht realisierter Umsatz ⇒ Produktivität↓	
	zu hohe/Fehlinvestitionen	ungenutzte Kapazitäten/Potenziale, hohe Fixkostenbelastung ⇒ BM-Produktivität↓	

Dauerhaftigkeitseigenschaften

Betriebsmitteleigenschaften

Komplexe AW

Tabelle 8b: Einflussfaktoren der betriebsmittelseitigen Leistungsfähigkeit und ihres Erhaltes auf die Produktivität (Teil 2)

Einflussfaktoren	Fehlerquellen	Auswirkungen auf die Produktivität	Problemlösungsansätze/Instrumente
Organisationsform (vgl. **PF 14**)	mangelnde Abstimmung zwischen Anforderungs- und Leistungsprofil bei der OF-Wahl	suboptimale organisatorische Lösung⇒ Mehraufwendungen zur Kompensation bzw. verminderte Leistungsfähigkeit ⇒ Produktivität↓	genaue Bedarfs- und Zustandsanalyse, Einsatz sinnvoller und aussagekräftiger Auswahlverfahren
	fehlende Abstimmung zwischen Haupt- und Dienstleistungs-/Hilfsprozessen	Dienst-/Hilfsleistung für Hauptprozess kann nicht in erforderlichem Maß erbracht werden⇒ Ablaufstörungen oder Qualitätsmängel im Hauptprozess, Fehlleistungen der Dienstleistungs-/Hilfsprozesse⇒ Produktivität↓	Koordination der Auswahl der Organisationsformen der Dienstleistungs-/Hilfsprozesse mit denen der Hauptprozesse
extensive Ausnutzung (vgl. **PF05 und PF 08**)	geringe extensive Ausnutzung	unzureichende Ausnutzung der Kalenderzeit für den Betriebsmitteleinsatz⇒ Leerkosten, Verteilung der Abschreibungen auf geringeren Betriebseinsatz⇒ BM-Produktivität↓	Steigerung der Schichtanzahl, bedienarme Perioden, Überstunden, Wochenendarbeit, keine Betriebsferien/ -pausen
	zu hohe extensive Ausnutzung	Überstunden-, Schicht- und Wochenendzuschläge⇒ Personalkosten↑, erhöhter Verschleiß und reduzierte Wartungs- und Instandsetzungszeiten⇒ Instandhaltungskosten↑ ⇒ Produktivität↓	Senkung der Schichtanzahl, Vermeidung von Überstunden und Wochenendarbeit, Instandhaltung in Zeiten der Betriebsruhe
intensive Ausnutzung	geringe intensive Ausnutzung	Nichtausnutzung von Rationalisierungspotenzialen, Verteilung der Abschreibungen auf geringeren Betriebsmitteleinsatz ⇒ Produktivität↓	Verfahrensverbesserung, Vorrichtungen, Qualifikation der Mitarbeiter, Mehrmaschinenbedienung, Ablauf-/Zeitstudien
	zu hohe intensive Ausnutzung	überproportional zunehmender Verschleiß⇒ Instandhaltungskosten↑, erhöhte Belastung der AK⇒ Leistungsvermögen↓, Aufmerksamkeit↓ u. Unfallgefahr↑ ⇒ Produktivität↓	Reduktion der Vorgabezeiten, Einplanung von Erholzeiten, Anpassung der Instandhaltungsstrategien
qualitative Ausnutzung	geringe qualitative Ausnutzung	hohe Fixkostenbelastung aufgrund funktional überdimensionierter Investition⇒ Produktivität↓	bedarfsgerechte Auswahl, Fertigung in der wirtschaftlich nötigen Genauigkeit
bedarfsgerechte Gestaltung der Kapazität (Anpassung/ Abgleich)	mangelnde Übereinstimmung zwischen Kapazitätsangebot und -bedarf	Unterdeckung des Kapazitätsbedarfs (Bedarf > Angebot) ⇒ Produktivität↓ (Absatzpotenzial verschenkt) Überdeckung des Kapazitätsbedarfs (Bedarf < Angebot) ⇒ Leerkapazitäten, geringe Ausnutzung⇒ Produktivität↓	Kapazitätsangebot (Anpassung): Erhöhung (Reserve-BM, Investition, Schichtauslastung↑, Stillstandszeit↓), Senkung (Schichtauslastung↓, Abschaltung Reserve-BM, Aussonderung, IH-Maßnahmen vorziehen), Umstrukturierung (BM umsetzen); Kapazitätsbedarf (Abgleich): Erhöhung (Losgröße↑, Zusatzaufträge/ Lohnarbeiten, Aufträge vorziehen), Senkung (Losgröße↓, Aufträge verschieben, Fremdvergabe, Rationalisierung), Umstrukturierung (Bauteileverlagerungen)

Nutzung
Komplexe Anlagenwirtschaft

Tabelle 8c: Einflussfaktoren der betriebsmittelseitigen Leistungsfähigkeit und ihres Erhaltes auf die Produktivität (Teil 3)

Einflussfaktoren	Fehlerquellen	Auswirkungen auf die Produktivität	Problemlösungsansätze/Instrumente
Prozess-gesetzmäßig-keiten	niedrige Proportionalität	fehlende Übereinstimmung zwischen Kapazitätsangeboten von AK und BM einer Kapazitätseinheit, Kapazitätsangebot und -bedarf einer Kapazitätseinheit sowie Angebot und Bedarf aufeinanderfolgender Fertigungsstufen⇒ Engpässe und Leerkapazitäten⇒ Produktivität↓	genaue Bedarfs- und Zustandsanalyse, PPS-Methoden und -Verfahren (vgl**PF 12 und PF13**)
	gestörter, ungleichmäßiger Prozessablauf (niedrige Kontinuität)	kein ununterbrochenes Wirken der Produktionsfaktoren ⇒ ungleichmäßige Auslastung⇒ Produktivität↓	
Instandhaltung	falsche Instandhaltungs-strategie	erforderliche Zuverlässigkeit und Verfügbarkeit können nicht garantiert werden, hohe Ausfall(folge)kosten, erhöhte Instandhaltungsaufwendungen⇒ Produktivität↓	Beachtung der wirtschaftlichen Reihenfolge der Einzelmaßnahmen
	falsche Instandhaltungs-organisation	Minderleistungen, Transport-/ Koordinationsaufwendungen, Know-how-Verlust/ -Diffusion, erhöhte Instandhaltungsaufwendungen⇒ Produktivität↓	Ableitung der Entscheidung nach Vorschlag aus Sicht der Kapazität und des Zustandes
Aussonderung	falscher Aussonderungszeit-punkt	Nichtausnutzung des Abnutzungsvorrates, Fehlkapazität infolge verfrühter Aussonderung⇒ Produktivität↓ Einsatz der am wenigsten wirtschaftlichen Instandhaltung zur Erneuerung bei verspäteter Aussonderung⇒ Produktivität↓	ganzheitliche Abstimmung der Einzelmaßnahmen der Maßnahmenkomplexe unter Beachtung der Wechselbeziehungen und Substitutionsmöglichkeiten
	falsche Ersatzentscheidung	fehlender Ersatz⇒ Fehlkapazität, Erfüllung der Produktionsaufgabe nicht möglich⇒ Produktivität↓ Ersatz ohne Bedarf/ Fertigungsperspektive ⇒ Fehlinvestition⇒ Produktivität↓	Koordination der Teilpläne und Budgets
	falsche Recyclingentschei-dung (vgl. **PF16**)	verpasste Verkaufsmöglichkeit⇒ entgangener/verminderter Erlös (Verschrottung)⇒ Produktivität↓; verpasste Verschrottung ⇒ entgangener Erlös und zusätzliche Aufwendungen (Entsorgung/Deponierung)⇒ Produktivität↓	Durchführung der Maßnahmen
Wahl der effizienten Einzel-maßnahme	Wahl einer weniger effizienten Einzelmaßnahme der Anlagenerneuerung	erhöhter Ressourcenaufwand für erreichtes Ziel, Nichtbeachtung von Wechselbeziehungen und Substitutionsmöglichkeiten⇒ Produktivität↓	Kontrolle der Durchführung und der Wirksamkeit der Erneuerungsmaßnahmen
Abstimmung der Erneue-rungsmaß-nahmen	Ressortdenken, keine/ nicht ausreichende Abstimmung und Koordination	Schnittstellenverluste und Abstimmungsschwierigkeiten, fehlende Beachtung von Wechselbeziehungen und Substitutionsmöglichkeiten⇒ Produktivität↓	

Nutzung

Komplexe Anlagenwirtschaft

Tabelle 8d: Einflussfaktoren der betriebsmittelseitigen Leistungsfähigkeit und ihres Erhaltes auf die Produktivität (Teil 4)

In den *Bildern 99 und 100* erfolgt die **Strukturierung des methodischen Entscheidungs-prozesses aus Sicht der Leistungsfähigkeit der Betriebsmittel und ihrer Reproduktion.**

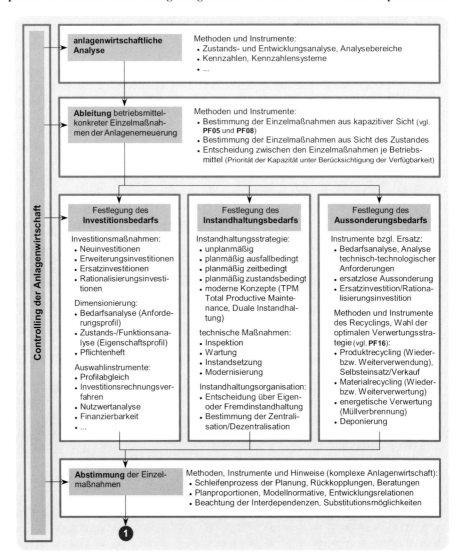

Bild 99: Strukturierung des methodischen Entscheidungsprozesses aus Sicht der Leistungs-fähigkeit der Betriebsmittel und ihrer Reproduktion (Teil 1)

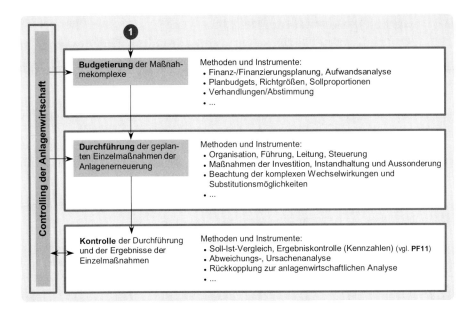

*Bild 100: Strukturierung des methodischen Entscheidungsprozesses aus Sicht der Leistungs-
fähigkeit der Betriebsmittel und ihrer Reproduktion (Teil 2)*

4.2.5 Arbeitspaket/Problemfeld 8: Betriebsmittelseitiges Kapazitätsangebot und dessen Nutzung

Während die Beschaffung von Betriebsmitteln und die Anlagenreproduktion Verantwortung für die Bereitstellung und Erhaltung der Kapazität tragen, **hängt die Produktivität** entscheidend **von der Nutzung der Kapazität ab.**

Eine wichtige Rolle spielt in diesem Zusammenhang die Beziehung zwischen Kapazitätsangebot und Kapazitätsbedarf (Nebl [Produktionswirtschaft] 204 ff).

Die Deckung des Kapazitätsbedarfs durch das Kapazitätsangebot ermöglicht die zeitpunktbezogene Befriedigung von Kundenwünschen.

Die Gestaltung abgestimmter Kapazitätsproportionen für Kapazitätseinheiten, die im Produktionsprozess miteinander verbunden sind, die Gestaltung kontinuierlicher Fertigungsabläufe sowie die sinnvolle Auswahl von Maßnahmen zur bedarfsgerechten Gestaltung der Kapazität sind Voraussetzungen dafür, dass vorhandene Kapazitäten eine kostenoptimale Nutzung erfahren und damit einen positiven Produktivitätsbeitrag leisten.

In *Tabelle 9* werden **Einflussfaktoren des betriebsmittelseitigen Kapazitätsangebotes und seiner Nutzung auf die Produktivität** dargestellt.

Einflussfaktoren		Fehlerquellen	Auswirkungen auf die Produktivität	Problemlösungsansätze/Instrumente
Kapazitätsangebot	qualitativ	unzureichendes qualitatives Kapazitätsangebot	Produktionsaufgabe kann nicht oder nur schlecht erfüllt werden, Einsatz suboptimaler Verfahren/Technologien⇒ Produktivität↓	möglichst exakte Bedarfsbestimmung und -prognose, Funktionsanalyse, Pflichtenheft, Auswahl der Betriebsmittel nach möglichst hohem Übereinstimmungsgrad zwischen Anforderungs- und Eigenschaftsprofil (Eignungswert), Investitionen, Rationalisierungs- und Modernisierungs-/ Verbesserungsmaßnahmen, Umsetzung (vgl **PF07**)
		überdimensioniertes qualitatives Kapazitätsangebot	hohe qualitative Flexibilität⇒ gute Anpassungsfähigkeit bei Umweltveränderungen, aber funktionale Überdimensionierung ⇒ Betriebsmittelproduktivität↓	
	quantitativ	unzureichendes quantitatives Kapazitätsangebot	Produktionsaufgabe kann nicht oder nur schlecht erfüllt werden ⇒ Wartezeiten, Personalleerkosten⇒ Produktivität↓ (Absatzpotenzial verschenkt)	
		überdimensioniertes quantitatives Kapazitätsangebot	hohe quantitative Flexibilität⇒ gute Anpassungsfähigkeit bei Umweltveränderungen, aber Überdimensionierung, geringe Auslastung ⇒ Leerkosten der Betriebsmittel⇒ Produktivität↓	
Kapazitätsnutzung	extensive Ausnutzung	geringe extensive Ausnutzung	unzureichende Ausnutzung der Kalenderzeit für den Betriebsmitteleinsatz ⇒ Leerkosten, Verteilung der Abschreibungen auf geringeren Betriebsmitteleinsatz⇒ Produktivität↓	Steigerung der Schichtanzahl, mannlose Nachtschichten, Überstunden, Wochenendarbeit, keine Betriebsferien/ -pausen
		zu hohe extensive Ausnutzung	hohe Überstunden-, Schicht- und Wochenendzuschläge⇒ Personalkosten↑, erhöhter Verschleiß und reduzierte Wartungs- und Instandsetzungszeiten⇒ Instandhaltungskosten↑ ⇒ Produktivität↓	Senkung der Schichtanzahl, Vermeidung von Überstunden und Wochenendarbeit, Instandhaltung in Zeiten der Betriebsruhe
	intensive Ausnutzung	geringe intensive Ausnutzung	Nichtausnutzung von Rationalisierungspotenzialen, Verteilung der Abschreibungen auf geringeren Betriebsmitteleinsatz⇒ Produktivität↓	Verfahrensverbesserung, Vorrichtungen, Qualifikation der Mitarbeiter, Mehrmaschinenbedienung, Ablauf- und Zeitstudien, betriebliches Vorschlagswesen
		zu hohe intensive Ausnutzung	überproportional zunehmender Verschleiß⇒ Instandhaltungskosten↑ ⇒ erhöhte Belastung der Arbeitskräfte⇒ Leistungsvermögen↓, Aufmerksamkeit↓ und Unfallgefahr↑ ⇒ Produktivität↓	realistische Vorgabezeiten, Einplanung von Erholzeiten, Rationalisierungsmaßnahmen, Anpassung der Instandhaltungsstrategien
	qualitative Ausnutzung	zu geringe qualitative Ausnutzung	hohe Fixkostenbelastung aufgrund von überdimensionierter Investition ⇒ Produktivität↓	bedarfsgerechte Auswahl, Anpassung der Arbeitsaufgabe, Fertigung in der wirtschaftlichen Genauigkeit

Tabelle 9a: Einflussfaktoren des betriebsmittelseitigen Kapazitätsangebotes und seiner Nutzung auf die Produktivität (Teil 1)

Einflussfaktoren	Fehlerquellen	Auswirkungen auf die Produktivität	Problemlösungsansätze/Instrumente
bedarfsgerechte Gestaltung der Kapazität (Anpassung/ Abgleich)	mangelnde Übereinstimmung zwischen Kapazitätsangebot und -bedarf (vgl. **PF05**)	Unterdeckung des Kapazitätsbedarfes (Bedarf > Angebot) ⇒ Produktivität↓ (Absatzpotenzial verschenkt)	Kapazitätsangebot Betriebsmittel (Anpassung): Einsatz von Reservemaschinen, Investitionen in oder Leasing von Betriebsmitteln, höhere Schichtauslastung, Senkung von Stillstandszeiten, Umstrukturierung (Umsetzen zwischen Organisationsformen); Kapazitätsbedarf (Abgleich): kleinere Losgrößen, Verschiebung von Aufträgen, Fremdvergabe, Zeiteinsparung durch Rationalisierung, Steigerung der Wirkungsintensität, Umstrukturierung (Teileverlagerungen in freie Kapazitätseinheiten)
		Überdeckung des Kapazitätsbedarfes (Bedarf < Angebot) ⇒ Überkapazitäten, geringe Ausnutzung⇒ Produktivität↓	Kapazitätsangebot Betriebsmittel (Anpassung): Abschaltung von Reservemaschinen, niedrigere Schichtauslastung, Aussonderungen, Vorziehen von Instandhaltungsmaßnahmen, Umstrukturierung (Umsetzen zwischen Organisationsformen); Kapazitätsbedarf (Abgleich): größere Losgrößen, Zusatzaufträge, Vorziehen von Aufträgen, Ausführen von Lohnarbeiten, Umstrukturierung (Bauteileverlagerungen aus überbelegten Kapazitätseinheiten)
Prozessgesetzmäßigkeiten	niedrige Proportionalität	fehlende Übereinstimmung zwischen Kapazitätsangeboten von Arbeitskräften und Betriebsmitteln einer Kapazitätseinheit, Kapazitätsangebot und -bedarf einer Kapazitätseinheit sowie Angebot und Bedarf aufeinanderfolgender Fertigungsstufen ⇒ Engpässe und Leerkapazitäten⇒ Produktivität↓	genaue Bedarfs- und Zustandsanalyse, anforderungsgerechte Dimensionierung der Kapazitätseinheiten, geeignete Wahl der Organisationsformen der Fertigung, Montage und industriellen Dienstleistungen (vgl. **PF14**), PPS-Methoden und -Verfahren (vgl. **PF12** und **PF13**)
gestörter, ungleichmäßiger Prozessablauf	kein ununterbrochenes Wirken der Produktionsfaktoren ⇒ ungleichmäßige Auslastung ⇒ Produktivität↓	kein ununterbrochenes Wirken der Produktionsfaktoren (niedrige Kontinuität)⇒ ungleichmäßige Auslastung⇒ Produktivität↓	

Verhältnis zwischen Kapazitätsangebot und Kapazitätsbedarf

Tabelle 9b: Einflussfaktoren des betriebsmittelseitigen Kapazitätsangebotes und seiner Nutzung auf die Produktivität (Teil 2)

Bild 101 strukturiert den **methodischen Entscheidungsprozess aus Sicht der bedarfsgerechten Gestaltung der Kapazität der Betriebsmittel.**

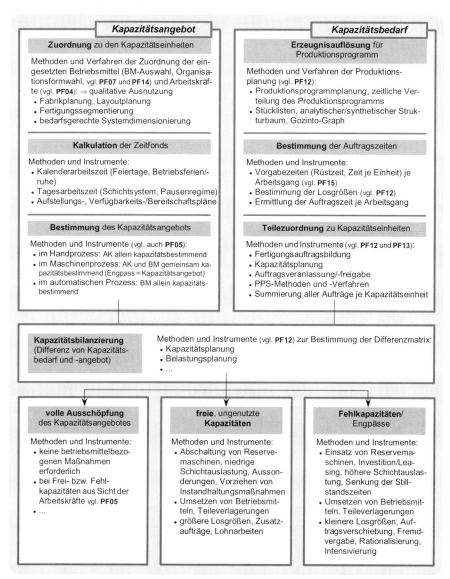

Bild 101: *Strukturierung des methodischen Entscheidungsprozesses aus Sicht der bedarfsgerechten Gestaltung der Kapazität der Betriebsmittel*

4.2.6   Arbeitspaket/Problemfeld 9: Materialbedarf

Im Gegensatz zu den Potenzialfaktoren Arbeitskraft und Betriebsmittel **verändert** der Repetierfaktor **Werkstoff** (Material) während des Produktionszyklus seine **Naturalform**.
Er wird zu großen Teilen Bestandteil des Outputs, also des produzierten Erzeugnisses.

Seine weitgehend vollständige Neubeschaffung ist für jeden neuen Produktionszyklus eines Erzeugnisses geboten.

Damit besitzt der Werkstoff eine spezifische Beschaffungsbesonderheit im Vergleich zu den Potenzialfaktoren, die über längere Produktionsperioden fungieren und produktionszyklus-übergreifend im Produktionsprozess agieren.

Der Materialbedarf wird aus Sicht der Erzeugnisebene in den
- ➤ **Primärbedarf,** das ist der Marktbedarf an Fertigerzeugnissen
- ➤ **Sekundärbedarf**, das ist der Bedarf an Einzelteilen und Baugruppen zur Herstellung des Primärbedarfs und
- ➤ **Tertiärbedarf,** das ist der Bedarf an Hilfs- und Betriebsstoffen differenziert.

Der gesamte periodenbezogene Bedarf stellt den **Bruttobedarf** dar.
Setzt man vom Bruttobedarf die vor einem Produktionszyklus vorhandenen Lagerbestände an Fertigerzeugnissen, Einzelteilen und Baugruppen sowie an Hilfs- und Betriebsstoffen ab, so erhält man den für die Produktionsperiode tatsächlich zu beschaffenden Materialbedarf, den **Nettobedarf.**

Die **Materialwirtschaft** realisiert die Beschaffungsfunktion. Sie sichert damit eine termin-, qualitäts- und mengengerechte Versorgung der Produktion mit Materialien (Jünemann [Logistik] 18).

Dabei bedient sie sich diverser **Analysen** (ABC-Analyse, XYZ-Analyse), **Beschaffungsprinzipien** und **Lagerhaltungsmodelle.**

Make-or-Buy-Entscheidungen bestimmen, welche Erzeugnisbestandteile selbst produziert werden und welche an Dritte in Auftrag gegeben werden.
Alle Teile die zugekauft werden, sind Bedarfsgrößen, die auch zu beschaffen sind.

Die rationelle Gestaltung dieser Prozesse fördert die Produktivität.

Tabelle 10 kennzeichnet **Einflussfaktoren, die vom Materialbedarf auf die Produktivität ausgehen.**

	Einflussfaktoren	Fehlerquellen	Auswirkungen auf die Produktivität	Problemlösungsansätze/Instrumente
Materialart	Anpassung des Rohlings an Endprodukt	zu wenig angepasst	hoher Verschnittanteil, schlechte Materialausnutzung⇗ Material-, Fertigungs-, Entsorgungskosten↑ ⇒ Produktivität↓	Wertanalyse, Make-or-Buy-Entscheidung, Optimierung der Materialauswahl, Zuschnittoptimierung, Normteilverwendung, Recyclingfähigkeit (vgl.**PF16**)
		zu stark angepasst	erhöhte Beschaffungskosten durch höheren Vorfertigungsgrad ⇒ Produktivität↓	
	physikalische Werkstoffeigenschaften	ungeeignet für Produkt, Fertigung oder Entsorgung	Verwendung aufwendiger/ungünstiger Fertigungsverfahren, Unzufriedenheit des Kunden, teure Entsorgung⇒ Kosten↑, Umsatz↓ ⇒ Produktivität↓	Wertanalyse, Optimierung der Materialauswahl (bedarfsgerecht) (vgl**PF16**), Faktorinnovation (vgl**PF03**)
	Anzahl der Materialarten	zu viele Materialarten	mangelnde Transparenz der Bestände, Komplexitätskosten, hohe Lagerbestände, Verschenken von Synergie- und Skaleneffekten ⇒ Produktivität↓	technologische Vereinheitlichung, Standardisierung, Verwendung von Normteilen, Typung, Sortimentsbereinigung
		zu wenige Materialarten	negative Beeinflussung der Produkteigenschaften⇒ Produktqualität und Kundenzufriedenheit↓ ⇒ Produktivität↓	Wertanalyse, Beschaffungsmarktforschung, Faktorinnovation (vgl**PF03**)
	Materialkennzeichnung	uneinheitliche Bezeichnungen, komplizierte/unübersichtliche Codierung	hoher Überprüfungs- und Bereitstellungsaufwand, Beschaffungs-/Bereitstellungsfehler⇒ Kosten↑, Durchlaufzeit (DLZ)↑, Versorgungsengpässe, Umsatz↓ ⇒ Produktivität↓	übersichtliche, verständliche Nummerung der Materialarten zur eindeutigen Identifikation und Klassifikation der Materialarten
	Materialqualität	zu hochwertig bzgl. Kundenanforderungen	Kunde honoriert Mehrqualität nicht⇒ Materialkosten↑ ⇒ Produktivität↓	Kundenbefragungen, bedarfsgerechte Qualität (Optimierung der Qualitätskosten), Qualitätssicherungsmaßnahmen (vgl. **PF16**), Make-or-Buy-Entscheidung
		minderwertig bzgl. Kundenanforderungen	Kundenzufriedenheit nicht gegeben, Imageverlust, Ausschuss/Nachbesserung, Entsorgung⇒ Kosten↑, Umsatz↓ ⇒ Produktivität↓	
Materialanalyse	Analyseniveau	unzureichende Materialanalyse	Informationsdefizite/-lücken, keine Schwerpunktbildung, kein gezielter Methodeneinsatz⇒ Verschenkung von Rationalisierungspotenzialen⇒ Produktivität↓	ABC-, XYZ-, Wert-, Preisstrukturanalyse, Kennzahlen, Informationsmanagement (vgl**PF11**)
		falsche/ zu umfangreiche/ zu häufige Materialanalyse	Informationsgewinn rechtfertigt Aufwand nicht⇒ Verschwendung von Ressourcen⇒ Produktivität↓	ABC-, XYZ-Analyse zur Schwerpunktbildung, dosierter Maßnahmeneinsatz
	Beschaffungsprinzip	Wahl eines ungeeigneten Beschaffungsprinzips	unzureichende Versorgungssicherheit bzw. überhöhte Bestände ⇒ Fehlmengen- bzw. Lagerhaltungskosten↑ ⇒ Produktivität↓	Bestimmung des geeigneten Beschaffungsprinzips (Vorratsbeschaffung, auftragsbezogene Einzelbeschaffung, fertigungssynchrone Beschaffung) durch ABC-, XYZ-Analyse, Berücksichtigung von JIT und Kanban

Tabelle 10a: Einflussfaktoren des Materialbedarfs auf die Produktivität (Teil 1)

	Einflussfaktoren	Fehlerquellen	Auswirkungen auf die Produktivität	Problemlösungsansätze/Instrumente
Materialanalyse	Make-or-Buy Entscheidung	zu hohe Fertigungstiefe	Ressourceneinsatz für Nichtkernkompetenzen, Verschenkung von Rationalisierungseffekten durch Outsourcing⇒ Produktivität↓	Stärken-Schwächen-Analyse, Bestimmung der Kernkompetenzen, Kooperationsformen, Stellung in der Zulieferpyramide (vgl **PF02**), Preisstrukturanalyse
		zu geringe Fertigungstiefe	Verlust von Know-how, Verschenken von Wertschöpfungs- und Umsatzpotenzial⇒ Produktivität↓	
	Lieferanten- auswahl	Auswahl falscher/ ungeeigneter Lieferanten	Liefer-, Qualitäts-, Geheimhaltungsrisiken⇒ Kosten ↑ ⇒ Produktivität↓	Lieferantenbeurteilung (Kriterienkatalog), Lieferantenaudit, -partnerschaft
Materialbedarf	Bedarfs- ermittlung	Verfahren für Bedeutung des Materials zu aufwendig	Informationsgewinn rechtfertigt Aufwand nicht⇒ Verschwendung von Ressourcen⇒ Produktivität↓	ABC-Analyse, Einsatz geeigneter Methoden: deterministisch (analytische/synthetische Erzeugnisstruktur, Gozinto-Graph), stochastisch (kleinste Quadrate, gleitender Mittelwert, exponentielle Glättung), heuristisch (Analog-, Intuitivschätzung)
		Wahl des ungeeigneten Verfahrens	ungenaue Bedarfsermittlung⇒ Fehl- oder Überbestände ⇒ Kosten ↑ ⇒ Produktivität↓	
	Sekundärbe- darfsermittlung	ungenaue Bestimmung des Primär-/ Marktbedarfs	ungenaue Bedarfsermittlung⇒ Fehl- oder Überbestände ⇒ Kosten ↑ ⇒ Produktivität↓	Markt- und Absatzprognosen (vgl **PF01** und **PF12**), Kundenauftragsverwaltung
		unzureichende Berücksichtigung der Lagerbestände, ungenaue Lagerdaten	ungenaue Bedarfsermittlung, falsche Bestellmengen⇒ Fehl- oder Überbestände, Stillstands-/Terminrisiko⇒ Kosten ↑ ⇒ Produktivität↓	Methoden der Bestandsführung, Informationssysteme (vgl **PF11**)
	Bestellmen- genermittlung	Verfahren für Bedeutung des Materials zu aufwendig	Informationsgewinn rechtfertigt Aufwand nicht⇒ Verschwendung von Ressourcen⇒ Produktivität↓	ABC-Analyse, Einsatz geeigneter Methoden: Losgrößenformel, gleitendes Bestellmengenverfahren, Kostenvergleichsverfahren, Wagner-Whitin-Algorithmus
		Wahl des ungeeigneten Verfahrens	ungenaue Bestellmengenermittlung⇒ Fehlbestellungen, Fehl- oder Überbestände, Stillstands-/Terminrisiko⇒ Kosten ↑ ⇒ Produktivität↓	
Materialbestand	Bestands- planung	zu niedriger Sicherheits-/ Meldebestand	Risiko von Fehlbeständen, Durchlaufzeitverlängerung, Fertigungsstillstand, Lieferunfähigkeit, Imageverlust⇒ Kosten ↑, Umsatz ↓ ⇒ Produktivität↓	Bestimmung des optimalen Sicherheits-/ Meldebestandes (Verfahren des Operations Research), Berücksichtigung der Bedarfsprognosen (Menge, Schwankung) und der Wiederbeschaffungszeit
		zu hoher Sicherheits-/ Meldebestand	Lagerhaltungskosten, Kapitalbindung⇒ Kosten ↑ ⇒ Produktivität↓	
	Bestands- strategien	Wahl der falschen/ ungeeigneten Bestandsstrategie	Bestellzeitpunkt zu früh/Bestellmenge zu hoch, Bestellzeitpunkt zu spät/ Bestellmenge zu niedrig⇒ Fehl- oder Überbestände, Stillstands-/Terminrisiko⇒ Kosten ↑ ⇒ Produktivität↓	Bestimmung der kostenoptimalen Bestandsstrategie (Losgrößen-/ Auffüllverfahren × Bestellrhythmus-/ Bestellpunktverfahren)

Tabelle 10b: Einflussfaktoren des Materialbedarfs auf die Produktivität (Teil 2)

Einflussfaktoren		Fehlerquellen	Auswirkungen auf die Produktivität	Problemlösungsansätze/Instrumente
Materialbestand	Bestandsführung	ungenaue Mengenerfassung	fehlerhafte Nettobedarfsbestimmung⇒ Fehlbestellungen, Fehl- oder Überbestände, Stillstands-/Terminrisiko ⇒ Kosten↑ ⇒ Produktivität↓	Skontrationsmethode, Inventurmethode, retrograde Methode, EDV-/Informationssysteme (vgl.**PF11**)
		ungenaue Werterfassung	falsche/ungeeignete Wertansätze, ungeeignete Wahl der Verbrauchsfolgen⇒ keine/falsche Verbrauchszuordnung ⇒ Verschenken von Einsparpotenzialen⇒ Produktivität↓	rechtliche Regelungen, Wertansätze (Anschaffungs-, Wiederbeschaffungs-, Tages-, Verrechnungswert), Verbrauchsfolgen (fifo, lifo hofo, lofo), gleitende Durchschnittsmethode
	Bestandsüberwachung	schlechte Eingangsüberwachung	Annahme falscher/minderwertiger Lieferungen, ungenaue Datenerfassung ⇒ Kosten↑ ⇒ Produktivität↓	Wareneingangs-, Lieferscheinprüfung, Datenerfassung (vgl.**PF11**)
		schlechte Entnahmeüberwachung	Schwund, keine/falsche Verbrauchszuordnung⇒ Verschenken von Einsparpotenzialen⇒ Produktivität↓	Materialentnahmescheine, Lagerbestandsführung, Kontrollen
		schlechte Verfügbarkeitsüberwachung	Falschmeldungen über Lagerbestand (Nettobedarfsermittlung)⇒ Fehl- oder Überbestände, Stillstands-/Terminrisiko ⇒ Kosten↑ ⇒ Produktivität↓	Lagerbestandsführung, Optimierung des Meldebestandes, Kontrollen
		schlechte Kennzahlenüberwachung	kein Erkennen von Missständen, Verschenken von Rationalisierungseffekten⇒ Produktivität↓	Kennzahlenanalyse (Umschlagshäufigkeit, Reichweite), Analyse der Lagerhüter, Kosten- und Leistungsanalyse
	Materialentsorgung	unzureichende Abfallvermeidung/ -verminderung	fehlende frühzeitige Berücksichtigung material- und umweltbezogener Aspekte⇒ hohe Abfallmengen, geringe Recyclingfähigkeit⇒ Kosten↑ ⇒ Produktivität↓	bedarfsgerechte Konstruktion, Betrachtung des gesamten Lebenszyklus (vgl. **PF03** und **PF16**), Wahl geeigneter Rohlinge und Fertigungsverfahren, Mehrfachnutzung
		falsche/ ungeeignete Abfallbehandlung	Nichtbeachtung rechtlicher Vorschriften, Imageverluste, erhöhte Entsorgungskosten, Verschenken von Sekundärrohstoff-/ Recyclingerlösen⇒ Produktivität↓	Produktrecycling (Wieder-/Weiterverwendung), Materialrecycling (Wieder-/Weiterverwertung), energetische Verwertung, Deponierung (vgl.**PF07** und **PF16**)

Tabelle 10c:　Einflussfaktoren des Materialbedarfs auf die Produktivität (Teil 3)

In den *Bildern 102 und 103* erfolgt die **Strukturierung des methodischen Entscheidungs-prozesses aus Sicht des Materialbedarfs**.

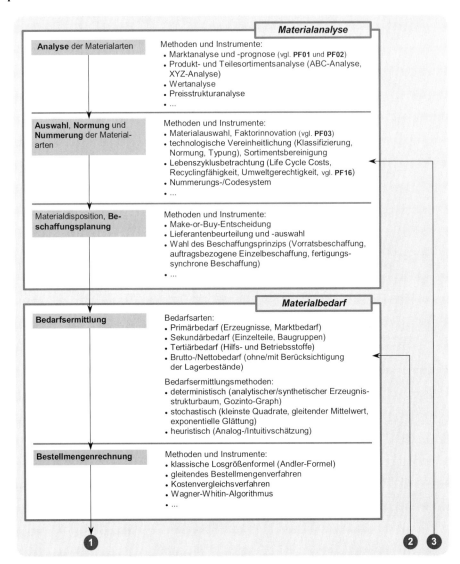

Bild 102:   *Strukturierung des methodischen Entscheidungsprozesses aus Sicht des Material-bedarfs (Teil 1)*

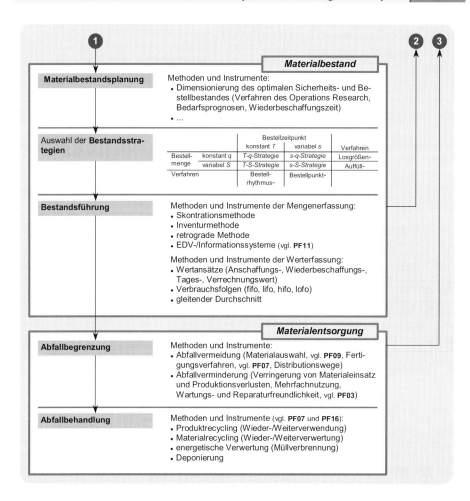

Bild 103: Strukturierung des methodischen Entscheidungsprozesses aus Sicht des Material-bedarfs (Teil 2)

4.2.7   Arbeitspaket/Problemfeld 10: Durchlaufzeit

Durch die völlige Orientierung der Unternehmensaktivitäten an den Bedürfnissen der Kunden gewinnt der Faktor Zeit neben dem Preis und der Qualität des Outputs als Wettbewerbsfaktor zunehmend an Bedeutung.

Die **Durchlaufzeit** ist für den Wettbewerbsfaktor Zeit bestimmend. Sie umfasst die Zeit, die während der Herstellung eines Produktes vergeht. Darin eingeschlossen sind die Zeitgrößen für den **Arbeitsprozess** und die ablaufenden **natürlichen Prozesse** sowie **technisch-organisatorisch bedingte Zeiten für Prozessunterbrechungen**. Dazu gehören **Transport-, Kontroll- und Liegezeiten** (Warnecke [Produktionsbetrieb] 307 ff).

> Die **Durchlaufzeit** wirkt bezüglich einer Steigerung der Produktivität in zwei Richtungen:
> Durchlaufzeitverkürzungen reduzieren **Bestände** und damit die Kapitalbindung und sie verkürzen die **Lieferzeit**, wodurch komparative Konkurrenzvorteile erzielt werden.

Die Durchlaufzeit ist Ziel und gleichsam Ergebnis ökonomischen Handelns.
Eine Vielzahl von Faktoren beeinflusst ihre Länge. Dazu gehören das Beschaffungsprinzip, die Organisationsformen der Fertigung, die inner- und zwischenzyklische Parallelität durchgeführter Arbeiten, die organisatorische Bearbeitungsfolge u.a..
Die Art der Gestaltung dieser Faktoren und ihre Passgerechtigkeit zu den Anforderungen an den Produktionsprozess bestimmen maßgeblich die Produktivität.

Tabelle 11 verdeutlicht die **Einflussfaktoren der Durchlaufzeit auf die Produktivität.**

Einflussfaktoren	Fehlerquellen	Auswirkungen auf die Produktivität	Problemlösungsansätze/Instrumente
Beschaffungsprinzip	Wahl eines falschen/ungeeigneten Beschaffungsprinzips	unzureichende Versorgungssicherheit bzw. überhöhte Bestände ⇒ Fehlmengen- bzw. Lagerhaltungskosten↑, Durchlaufzeit↑ ⇒ Produktivität↓	Bestimmung des geeigneten Beschaffungsprinzips durch ABC-, XYZ-Analyse, Berücksichtigung von JiT und Kanban (vgl. **PF09**)
TUL-Prozesse	nicht materialflussgerechte Fabrikplanung	Fehleinschätzung der Bedarfe (Betriebsmittel, Flächen, Personal, Transportaufkommen, Lager etc.)↑ Fehldimensionierung der Logistiksysteme⇒ Produktivität↓	genaue Bedarfsanalyse, Planungstechniken, Berücksichtigung logistischer Aspekte in allen Phasen (vgl. **PF17**)
	nicht materialflussgerechte Layoutplanung/Wahl der falschen Organisationsform	unzureichende Beachtung der Transportintensität, ungünstige Lage/unzureichende transporttechnische Erschließung der Fertigungsbereiche/Arbeitsplätze⇒ Mehrtransporte, lange Transportwege, Zwischenlagerung, steigende Durchlaufzeit ⇒ Produktivität↓	optimale Wahl der Organisationsformen für Haupt- und Dienstleistungs-/Hilfsprozesse (vgl. **PF14**)
zwischenzyklische Parallelität	hohe zwischenzyklische Parallelität	hohe Zyklusdauer durch gleichzeitige Fertigung unterschiedlicher Erzeugnisse⇒ hohe Durchlaufzeit, z.T. hohe Auslastung ⇒ Produktivität↓	genaue Bedarfs- und Zustandsanalyse, sinnvolle und aussagekräftige Auswahlverfahren zur Bestimmung des notwendigen PPS-Systems (Hard- und Software), Einsatz geeigneter PPS-Methoden und -Verfahren (vgl. **PF12** und **PF13**)
organisatorische Bearbeitungsreihenfolge	ungünstige organisatorische Bearbeitungsreihenfolge	lange Stillstands- und Wartezeiten bzw. Liegezeiten (Dilemma der Ablaufplanung), hohe Bestände, lange Durchlaufzeit, geringe Auslastung⇒ Produktivität↓	
Bevorratungsebene	Bevorratungsebene zu früh	frühzeitige Differenzierung der Produkte, niedriger Vorfertigungsgrad, lange Reaktionszeit auf Kundenwünsche ⇒ hohe Durchlaufzeit⇒ Produktivität↓	optimale Wahl der Bevorratungsebene und des Variantenbestimmungspunktes (vgl. **PF12** und **PF13**)
	Bevorratungsebene zu spät	späte Differenzierung der Produkte, hoher Vorfertigungsgrad, hohe Bestände und Kapitalbindung⇒ Produktivität↓	
Durchlaufzeitanalyse	nicht ausreichende Kenntnisse über Durchlaufzeit	Durchlaufzeit und ihre Struktur unzureichend bekannt⇒ fehlende Schwerpunktbildung, falsche Ableitung von Maßnahmen ⇒ Produktivität↓	Materialflussuntersuchung, Durchlaufzeitanalyse, Benchmarking, Ablauf- und Zeitstudien (vgl. **PF15**)

Interdependenzen der Durchlaufzeit mit anderen Arbeitspaketen

Tabelle 11a: Einflussfaktoren der Durchlaufzeit auf die Produktivität (Teil 1)

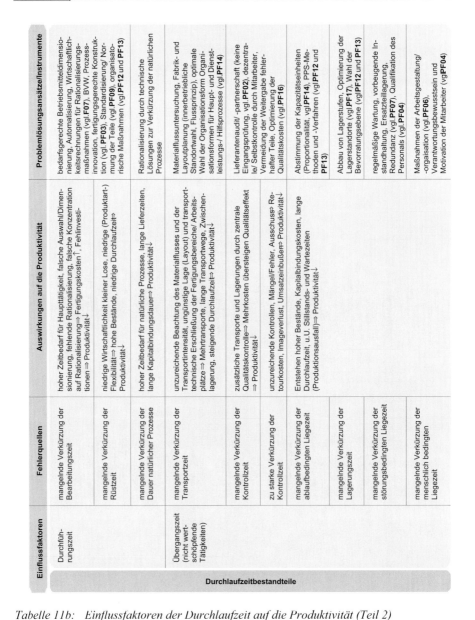

Einflussfaktoren	Fehlerquellen	Auswirkungen auf die Produktivität	Problemlösungsansätze/Instrumente
Durchführungszeit	mangelnde Verkürzung der Bearbeitungszeit	hoher Zeitbedarf für Haupttätigkeit, falsche Auswahl/Dimensionierung, fehlende Rationalisierung, falsche Konzentration auf Rationalisierung⟹ Fertigungskosten↑, Fehlinvestitionen ⟹ Produktivität↓	bedarfsgerechte Betriebsmitteldimensionierung, Automatisierung, Wirtschaftlichkeitsrechnungen für Rationalisierungsmaßnahmen (vgl.F07), BVW, Prozessinnovation, fertigungsgerechte Konstruktion (vgl.PF03), Standardisierung/ Normung der Teile (vgl.PF09), organisatorische Maßnahmen (vgl.PF12 und PF13)
	mangelnde Verkürzung der Rüstzeit	niedrige Wirtschaftlichkeit kleiner Lose, niedrige (Produktart-) Flexibilität⟹ hohe Bestände, niedrige Durchlaufzeit⟹ Produktivität↓	
	mangelnde Verkürzung der Dauer natürlicher Prozesse	hoher Zeitbedarf für natürliche Prozesse, lange Lieferzeiten, lange Kapitalbindungsdauer⟹ Produktivität↓	Rationalisierung durch technische Lösungen zur Verkürzung der natürlichen Prozesse
Übergangszeit (nicht wertschöpfende Tätigkeiten)	mangelnde Verkürzung der Transportzeit	unzureichende Beachtung des Materialflusses und der Transportintensität, ungünstige Lage (Layout) und transporttechnische Erschließung der Fertigungsbereiche/ Arbeitsplätze ⟹ Mehrtransporte, lange Transportwege, Zwischenlagerung, steigende Durchlaufzeit⟹ Produktivität↓	Materialflussuntersuchung, Fabrik- und Layoutplanung (innerbetriebliche Standortwahl, Flussprinzip), optimale Wahl der Organisationsform Organisationsformen für Haupt- und Dienstleistungs-/ Hilfsprozesse (vgl.PF14)
	mangelnde Verkürzung der Kontrollzeit	zusätzliche Transporte und Lagerungen durch zentrale Qualitätskontrolle⟹ Mehrkosten übersteigen Qualitätseffekt ⟹ Produktivität↓	Lieferantenaudit/ -partnerschaft (keine Eingangsprüfung, vgl.PF02), dezentrale/ Selbstkontrolle durch Mitarbeiter, Vermeidung der Weitergabe fehlerhafter Teile, Optimierung der Qualitätskosten (vgl.PF16)
	zu starke Verkürzung der Kontrollzeit	unzureichende Kontrollen, Mängel/Fehler, Ausschuss⟹ Retourkosten, Imageverlust, Umsatzeinbußen⟹ Produktivität↓	
	mangelnde Verkürzung der ablaufbedingten Liegezeit	Entstehen hoher Bestände, Kapitalbindungskosten, lange Durchlaufzeit, u.U. Stillstands- und Wartezeiten (Produktionsausfall)⟹ Produktivität↓	Abstimmung der Kapazitätseinheiten (Proportionalität, vgl.PF14), PPS-Methoden und -Verfahren (vgl.PF12 und PF13)
	mangelnde Verkürzung der Lagerungszeit		Abbau von Lagerstufen, Optimierung der Lagerstandorte (vgl.PF17), Wahl der Bevorratungsebene (vgl.PF12 und PF13)
	mangelnde Verkürzung der störungsbedingten Liegezeit		regelmäßige Wartung, vorbeugende Instandhaltung, Ersatzteillagerung, Redundanz (vgl.PF07), Qualifikation des Personals (vgl.PF04)
	mangelnde Verkürzung der menschlich bedingten Liegezeit		Maßnahmen der Arbeitsgestaltung/ -orgaisation (vgl.PF06), Verantwortungsbewusstsein und Motivation der Mitarbeiter (vgl.PF04)

Durchlaufzeitbestandteile

Tabelle 11b: Einflussfaktoren der Durchlaufzeit auf die Produktivität (Teil 2)

Bild 104 **strukturiert den methodischen Entscheidungsprozess aus Sicht der Durchlaufzeit.**

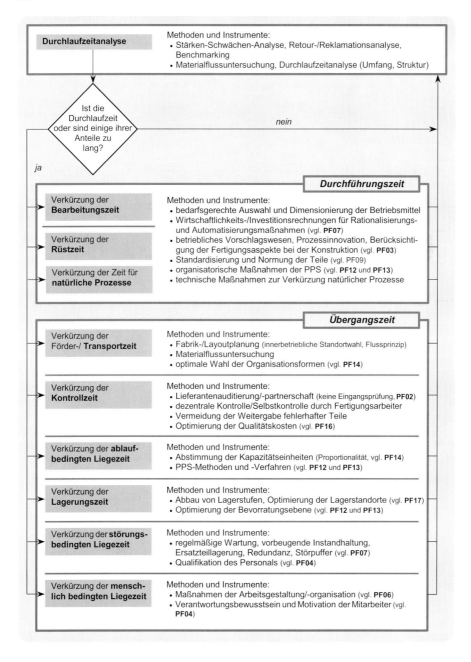

Bild 104: Strukturierung des methodischen Entscheidungsprozesses aus Sicht der Durchlaufzeit

4.3 Einflussfaktoren und methodische Problemlösungsansätze mit Wirkung auf den Throughput

4.3.1 Arbeitspaket/Problemfeld 11: Informationsmanagement

Das Informationsmanagement eines Unternehmens besitzt eine zentrale Funktion für den Unternehmenserfolg.

Es stellt das entscheidende Instrumentarium für eine produktivitätsorientierte Wirkung der dispositiven Faktoren dar.

> Das **Informationsmanagement** hat dafür zu sorgen, dass alle notwendigen Ziel- und Mittelentscheidungen auf der Grundlage einer abgestimmten sachlich richtigen Informationsbereitstellung getroffen werden können. Dazu gehört, dass die benötigten Informationen termingerecht, qualitätsgerecht, adressatengerecht und in hoher Aktualität bereitgestellt werden.

Die Schaffung der dafür notwendigen Rahmenbedingungen in den Unternehmen beeinflusst wesentlich die Entwicklung der Produktivität.

Solche **Rahmenbedingungen** sind u.a. die **Informationsinfrastruktur** (Heinrich [Informationsmanagement] 20 ff), die Gestaltung des **Informationsflusses** (Rüttler [Information] 106) und die Vernetzung der Stellen, die Sicherung der **Informationsbereitschaft** und der **Informationsfähigkeit**.

Es ist wesentlich bei der Gestaltung der Rahmenbedingungen, die Bedeutung der Information als kritischen Erfolgsfaktor im Wettbewerb zu erkennen und den notwendigen Handlungsbedarf abzuleiten. Das gilt besonders dann, wenn die eigene Position gegenüber dem Wettbewerber als eher schwächer eingestuft wird.

Tabelle 12 verdeutlicht die **Einflüsse, die das Informationsmanagement auf die Produktivität** ausübt.

Einflussfaktoren	Fehlerquellen	Auswirkungen auf die Produktivität	Problemlösungsansätze/Instrumente
Informationsbedarf			
Relevanz der Informationen	kein Bezug zum Unternehmenserfolg, kein Entscheidungsbezug für Adressaten	Beschaffung, Bereitstellung und Verteilung irrelevanter Informationen⇒ Verschwendung von Arbeitskraft-/ EDV-Kapazität und Verbrauchsmaterial (Werkstoffe)≫ Produktivität↓	Ableitung des Informationsbedarfs der einzelnen Mitarbeiter/Abteilungen ausgehend von der (funktionalen) Unternehmensstruktur (Stellenbeschreibung, Tätigkeitsprofil) nach Art, Zeit, Qualität und Form; Bewertung der Informationen nach ihrer Bedeutung für den Wettbewerbserfolg und ihrem Bezug zu den kritischen Erfolgsfaktoren des Unternehmens; Aufspürung und Beseitigung von Defiziten durch Analysen und daraus abgeleitete Maßnahmen der Informationsbeschaffung, -verarbeitung und -aufbereitung
		wichtige Informationen nicht beschafft, bereitgestellt oder verteilt⇒ keine/ falsche Entscheidung, Fehlentwicklungen ⇒ Produktivität↓	
Periodizität/ Aktualität	Zeitabstand zu kurz/ Aktualität zu hoch	Informationsgewinn rechtfertigt Beschaffungs-, Verwaltungs- und Bearbeitungsaufwand nicht, Verschwendung von Ressourcen ⇒ Produktivität↓	
	Zeitabstand zu lang/Aktualität zu niedrig	Fehlentscheidungen/-steuerungen auf Grund fehlender/ veralteter Informationen⇒ Fehlentwicklungen⇒ Produktivität↓	
Zeitpunkt der Informationsbereitstellung	Information erfolgt zu früh	Gefahr des Vergessens/Verlegens/Veraltens bis zum Gebrauch der Information, Information voreilig⇒ Rückfragen, Unsicherheiten, Bearbeitungsaufwand⇒ Produktivität↓	
	Information erfolgt zu spät	Lähmung der Entscheidungsfähigkeit, Verzögerungen, Verpassen von Chancen⇒ Fehlentwicklungen⇒ Produktivität↓	
Präsentationsform	nicht adressatengerecht	Information erreicht den Empfänger nicht (richtig)⇒ Fehlentscheidungen/-entwicklungen⇒ Produktivität↓ Rückfragen erforderlich, Unsicherheiten, Bearbeitungsaufwand ⇒ Produktivität↓	
Informationspotenzial			
unternehmensinterne Ressourcen	unzureichende Nutzung der intern anfallenden Informationen	Identifikation der Stärken und Schwächen des Unternehmens erschwert, kein Ableiten/Ergreifen gezielter Maßnahmen zur Verstärkung positiver und zur Minderung negativer Tendenzen, Fehlallokation von Ressourcen ⇒ Produktivität↓	Analyse und Optimierung des innerbetrieblichen Informationsflusses und der innerbetrieblichen Informationsversorgung auf Basis des ermittelten Informationsbedarfs
	defizitärer Informationsfluss		
	defizitäre Aufbereitung der internen Informationen		
relevante Umweltinformationen	wichtige Umweltinformationen nicht (richtig) wahrgenommen/ aufbereitet/ genutzt	ökonomische, soziokulturelle, technische oder rechtliche Informationen nicht (ausreichend/richtig) berücksichtigt⇒ Fehlentscheidungen/-steuerungen, Verschenken von Chancen ⇒ Produktivität↓	Analyse der vorhandenen Umweltinformationen unter dem Blickwinkel ihres Einflusses auf den Unternehmenserfolg (vgl. **PF01**)

Tabelle 12a: Einflussfaktoren des Informationsmanagements auf die Produktivität (Teil 1)

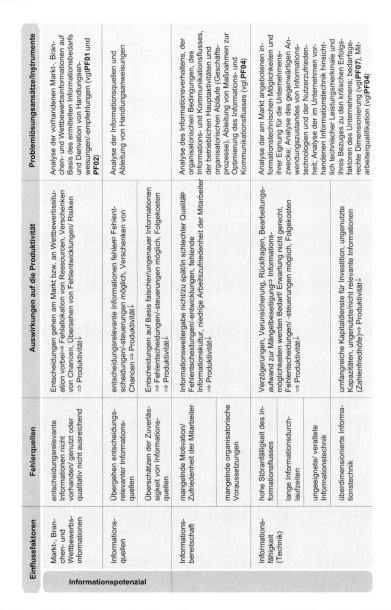

Einflussfaktoren	Fehlerquellen	Auswirkungen auf die Produktivität	Problemlösungsansätze/Instrumente
Markt-, Branchen- und Wettbewerbsinformationen	entscheidungsrelevante Informationen nicht vorhanden/ genutzt oder qualitativ nicht ausreichend	Entscheidungen gehen am Markt bzw. an Wettbewerbssituation vorbei⇒ Fehlallokation von Ressourcen, Verschenken von Chancen, Übersehen von Fehlentwicklungen/ Risiken ⇒ Produktivität↓	Analyse der vorhandenen Markt-, Branchen- und Wettbewerbsinformationen auf Basis des ermittelten Informationsbedarfs und Derivation von Handlungsanweisungen/-empfehlungen (vgl**PF01** und **PF02**)
Informationsquellen	Übergehen entscheidungsrelevanter Informationsquellen	entscheidungsrelevante Informationen fehlen⇒ Fehlentscheidungen/-steuerungen möglich, Verschenken von Chancen⇒ Produktivität↓	Analyse der Informationsquellen und Ableitung von Handlungsanweisungen
	Überschätzen der Zuverlässigkeit von Informationsquellen	Entscheidungen auf Basis falscher/ungenauer Informationen ⇒ Fehlentscheidungen/-steuerungen möglich, Folgekosten ⇒ Produktivität↓	
Informationsbereitschaft	mangelnde Motivation/ Zufriedenheit der Mitarbeiter	Informationsweitergabe nicht/zu spät/in schlechter Qualität⇒ Fehlentscheidungen/-entwicklungen, fehlende Informationskultur, niedrige Arbeitszufriedenheit der Mitarbeiter ⇒ Produktivität↓	Analyse des Informationsverhaltens, der organisatorischen Bedingungen, des Informations- und Kommunikationsflusses, der betrieblichen Hauptaktivitäten und organisatorischen Abläufe (Geschäftsprozesse), Ableitung von Maßnahmen zur Optimierung des Informations- und Kommunikationsflusses (vgl**PF04**)
	mangelnde organisatorische Voraussetzungen		
Informationsfähigkeit (Technik)	hohe Störanfälligkeit des Informationsflusses	Verzögerungen, Verunsicherung, Rückfragen, Bearbeitungsaufwand zur Mängelbeseitigung⇒ Informationsmöglichkeiten werden Bedarf/ Erwartung nicht gerecht, Fehlentscheidungen/ -steuerungen möglich, Folgekosten ⇒ Produktivität↓	Analyse der am Markt angebotenen informationstechnischen Möglichkeiten und ihrer Eignung für die Unternehmenszwecke; Analyse des gegenwärtigen Anwendungszustandes von Informationstechnologien und der Nutzerzufriedenheit; Analyse der im Unternehmen vorhandenen Informationstechnik hinsichtlich technischer Leistungsmerkmale und ihres Bezuges zu den kritischen Erfolgsfaktoren des Unternehmens; bedarfsgerechte Dimensionierung (vgl**PF07**), Mitarbeiterqualifikation (vgl**PF04**)
	lange Informationsdurchlaufzeiten		
	ungeeignete/ veraltete Informationstechnik		
	überdimensionierte Informationstechnik	umfangreiche Kapitaldienste für Investition, ungenutzte Kapazitäten, ungenutzte/nicht relevante Informationen (Zahlenfriedhöfe)⇒ Produktivität↓	

Informationspotenzial

Tabelle 12b: Einflussfaktoren des Informationsmanagements auf die Produktivität (Teil 2)

Bilder 105 und 106 verdeutlichen die **Strukturierung des methodischen Entscheidungsprozesses im Rahmen des Informationsmanagements.**

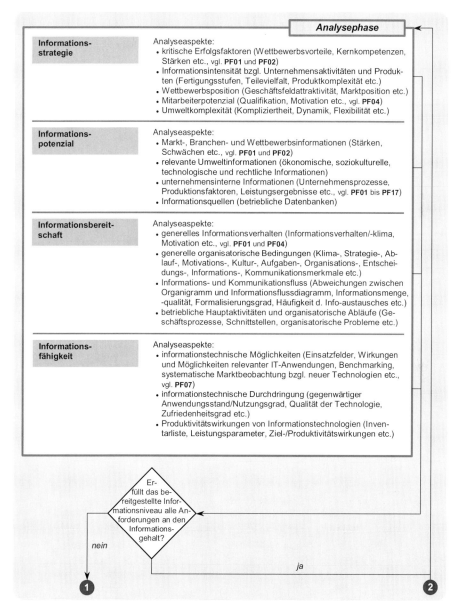

Bild 105:   Strukturierung des methodischen Entscheidungsprozesses im Rahmen des Informationsmanagements (Teil 1)

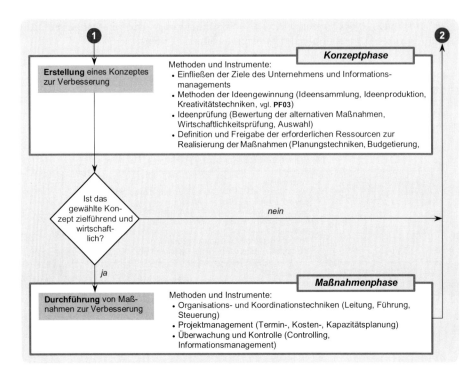

Bild 106: *Strukturierung des methodischen Entscheidungsprozesses im Rahmen des Informationsmanagements (Teil 2)*

4.3.2 Arbeitspaket/Problemfeld 12: Produktionsplanung

Die Produktionsplanung und -steuerung sind Hauptaufgaben des Produktionsmanagements. Ihre hier vorgenommene Aufteilung in zwei Arbeitspakete hat ausschließlich methodische Gründe.

Das Produktionsmanagement ist aus der Phasenorientierung in das strategische, taktische und operative Produktionsmanagement gliederbar.

> Das **strategische** und **taktische Produktionsmanagement** haben die Aufgabe, über längerfristige Zeitabschnitte Rahmenbedingungen für das operative Produktionsmanagement zu schaffen (Zäpfel [Management]).

Die Struktur der zu lösenden Aufgaben entspricht der Makrostruktur des Produktionsprozesses:

> ➢ strategisch/taktisch/operative **Programmplanung** (Output)
> ➢ strategisch/taktisch/operative **Potenzial- oder Faktorplanung** (Input)
> ➢ strategisch/taktisch/operative **Prozessplanung** (Throughput)

Die **strategisch/taktische Programmplanung**

> ➢ entwirft die Wettbewerbsstrategie
> ➢ plant die Ziele des Unternehmens
> ➢ analysiert Absatz- und Beschaffungsmärkte
> ➢ analysiert die Stärken und Schwächen des Unternehmens und
> ➢ plant die Produktfelder, auf denen das Unternehmen perspektivisch tätig sein wird.

Die **strategisch/taktische Faktorplanung**

> ➢ entwickelt Standortstrategien
> ➢ führt die Fabrikplanung durch
> ➢ plant die notwendige Entwicklung der Kapazität und
> ➢ plant die Werkstoff- und Energieabsicherung.

Die **strategisch/taktische Prozessplanung**

> ➢ entwirft auf der Grundlage der Kenntnis des Standes und der Entwicklungstendenzen der Produktionstechnik die Technologie- und Automatisierungsstrategie und
> ➢ plant die Entwicklung der Organisation der Fertigungsprozesse und der zu ihrer Unterstützung notwendigen fertigungsnahen industriellen Dienstleistungsprozesse (TUL, Instandhaltung u.a.).

Zwischen den zu lösenden Aufgaben existieren enge Wechselbeziehungen.

> Das **operative Produktionsmanagement** plant die Durchführung und Steuerung tatsächlich ablaufender Produktionsprozesse.

> Die **operative Programmplanung** bestimmt die Art und die Menge der zu produzierenden Produkte und definiert die Serien- und die Losgrößen.

Die **operative Faktorplanung** bestimmt den Werkstoff- und Teilebedarf als Sekundär- bzw. Tertiärbedarf, ermittelt Nettobedarfsgrößen und ihre Bedarfszeitpunkte und definiert die Aufgaben der Eigenproduktion und der Fremdbeschaffung. Sie plant die benötigten Arbeitskräfte und Betriebsmittel.

Die **operative Prozessplanung und -steuerung** führt die Kapazitäts- und Durchlaufterminierung durch, plant die Belastung der Kapazitätseinheiten, definiert die Reihenfolge abzuarbeitender Aufträge und steuert den Produktionsprozess.

Die Systematisierung der Aufgaben der operativen Produktionsplanung führt zur Bildung folgender Teilplanungsstufen (Nebl [Produktionswirtschaft] 448 ff):

(1) **Planung des Jahresproduktionsprogrammes**

Hier erfolgt die Festlegung, welche Erzeugnisarten mit welchen Stückzahlen und mit welcher Qualität im Planjahr zu produzieren sind.

(2) **Zeitliche Verteilung des Jahresproduktionsprogrammes**

Die Aufgabe besteht in der zeitlichen Verteilung der Erzeugnisstückzahlen des Jahres auf die definierten Zeitabschnitte einer Planperiode innerhalb des Jahres (z.B. Monate, Quartale, Dekaden).

(3) **Teilebedarfsermittlung**

Die Teilebedarfsermittlung hat die Aufgabe, die Erzeugnisse in ihre Baugruppen und Einzelteile aufzulösen und die Häufigkeit ihres Vorkommens im Erzeugnis zu ermitteln, sowie deren Bedarf pro Planperiode zu bestimmen.

(4) **Durchlaufplanung**

Hier erfolgt die zeitliche, aber terminlose Planung des Fertigungsablaufes der in der Planperiode zu produzierenden Erzeugnisse.

(5) **Terminplanung**

Die Terminplanung hat die Aufgabe, die in der Durchlaufplanung ermittelten terminlosen Zeitabläufe in terminierte Zeitabläufe umzurechnen.

(6) **Fertigungsauftragsbildung**

Die Fertigungsauftragsbildung beinhaltet die Festlegung darüber, welche Einzelteile und Baugruppen den Fertigungsprozess gemeinsam in Losen durchlaufen.

(7) **Belastungsplanung**

In der Belastungsplanung wird der technologisch bedingte und durch die Durchlaufterminierung terminlich fixierte Arbeitszeitaufwand (Kapazitätsbedarf) der zu produzierenden Fertigungsaufträge in einem gewählten Planabschnitt (Tag, Woche) dem in den Kapazitätseinheiten vorhandenen Kapazitätsangebot dieses Planabschnittes gegenübergestellt. Es findet eine Kapazitätsbilanzierung statt, in deren Folge ggf. Maßnahmen zur bedarfsgerechten Gestaltung der Kapazität eingeleitet werden, die eine Bedarfsabsicherung im Belastungszeitraum ermöglichen.

(8) **Reihenfolgeplanung**

Die Reihenfolgeplanung bestimmt, in welcher Reihenfolge vor einer Bearbeitungsstation auf ihre Bearbeitung wartende Fertigungsaufträge durch diese Bearbeitungsstation zu bearbeiten sind. Das Ergebnis der Reihenfolgeplanung ist die organisatorische Bearbeitungsfolge.

Tabelle 13 strukturiert **Einflussfaktoren der Produktionsplanung auf die Produktivität**.

Einflussfaktoren		Fehlerquellen	Auswirkungen auf die Produktivität	Problemlösungsansätze/Instrumente
Programmplanung	Stufenplanungskonzept	gegenseitige Abhängigkeiten zwischen Teilplanungsstufen	gegenseitige Abhängigkeiten/ Interdependenzen nicht ausreichend beachtet, Optimierung von Teilbereichen⇒ Fehlplanung/ -steuerung⇒ Produktivität↓	parallele Planung (Überlappung), Schleifenprozess der Planung (Feedback), Rücksprünge
	Planung des Jahresproduktionsprogramms	falsche Definition der Geschäftsfelder, fehlende Produktentwicklung/ -innovation	Fehlinvestitionen/ Fehlallokation von Ressourcen, Umsatzrückgang/ -einbruch⇒ Produktivität↓	Methoden der Geschäftsfelddefinition (vgl. **PF01**), Methoden der Produktentwicklung/ -innovation (vgl**PF03**)
		unzuverlässige Absatzprognose	unzureichende Planungssicherheit⇒ Fehlplanung/ -steuerung, Fehlmengen/ Lagerbestände⇒ Produktivität↓	Markt- und Absatzanalyse, Kundenbefragungen (vgl.**PF02**), Kundenauftragsverwaltung, Informationsmanagement (vgl.**PF02**)
		falsche Festlegung der zu fertigenden Erzeugnisse	unzureichende Berücksichtigung der Kapazitätssituation, keine engpassorientierte Festlegung des Produktionsprogramms⇒ Fehlmengen, Verschenken von Deckungsbeitrags-/ Gewinnpotenzial⇒ Produktivität↓	Kapazitätsbilanzierung (vgl**PF05** und **PF08**), Deckungsbeitragsrechnung mit/ ohne Engpass, Lineare Optimierung
	zeitliche Verteilung des Jahresproduktionsprogramms	unzuverlässige Absatzprognose	unzureichende Planungssicherheit⇒ Fehlplanung/ -steuerung, Fehlmengen/ Lagerbestände⇒ Produktivität↓	Markt- und Absatzanalyse, Kundenauftragsverwaltung, gleichmäßige Verteilung, Streifenprogramme, Blockung
		unzureichende Berücksichtigung der Engpässe	keine engpassorientierte Verteilung des Produktionsprogramms ⇒ Fehlmengen, Verschenken von Produktionspotenzial⇒ Produktivität↓	Kapazitätsbilanzierung, Blockung
Faktorplanung	Teilebedarfsermittlung	mangelhafter Zustand der Stücklistendaten	ungenaue Bestimmung des Bruttosekundärbedarfs⇒ Fehlbestellungen, Fehlmengen/ Lagerbestände⇒ Produktivität↓	Pflege der Datenbanken (vgl**PF11**), Methoden der Bedarfsermittlung (vgl**PF09**)
		mangelhafter Zustand der Lagerbestandsdaten	ungenaue Bestimmung des Nettobedarfs⇒ Fehlbestellungen, Fehlmengen/ Lagerbestände⇒ Produktivität↓	Pflege der Datenbanken (vgl**PF11**), Methoden der Bestandsführung (vgl**PF09**)
	Durchlaufplanung	fehlerhafte Ausgangsdaten (Zeiten, Ablauffolgen etc.)	logische Zuordnungsfehler, ungenaue Zeitplanung⇒ Planlaufzeiten entsprechen nicht der Realität, Fehlplanung/ -steuerung ⇒ Produktivität↓	Zeitdauerbestimmung (vgl**PF15**), Vorwärts-/ Rückwärtsplanung, Pflege der betrieblichen Datenbanken (vgl**PF11**)
	Terminplanung	Termingerüst ohne Berücksichtigung der Engpässe	Terminverzug, Kompensationsmaßnahmen⇒ Mehrkosten, Konventionalstrafen⇒ Produktivität↓	Vorwärts-/ Rückwärtsterminierung, Kapazitätsbilanzierung
		geringe Planungssicherheit	Terminverzug, Kompensationsmaßnahmen/ Risikorückstellungen⇒ Konventionalstrafen, Mehrkosten ⇒ Produktivität↓	Vorwärts-/Rückwärtsterminierung, Netzplantechnik, Kapazitätsbilanzierung, Bestellauslösung, Auftragsausschreibung

Tabelle 13a: Einflussfaktoren der Produktionsplanung auf die Produktivität (Teil 1)

Einflussfaktoren		Fehlerquellen	Auswirkungen auf die Produktivität	Problemlösungsansätze/Instrumente
Faktorplanung	Fertigungs-auftrags-bildung	keine optimale/wirtschaftliche Losgröße	keine Bestimmung/Abweichung von der optimalen Losgröße ⇒ Verschenken von Rationalisierungspotenzial ⇒ Produktivität↓	Verfahren zur Optimierung der Losgröße, Kalkulation der Abweichungskosten
		Losgrößenoptimierung ohne Berücksichtigung der Kapazitätssituation	Terminverzug, Abweichungen von der optimalen Losgröße, mangelnde Auslastung⇒ Konventionalstrafen, Leerkosten ⇒ Produktivität↓	Kapazitätsbilanzierung, Kostenkalkulation
Prozessplanung	Belastungs-planung	zu hohe Belastung von Kapazitätseinheiten	Kapazitätsbedarf ungedeckt, Produktionsaufgabe kann nicht zeitgerecht erfüllt werden⇒ Terminverzug, Konventional-strafen, Imageverlust⇒ Produktivität↓	Kapazitätsbilanzierung, bedarfsgerechte Gestaltung der Kapazität (vgl**PF05** und **PF08**)
		geringe Belastung von Kapazitätseinheiten	geringe Auslastung der Kapazitäten⇒ Leerkosten, Verschenkung von Produktionspotenzial⇒ Produktivität↓	
	Reihenfolge-planung	ungünstige organisatorische Reihenfolge	lange Durchlaufzeiten und niedrige Auslastung⇒ Termin-verzug, Imageverlust, Leerkosten⇒ Produktivität↓	Methoden der Reihenfolgeplanung (analytisch: Reihungsregeln; heuristisch: Prioritätsregeln, Näherungsverfahren; Simulation), PPS-Methoden und -Verfahren (vgl.**PF10** und **PF13**)

Tabelle 13b: Einflussfaktoren der Produktionsplanung auf die Produktivität (Teil 2)

Bild 107 strukturiert den **methodischen Entscheidungsprozess im Rahmen der Produktionsplanung**.

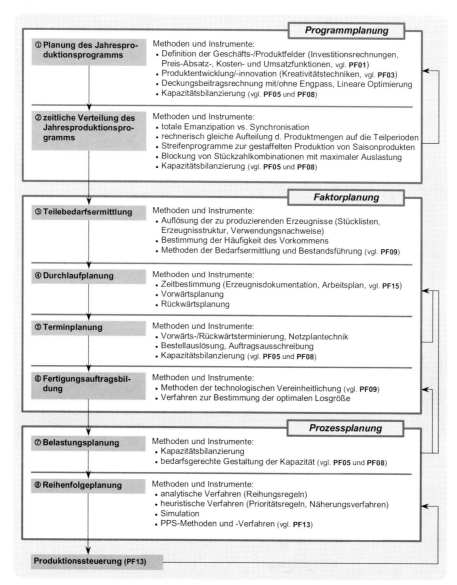

Bild 107: Strukturierung des methodischen Entscheidungsprozesses im Rahmen der Produktionsplanung

4.3.3 Arbeitspaket/Problemfeld 13: Produktionssteuerung

Die **Produktionssteuerung** ist integraler Bestandteil der Produktionsplanung und -steuerung (PPS). Sie **veranlasst, überwacht** und **sichert** die **Durchführung der Produktionsaufgaben**.

Damit umfasst sie die Gesamtheit aller organisatorischer Arbeiten zur komplexen Auftragsabwicklung in Industrieunternehmen vom Beginn der Auftragsbearbeitung bis zum Versand des fertiggestellten Erzeugnisses.
Die PPS ist eine äußerst anspruchsvolle dispositive Aufgabe des Unternehmens.

Bild 108 stellt den **Zusammenhang zwischen der Produktionsplanung und Produktionssteuerung als kybernetischen Regelkreis** dar.

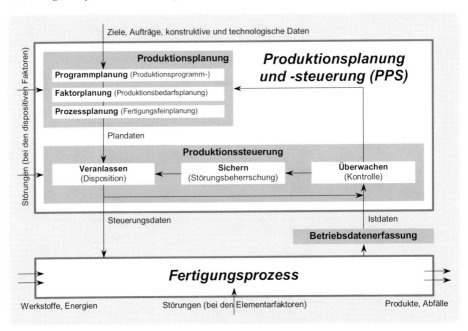

Bild 108:   PPS als kybernetischer Regelkreis

Die Produktionssteuerung zielt auf einen positiven Beitrag zum Unternehmenserfolg ab.

Die in diesem Zusammenhang zu lösenden **produktionswirtschaftlichen Ziele** bestehen darin:

> ➤ eine geringe Durchlaufzeit zu erzielen, beziehungsweise eine **Verkürzung** vorhandener **Durchlaufzeiten** anzustreben,
> ➤ die **Bestände** an Materialien, Einzelteilen, Baugruppen und Fertigerzeugnissen zu minimieren und damit die **Kapitalbindung** und die daraus resultierenden Kosten **zu reduzieren**,
> ➤ eine **kostenoptimale Kapazitätsauslastung** der Maschinen und Anlagen zu erzielen.

Dazu bedient sich die PPS problemgerechter Methoden und Verfahren (Just-In-Time, Material Requirements Planning, Retrograde Terminierung, Belastungsorientierte Auftragsfreigabe (Wiendahl [BOA] usw.), die von gegenwärtig existierenden Wettbewerbsbedingungen ausgehend entwickelt wurden und zur Sicherung einer kundenfreundlichen und kostengünstigen Produktion eingesetzt werden. Diese Methoden und Verfahren sind die Grundlage für die auf dem Computermarkt angebotenen PPS-Systeme.

Das **Produktionscontrolling** hat die Aufgabe das Produktionsmanagement bei seinen operativen Entscheidungen zu unterstützen. Das betrifft insbesondere die Unterstützungsfunktion des Controlling.
Sie sichert die „Informationsversorgung, die Koordination von Planung, Steuerung und Kontrolle" unter Berücksichtigung der von differenzierten Organisationsformen der Fertigung ausgehenden Anforderungen (Müller [Produktionscontrolling] 7 ff).

Die Einflüsse, die **von der Produktionssteuerung auf die Produktivität** ausgehen, wurden in *Tabelle 14* strukturiert.

	Einflussfaktoren	Fehlerquellen	Auswirkungen auf die Produktivität	Problemlösungsansätze/Instrumente
Wettbewerbsfähigkeit	Kosten für un-genutztes Umlaufvermögen	hohe ablaufbedingte Liegezeit	hohe Bestände⇒ hohe Kapitalbindung im Umlaufvermögen, lange Durchlaufzeit, Terminverzug, Lieferschwierigkeiten⇒ Produktivität↓	Maßnahmen zur Verringerung der Durchlaufzeit, Liegezeiten und Bestände (vgl. **PF10**)
		zu hohe Sicherheitsbestände		
	Kosten für un-genutztes Anlagevermögen	hohe ablaufbedingte Warte- und Stillstandszeiten	niedrige Auslastung der Kapazitäten⇒ hohe Kapitalbindung, Leerkosten⇒ Produktivität↓	Maßnahmen der bedarfsgerechten Gestaltung der Kapazität (vgl **PF05** und **PF08**) und der Produktionsplanung (vgl. **PF12**)
		hohe Anzahl und Dauer der Rüstvorgänge	niedrige Auslastung der Kapazitäten, zahlreiche ablaufbedingte Unterbrechungen⇒ Leerkosten⇒ Produktivität↓	Maßnahmen der Produktionsplanung (vgl. **PF12**) und zur Verkürzung der Rüstzeiten (Betriebsmittelauswahl, Rationalisierung, vgl. **PF07** und **PF10**)
	Lieferzeit	hohe Durchlaufzeit	hohe Kapitalbindung in Beständen, niedrige Termintreue durch Verzögerungen und Streuung der Durchlaufzeit ⇒ Mehrkosten, Imageverlust, Verschenken von Umsatzpotenzial⇒ Produktivität↓	Maßnahmen zur Verringerung der Durchlaufzeit (vgl. **PF10**), Bestimmung der Bevorratungsebene und des Variantenbestimmungspunktes
	Termintreue	hohe Streuung der Durchlaufzeit	keine Beherrschung der Terminsituation (Terminüber- und -unterschreitungen)⇒ Mehrkosten durch Bestände oder Vertragsstrafen, Imageverlust, Verschenken von Umsatzpotenzial ⇒ Produktivität↓	PPS-Methoden und -Verfahren (JIT, MRP, MRP II, MRP S, OPT, RT, BOA, Kanban, FZS), Datenqualität und -aktualität (vgl. **PF11**)
	Auskunfts-bereitschaft	niedrige Qualität und Aktualität der Informationen	mangelnde Transparenz der ablaufenden Prozesse, Fehlentscheidungsrelevanter Informationen⇒ Fehlentscheidungen/ -steuerungen⇒ Produktivität↓	bedarfsgerechtes EDV-gestütztes PPS-System, Datenqualität und -aktualität (vgl. **PF11**), Monitoring (Wettbewerbsvorteil)
	Liefer-bereitschaft	niedrige Effizienz des PPS-Systems	hohe Zeitverzögerung bei der Rückkopplung, Informationsniveau zur Erfüllung der Anforderungen nicht ausreichend ⇒ Fehlinvestition⇒ Produktivität↓	bedarfsgerechte Dimensionierung der PPS-Technik (vgl. **PF07**), Flexibilität
Veranlassen	Auftrags-freigabe	voreilige Auftragsfreigabe	Planung nicht abgeschlossen, Auftrag nicht an der Reihe ⇒ Fehlsteuerungen, Erhöhung der Bestände, Verlängerung der Warteschlangen/ Durchlaufzeit⇒ Produktivität↓	PPS-Methoden und -Verfahren (insbesondere JIT, BOA, Kanban)
	Arbeitsbeleg-erstellung	fehlerhafte/ ungenaue Daten und Unterlagen	Auftragsrealisierung und -überwachung erschwert⇒ Fehlentscheidungen/ -steuerungen⇒ Produktivität↓	Datenqualität und -aktualität (vgl**PF11**), Produktionsvorbereitung (vgl**PF15**)
	Verfügbar-keitsprüfung	Inputs nicht bedarfsgerecht verfügbar	Inputfaktoren nicht verfügbar⇒ Liege- bzw. Warte-/ Stillstandszeiten, Produktionsausfall⇒ Produktivität↓	Materialbereitstellung (vgl**PF09**), Personaleinsatz (vgl.**PF04**), Betriebsmittelbeschaffung und -erhaltung (vgl**PF07**), bedarfsgerechte Gestaltung der Kapazität (vgl. **PF05** und **PF08**)

Tabelle 14a: Einflussfaktoren der Produktionssteuerung auf die Produktivität (Teil 1)

Einflussfaktoren		Fehlerquellen	Auswirkungen auf die Produktivität	Problemlösungsansätze/Instrumente
Veranlassen	Arbeits-verteilung	ungeeignete/ unflexible Zuordnung der Arbeitsgänge zu den Arbeitsplätzen	nicht optimale/ unflexible Verfahrenswahl, geringe Auslastung von Kapazitäten, Engpässe⇒ Mehrkosten, Verlängerung der Durchlaufzeit ⇒ Produktivität↓	Aktualisierung der Losgröße (Blockung, Splitten, Lostrennung, Überlappung), Änderung der organisatorischen Bearbeitungsreihenfolge (vgl **PF12**), Beeinflussung der Kapazitätssituation (vgl. **PF05** und **PF08**), Beeinflussung der Liegezeiten durch Reduktion der Übergangszeiten (vgl **PF10**)
		schlechte Termineinhaltung	Terminüber- und -unterschreitungen⇒ Mehrkosten, Imageverlust ⇒ Produktivität↓	
		niedrige Kapazitätsauslastung	zahlreiche ablaufbedingte Unterbrechungen⇒ Leerkosten ⇒ Produktivität↓	
Überwachen	Rückmeldung (Datenqualität und -aktualität)	fehlende/ falsche/ zu späte Informationen über Soll-Ist-Abweichungen	Zeitverzögerung, mangelnde Transparenz der ablaufenden Prozesse, Ungenauigkeiten/ Fehlen entscheidungsrelevanter Informationen⇒ Fehlentscheidungen/ -steuerungen ⇒ Produktivität↓	bedarfsgerechtes EDV-gestütztes PPS-System, Datenqualität und -aktualität (vgl. **PF11**), Monitoring (Wettbewerbsvorteil, vgl **PF01** und **PF02**), Überwachung von Auftragsfortschritt, Kapazitäten, Werkstatt- und Kundenaufträgen
	Fortschritts-überwachung	niedrige Auskunftsbereitschaft	mangelnde Transparenz der ablaufenden Prozesse⇒ Fehlentscheidungen/ -steuerungen, Verschenkung von Differenzierungspotenzial⇒ Produktivität↓	
Sichern	Störungserfassung und -analyse	unzureichende statistische Auswertung der Störungsdaten	mangelnde Transparenz des Störungsverhaltens der Prozesse, keine Prozessbeherrschung⇒ Auslassen von Rationalisierungen/ Verbesserungen⇒ Produktivität↓	Betriebsdatenerfassung, Datenpflege, statistische Aufbereitung, Schwachstellenanalyse (Instandhaltung, vgl **PF07**)
	Ursachen-ermittlung	inkonsequente/oberflächliche Ursachenermittlung	mangelnde Transparenz der Störungsursachen, keine Prozessbeherrschung⇒ Auslassen von Rationalisierungen/ Verbesserungen/ Schwachstellenvermeidung⇒ Produktivität↓	Schwachstellenanalyse, Fehlermöglichkeits- und -einflussanalyse (FMEA), Ishikawadiagramm (vgl **PF07** und **PF16**)
	Maßnahmen zur Störungs-beherrschung	unwirksame/unwirtschaftliche Maßnahmen	Maßnahmen zeigen nicht gewünschten Erfolg bzw. Nutzen rechtfertigt Aufwand nicht⇒ keine Störungsbeherrschung, Mehrkosten⇒ Produktivität↓	Maßnahmen der Arbeitsverteilung (Aktualisierung der Losgröße, Änderung der organisatorischen Bearbeitungsreihenfolge, Beeinflussung der Kapazitätssituation, Beeinflussung der Liegezeiten durch Reduktion der Übergangszeiten)
PPS-System	Planänderungen	voreilige oder nicht erfolgende Planänderungen	keine Beherrschung der ablaufenden Prozesse, mangelnde Zielerreichung⇒ Mehrkosten ⇒ Produktivität↓	Rückkopplung zur Produktionsplanung (vgl. **PF12**), aktuelle Rückmeldung
	technische Leistungs-fähigkeit	unterdimensionierte Technik	System kann Anforderungen nicht erfüllen, keine Prozessbeherrschung, mangelnde Zielerreichung⇒ Mehrkosten durch Kompensationsmaßnahmen⇒ Produktivität↓	Analyse des Informationsbedarfs (vgl. **PF11**), Schaffung der organisatorischen Voraussetzungen (vgl **PF14**), bedarfsgerechte Dimensionierung der erforderlichen Hardware und EDV-Systeme (vgl. **PF07**)
		überdimensionierte Technik	ungenutzte Kapazitäten⇒ Mehrkosten für Kapitaldienste ⇒ Produktivität↓	

Tabelle 14b: Einflussfaktoren der Produktionssteuerung auf die Produktivität (Teil 2)

Einflussfaktoren	Fehlerquellen	Auswirkungen auf die Produktivität	Problemlösungsansätze/Instrumente
Mitarbeiterqualifikation	PPS-Mitarbeiter falsch/ unzureichend qualifiziert	falsche/ zu niedrige Qualifikation der Disponenten, Leitstandsmitarbeiter und Meister ⟹ Fehlentscheidungen/ -steuerungen, Mehrkosten durch Kompensationsmaßnahmen ⟹ Produktivität↓	Personalbeschaffung/-auswahl, Personaleinsatz, Personalentwicklung (vgl. **PF04**)
Planungssicherheit/ Auskunftsbereitschaft	unzureichende Datenqualität/ Rückmeldung zur Erfüllung der Anforderungen	System kann Anforderungen nicht erfüllen, Zeitverzögerung, mangelnde Transparenz der ablaufenden Prozesse⟹ Fehlentscheidungen/-steuerungen, Mehrkosten⟹ Produktivität↓	Analyse des Informationsbedarfs und bedarfsgerechte Bereitstellung der Daten (vgl. **PF11**), Betriebsdatenerfassung
Ziele des PPS-Systemeinsatzes	falsche/ überzogene Erwartungen	Wahl eines ungeeigneten PPS-Systems⟹ Fehlentscheidungen bei der Investitionskalkulation, Mehrkosten ⟹ Produktivität↓	realistische Bedarfsanalyse, Angebotsanforderung und -vergleich (vgl**PF07** und **PF11**)

PPS-System

Tabelle 14c: Einflussfaktoren der Produktionssteuerung auf die Produktivität (Teil 3)

Im *Bild 109* wurde der **methodische Entscheidungsprozess im Rahmen der Produktions-steuerung** dargestellt.
Bild 110 verdeutlicht **wichtige Methoden der Produktionssteuerung sowie wichtige Einsatzkriterien**.

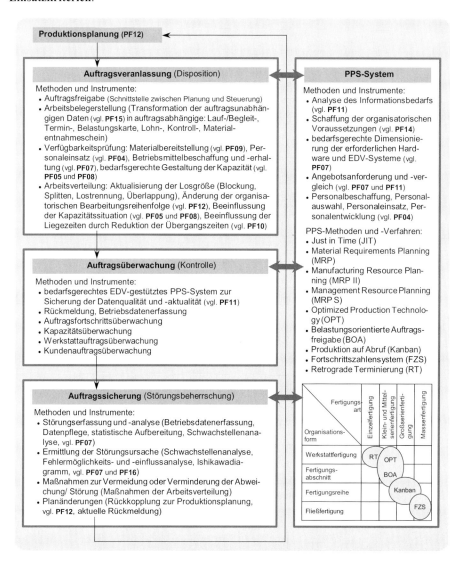

Bild 109:   Strukturierung des methodischen Entscheidungsprozesses im Rahmen der Produktionssteuerung

Kriterien\Methode	OPT	BOA	Kanban	FZS
Merkmale	•Engpässe bestimmen Fertigungsablauf •Materialfluss, nicht Auslastung optimiert •Transportlose kleiner Fertigungslose möglich •Durchlaufzeiten sind Prozessergebnis	•Entscheidungskriterium ist Bestandshöhe •Nutzung der Trichterformel •zyklisches Verfahren (Planabschnitte) •deterministische Feinplanung entfällt	•Reihenprinzip, Puffer zwischen Stationen •selbststeuernde Regelkreise mit Kanban-Karten •Standardtransportbehälter •keine Rechentechnik	•Zählung der durchlaufenden Erzeugnisse an Kontrollstationen •aus zeitlichem Verlauf der Fortschrittszahlen und Differenz zu Plangrößen folgen Entscheidungen
Ablauf	•Analyse: Netz der Engpässe, der Nichtengpässe und mögliche Effekte mit OPT •Engpässe werden sicher gemacht und durch Vorwärtsterminierung ausgelastet •Rückwärtsterminierung der Nichtengpässe	•Durchlaufterminierung (Reihenfolge d. dringenden Aufträge) •Auftragsfreigabe (Prüfung der Kapazitätswirkung auf nötige Fertigungseinheiten, Freigabe, wenn Belastungsschranke nicht überschritten wird)	•Produktionsauslöser: Entnahme aus letztem Puffer •Anstoßfortpflanzung nach Pull-Prinzip •Material- und Informationsfluss entgegengesetzt •keine traditionelle Disposition	•Gliederung der Fertigung in Kontrollblöcke •Zählung und Kumulation der durchlaufenden Erzeugnisse •Fortschritt/Rückstand durch Vergleich mit Sollwerten der Mengen- und Zeitfunktion
Wirkungen	•Ermittlung eines optimalen Feinplanes •hoher Systemoutput •gute Termineinhaltung •kaum Dispositionsspielraum für Personal	•Senkung der Durchlaufzeit und Bestände •hohe Auslastung •relativ geringer technischer Aufwand •hohe Flexibilität •erweiterter Dispositionsspielraum	•schnelle Reaktion auf Bedarfe bei niedriger Prognostizierbarkeit (Lager nicht sinnvoll) •Verringerung von Durchlauf-/Lieferzeit •geringerer Steuerungsaufwand	•Materialfluss transparenter, Veränderungen von Bestand/ Vorlauf erkennbar •Senkung der Durchlaufzeit •Einsatz zur Materialflusssteuerung mgl.
Bedingungen	•Werkstattfertigung •relativ konstantes und bekanntes Produktprogramm •wenige, nicht wandernde Engpässe •hohe Datenqualität, leistungsfähige Rechentechnik	•Werkstattfertigung •einfache, kleine Einzelteile mit variierenden Verfahren und Reihenfolge •gut ausgelastete Kapazitäten mit Belastungsschranke •aktuelle Rückmeldung	•Reihenfertigung •einfache Standardteile •ständiger Bedarf, Zeitpunkte aber nicht vorausbestimmbar •Fertigungssystem überschaubar und übersichtlich (acht bis zehn Stationen)	•Fließfertigung •ein Produkt mit einfacher Struktur in großer Stückzahl •aktuelle Rückmeldedaten •Bestandsführung entfällt wegen aktueller Rückmeldung

Bild 110: Systematisierung ausgewählter Methoden der Produktionssteuerung

4.3.4   Arbeitspaket/Problemfeld 14: Produktionsorganisation

Die **Produktionsorganisation** besitzt einen ausgeprägten Einfluss auf die Ergiebigkeit und die Produktivität von Produktionsprozessen.

Insbesondere die Auswahl und Gestaltung der Organisationsformen der Teilefertigung und Montage sowie der diese unterstützenden Organisationsformen fertigungsnaher industrieller Dienstleistungen sind wesentliche Einflussfaktoren (Runge [Organisationsformen]); (Nebl [Produktionswirtschaft] 69 ff).

> Die **Auswahl von Organisationsformen** geschieht in Abhängigkeit von den Anforderungen, die Produktionsprogramme an den Produktionsprozess richten (Anforderungsprofil) (Poenicke [Beurteilung] 97 ff).

Die Bildung von Teileklassen mit weitestgehend einheitlichen Anforderungen vergrößert die zu produzierenden Stückzahlen, gestaltet den Übergang zu gegenstandsspezialisierten Organisationsformen und ist damit ein produktivitätsförderndes Moment.

Eine **nicht optimale Passgerechtigkeit** von Anforderungen an den Produktionsprozess und Organisationsformen des Produktionsprozesses (Fähigkeitsprofil) **verringert** zwangsläufig die zu erwartende **Produktivität** und damit die **Wettbewerbsfähigkeit**.

Jede **klassische Organisationsform** entsteht aus der Kombination eines räumlichen Organisationsprinzips mit einem zeitlichen Organisationsprinzip.

Das **räumliche Organisationsprinzip** bestimmt die Art der räumlichen Anordnung von Arbeitsplätzen/Bearbeitungsstationen im Produktionsprozess. Insbesondere differenzierte Mengen zu produzierender gleichartiger Produkte (Poenicke/Rimane [Räumliche Strukturen] 3 ff) erfordern unterschiedliche räumliche Gestaltungen.

Das **zeitliche Organisationsprinzip** kennzeichnet die jeweilige grundsätzliche Variante des Fertigungsablaufes und damit die Art der Teileweitergaben von Arbeitsplatz zu Arbeitsplatz im Verlaufe des Fertigungsprozesses (Nebl [Produktionswirtschaft] 305 ff).

Auch hier erfordert z.B. eine ständige Wiederholung gleichartiger technologischer Bearbeitungsfolgen infolge großer Fertigungsstückzahlen völlig andere Gestaltungsansätze als die Realisierung einmalig ablaufender Bearbeitungsfolgen.

Moderne Organisationsformen basieren auf den klassischen Organisationsformen. Sie besitzen identische räumliche und zeitliche Organisationsprinzipien und unterscheiden sich von den klassischen Organisationsprinzipien durch differenzierte Niveaustufen des technischen Ausgestaltens der Bearbeitungs-, Transport-, Handhabungs- und Lagersysteme und damit der Mechanisierung und Automatisierung (Silberbach [Gestaltungskriterium] 115 ff).

Die Gestaltung von Organisationsformen fertigungsnaher industrieller Dienstleistungen folgt ähnlichen Gestaltungsgrundsätzen, die in unmittelbarem Zusammenhang zu den Organisationsformen der Fertigung zu sehen sind, für die die Dienstleistungen erbracht wurden.

Die **Einflussfaktoren der Produktionsorganisation auf die Produktivität** werden in *Tabelle 15* dargestellt.

	Einflussfaktoren	Fehlerquellen	Auswirkungen auf die Produktivität	Problemlösungsansätze/Instrumente
Produktionsaufgabe	Vielfalt der zu fertigenden Produktarten	zu geringe Variantenvielfalt	zu geringer Absatz durch nicht erfüllte Kundenanforderungen ⇒ Produktivität↓ (Absatzpotenzial verschenkt)	Analyse der Kundenanforderungen (vgl. **PF01**, **PF02** und **PF11**), Erfüllung von Kundenanforderungen bei gegebener Wirtschaftlichkeit (Wirtschaftlichkeitsanalyse), regelmäßige Überprüfung von Kundenanforderungen und Leistungsprogramm (Sortimentsbereinigung)
		zu große Variantenvielfalt	geringe Mengen je Variante und steigende Komplexitätskosten durch Koordinationsprobleme⇒ Produktivität↓	
	Menge der Erzeugnisse	zu geringe Menge durch mangelnde Standardisierung	unzureichende Auslastung von Betriebsmitteln ⇒ BM-Produktivität↓	
	Fertigungsperspektive	zu geringe Perspektive, um Investition zu rechtfertigen	Auslastung von Spezialmaschinen nicht über Lebensdauer gewährleistet (keine Amortisation)⇒ BM-Produktivität↓	
Zusammenfassung zu Teileklassen	Vereinheitlichung der Teile	zu gering (kleine Teileklassen)	genaue fertigungstechnische Ähnlichkeit⇒ gleiche Fertigungsverfahren, gleiche technologische Bearbeitungsfolge⇒ Produktivität↑; zu geringe Mengen (Wiederholhäufigkeit) für Auslastung einer eigenen Organisationsform ⇒ Produktivität↓	Verwendung von Klassifizierungssystemen, Komplettbearbeitungsanalysen, Teileflussanalysen, Clusteranalysen (vgl.**PF09**); Überprüfung und Planung im Schleifenprozess unter Berücksichtigung von Auswirkungen auf benötigte Fertigungsverfahren (Verfahrenswechsel, vgl.**PF07**) und Kapazitätsbedarf (Arbeitsschritte teilen/ zusammenfassen, vgl.**PF05**, **PF08** und **PF15**); Wirtschaftlichkeitsüberlegungen zur günstigsten Verfahrensvielfalt und Flexibilität (vgl.**PF01**)
		zu stark (große Teileklassen)	hohe Mengenanforderungen⇒ Produktivität↑ (economies of scale); hoher Steuerungsaufwand und steigende Durchlaufzeit durch variierende technologische Bearbeitungsfolge und Verfahrensvielfalt⇒ Produktivität↓	
	Vielfalt nötiger Fertigungsverfahren	zu geringe Vielfalt	Produktionsaufgabe kann nicht oder nur schlecht erfüllt werden ⇒ Produktivität↓	
		zu hohe Vielfalt	funktionale Überdimensionierung⇒ BM-Produktivität↓	
	technologische Bearbeitungsfolge	stark variierende technologische Bearbeitungsfolge	hoher Steuerungsaufwand und steigende Durchlaufzeit ⇒ Produktivität↓	
	Kapazitätsbedarf	zu gering	Kapazitätsbedarf der Teileklasse reicht zur akzeptablen Auslastung einer eigenen Organisationsform nicht aus ⇒ Produktivität↓	
		zu hoch	Kapazitätsbedarf der Teileklasse übersteigt Kapazitätsangebot der Organisationsform⇒ entstehende Freikapazitäten durch größere Dimensionierung oder Mischform ⇒ Produktivität↓ (Absatzpotenzial verschenkt)	
	Schwankung der Kapazitätsausnutzung	starke Schwankung	geringe durchschnittliche Auslastung (Leerkapazitäten durch Dimensionierung am Spitzenbedarf)⇒ AK- und BM-Produktivität↓	
	Proportionalität	geringe Proportionalität	Engpässe und Leerkapazitäten⇒ Produktivität↓	

Tabelle 15a: Einflussfaktoren der Produktionsorganisation auf die Produktivität (Teil 1)

Einflussfaktoren	Fehlerquellen	Auswirkungen auf die Produktivität	Problemlösungsansätze/Instrumente
Auswahl der Organisationsform			
Auswahl einer nicht optimalen OF	mangelnde Abstimmung der Anforderungs- und Fähigkeitsprofile (Kriterien s. OF)	suboptimale organisatorische Lösung⇒ Mehraufwendungen zur Kompensation bzw. verminderte Leistungsfähigkeit⇒ Produktivität↓	genaue Bedarfs- (Anforderungsprofil) und Zustandsanalyse (Fähigkeitsprofil); Einsatz sinnvoller und aussagekräftiger Auswahlverfahren (z.B. erweiterte Wirtschaftlichkeitsanalyse)
Mischformen	Mischformen als Folge fehlender Restrukturierungsmaßnahmen	Mischformen im Rahmen der Werkstattfertigung als Schritt in Richtung Gegenstandsspezialisierung⇒ Durchlaufzeit↓ ⇒ Produktivität↑; Mischformen gegenstandsspezialisierter Organisationsformen zur Ausnutzung freier Kapazitäten ⇒ Produktivität↑; verminderte Leistungsfähigkeit der Mischformen gegenüber neustrukturierten Organisationsformen, Steuerungs- und Transportaufwand⇒ Produktivität↓	
Organisationsform			
Abstimmung Haupt-/Dienstleistungsprozesse	für Hauptprozesse ungeeignete Organisationsformen der industriellen Dienstleistungsprozesse	Dienstleistung für Hauptprozess kann nicht in erforderlichem Maß erbracht werden⇒ Ablaufstörungen oder Qualitätsmängel im Hauptprozess, Fehlleistungen der Dienstleistungs-/ Hilfsprozesse⇒ Produktivität↓	Koordination der Auswahl der Organisationsformen der Dienstleistungsprozesse mit denen der Hauptprozesse
Zyklusdauer/ Durchlaufzeit	lange Durchlaufzeit (vgl. PF10)	Vielzahl von Unterbrechungen (Liege-, Warte- und Stillstandszeiten)⇒ Kapitalbindung, Terminüberschreitungen⇒ Produktivität↓	genaue Bedarfs- (Anforderungsprofil) und Zustandsanalyse (Fähigkeitsprofil); Einsatz sinnvoller und aussagekräftiger Auswahlverfahren (z.B. erweiterte Wirtschaftlichkeitsanalyse); konsequente Umsetzung der Organisationsformen; regelmäßige Überprüfung und daraus abgeleitete bedarfsweise Bereinigung des Produktionsprogramms und Reorganisation
Bestände	Bestände	Kapitalbindungskosten durch liegendes Umlaufvermögen ⇒ Produktivität↓	
	zu niedrige Bestände	Versorgungsengpässe⇒ Durchlaufzeit↑ ⇒ Produktivität↓	
Transportaufwand	lange Transportwege, häufige Transporte (vgl. PF17)	suboptimale Organisation des Transportwesens⇒ erhöhter Transportaufwand⇒ Produktivität↓	
Investitionskosten/ Fixkosten	hoher Fixkostenblock	hohe Anfälligkeit gegenüber fallender Beschäftigung (fehlende Fixkostendegression, Fixkostenfalle, vgl PF07)⇒ Produktivität↓	
Betriebskosten/ variable Kosten	hohe Betriebs-/variable Kosten	nur geringe Degressionswirkungen bei Mengensteigerung, hohe Stückkosten⇒ Produktivität↓	
Qualifikation des Personals	mangelnde Qualifikation (vgl. PF04)	Produktionsaufgabe kann nicht adäquat erfüllt werden⇒ Fehlleistungen, Ausschuss, Bedienfehler⇒ Produktivität↓	
	Überqualifikation	zu hohe Personalkosten⇒ Produktivität↓	
Automatisierung	zu geringe Automatisierung	Rationalisierungspotenziale nicht ausgeschöpft⇒ Unterbrechungen, Steuerungsaufwand⇒ Produktivität↓	
	zu hohe Automatisierung	unnötig hohe Fixkostenbelastung bei Überdimensionierung ⇒ Produktivität↓	

Tabelle 15b: Einflussfaktoren der Produktionsorganisation auf die Produktivität (Teil 2)

Einflussfaktoren	Fehlerquellen	Auswirkungen auf die Produktivität	Problemlösungsansätze/Instrumente
Organisationsform			
Flächenbedarf	hoher Flächenbedarf	Kosten für Flächenbelegung (Investition, Alternativnutzung) ⇒ Produktivität↓	genaue Bedarfs- (Anforderungsprofil) und Zustandsanalyse (Fähigkeitsprofil); Einsatz sinnvoller und aussagekräftiger Auswahlverfahren (z.B. erweiterte Wirtschaftlichkeitsanalyse); konsequente Umsetzung der Organisationsformen; regelmäßige Überprüfung und daraus abgeleitete bedarfsweise Bereinigung des Produktionsprogramms und Reorganisation
Fähigkeit zur Flexibilität	zu geringe Flexibilität	mangelhafte Anpassungsfähigkeit auf Umweltveränderungen ⇒ Investitionsbedarf für Reaktion⇒ Produktivität↓	
	zu hohe Flexibilität	nicht ausgeschöpfte Verfahrens- und Funktionsvielfalt⇒ Fixkostenbelastung durch hohe Investition⇒ Produktivität↓	
Fähigkeit zur Kontinuität	geringe Kontinuität	Unterbrechungen⇒ Liegezeiten (Kapitalbindung), Warte-/ Stillstandszeiten (niedrige Auslastung)⇒ Produktivität↓	
Gebundenheit bzw. Verkettung der Betriebsmittel	zu hohe Gebundenheit	niedrige Flexibilität, hohe Abhängigkeit bei Störungen ⇒ Verfügbarkeit↓ ⇒ Produktivität↓	
	zu geringe Verkettung	niedrige Kontinuität, Verschenkung von Rationalisierungspotenzialen⇒ Produktivität↓	
Prozessablauf			
Prozessgesetz-mäßigkeiten	Disproportionen	fehlende Übereinstimmung zwischen Kapazitätsangebot von AK und BM einer Kapazitätseinheit, Kapazitätsangebot und -bedarf einer Kapazitätseinheit sowie Angebot und Bedarf aufeinanderfolgender Fertigungsstufen⇒ Engpässe und Leerkapazitäten⇒ Produktivität↓ (vgl. **PF05** und **PF08**)	genaue Bedarfs- und Zustandsanalyse; Einsatz sinnvoller und aussagekräftiger Auswahlverfahren zur Bestimmung des notwendigen PPS-Systems (Hard- und Software); Einsatz geeigneter PPS-Methoden und -Verfahren (JIT, MRP, MRP II, MRP S, OPT, RT, BOA, Kanban, FZS) (vgl.**PF12** und **PF13**)
	hohe zwischenzyklische Parallelität (vgl.**PF10**)	hohe Zyklusdauer durch gleichzeitige Fertigung unterschiedlicher Erzeugnisse⇒ hohe Durchlaufzeit, z.T. hohe Auslastung⇒ Produktivität↓	
	fehlendes Gleichmaß des Kapazitätseinsatzes	schwankender Prozessausstoß (niedrige Rhythmizität), ungleichmäßige Auslastung⇒ Produktivität↓	
	gestörter, ungleichmäßiger Prozessablauf	kein ununterbrochenes Wirken der Produktionsfaktoren (niedrige Kontinuität)⇒ ungleichmäßige Auslastung ⇒ Produktivität↓	
Produktions-planung und -steuerung (vgl. **PF12** und **PF13**)	zu niedriges PPS-Niveau, Einsatz falscher/ ungeeigneter Methoden	hohe Bestände, niedrige Termintreue, hohe Durchlaufzeiten, überhöhte Lager- und Transportkosten, geringe Qualität von Produkten und Prozessen, niedrige Auslastung, geringe Flexibilität⇒ Produktivität↓	
	zu hohes PPS-Niveau	hohe Investitionskosten für überdimensioniertes System ⇒ Produktivität↓	

Tabelle 15c: Einflussfaktoren der Produktionsorganisation auf die Produktivität (Teil 3)

Der **methodische Entscheidungsprozess zur Auswahl und Gestaltung von Organisations-formen** ist in den *Bildern 111 und 112* dokumentiert.

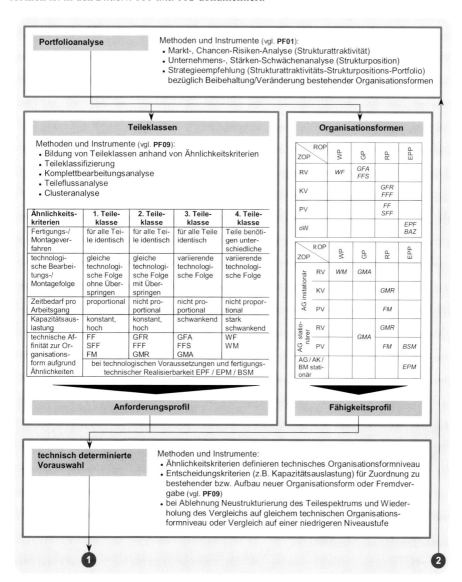

Bild 111:   Strukturierung des methodischen Entscheidungsprozesses im Rahmen der Produk-tionsorganisation (Teil 1)

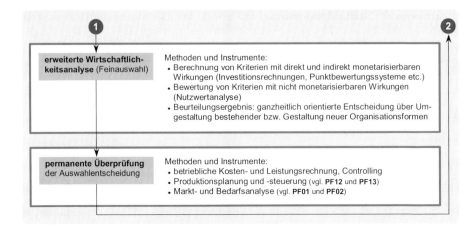

Bild 112: Strukturierung des methodischen Entscheidungsprozesses im Rahmen der Produktionsorganisation (Teil 2)

4.3.5   Arbeitspaket/Problemfeld 15: Produktionsvorbereitung und -durchführung

In der Literatur erfolgt eine sehr unterschiedliche Aufgabenzuordnung zu diesem Schwerpunkt (Kern [Produktionswirtschaft] 317 ff); (Schweitzer [Industriebetriebslehre] 678).

Für diese Ausführungen stellt die **technologische Planung** den **Betrachtungsgegenstand dieses Aufgabenpaketes** dar.
Ihre Hauptaufgabe besteht in der Erarbeitung des **Arbeitsplanes**. Die wesentlichen Informationen dazu liefern die aus dem Konstruktionsprozess stammenden **Zeichnungen** und **Stücklisten**.

> Das zu fertigende Teilesortiment definiert die **Fertigungsaufgaben** des Unternehmens und damit die originären und dispositiven Anforderungen des Produktionsprogrammes an den Fertigungsprozess.

Rationalisierungseffekte sind durch Teileklassenbildungen realisierbar. Diese erfolgen auf der Grundlage konstruktiver (Formenschlüssel) oder technologischer Ähnlichkeit (Fertigungsverfahren, Bearbeitungsfolge u.a.).
Die erzielbaren Effekte bestehen in der Vereinfachung und Vereinheitlichung von Fertigungsabläufen, im Übergang zu gegenstandsspezialisierten Organisationsformen, verbesserten Möglichkeiten der Mechanisierung und Automatisierung der Prozesse, der Rüstzeiteinsparung und der Fertigung großer Lose.

Der Arbeitsplan – das wichtigste Ergebnis dieses Arbeitspaketes – entsteht durch die Arbeitsplanung.

Der Arbeitsplan enthält für jedes Einzelteil:

> das einzusetzende Material
> die notwendigerweise durchzuführenden Arbeitsgänge
> die Reihenfolge der durchzuführenden Arbeitsgänge, also die technologische Bearbeitungsfolge
> die je Arbeitsgang einzusetzenden Fertigungsverfahren und die dazugehörigen Betriebsmittel
> die je Arbeitsgang benötigten Rüstzeiten und Zeiten je Einheit (Vorgabezeiten) sowie
> die Lohngruppe, die je Arbeitsgang für die Lohnberechnung anzuwenden ist.

Der **Arbeitsplan** ist das Bindeglied zwischen dem zu produzierenden Einzelteil, dem bereitzustellenden Material, dem einzusetzenden Betriebsmittel und den an die Arbeitskraft zu stellenden Qualifikationsanforderungen. Er definiert die anzustrebende Art der Kombination der Elementarfaktoren im Produktionsprozess.

Die Produktionsvorbereitung erbringt alle wesentlichen Informationen, die zur Produktionsdurchführung unerlässlich sind.

In *Tabelle 16* werden die **Einflussfaktoren der Produktionsvorbereitung und -durchführung auf die Produktivität** strukturiert.

	Einflussfaktoren	Fehlerquellen	Auswirkungen auf die Produktivität	Problemlösungsansätze/Instrumente
Voraussetzungen	Ergebnisse der Konstruktion	mangelhafte Zeichnungen und Stücklisten	Fehler bei der Teilebedarfsermittlung, Fehlbestellungen, Fehler beim Arbeitsplan für Eigenfertigungsteile⟹ Steuerungs- und Änderungsaufwand ⟹ Produktivität↓	bedarfsgerechte Konstruktion (vgl. **PF03**), Prüfung der Unterlagen, Abstimmungs-/Koordinationsgremium
	zu fertigendes Teilesortiment	keine Sortimentsbereinigung/Teileklassenbildung	Teile nicht zusammengefasst⟹ Rationalisierungspotenziale verschenkt (Vereinfachung/Vereinheitlichung, gegenstandsspezialisierte Organisationsformen, Automatisierungsmöglichkeiten, Einsparung von Rüstzeit)⟹ Produktivität↓	technologische Vereinheitlichung, Nummerung (Formenschlüssel, Teileklassifizierung, Komplettbearbeitungsanalyse, Teileflussanalyse, Clusteranalyse) (vgl.**PF09** und **PF14**)
Arbeitsplanung	einzusetzendes Rohmaterial	zu hohe/ geringe Anpassung an Fertigteil	erhöhte Beschaffungskosten durch höheren Vorfertigungsgrad/ hoher Verschnittanteil, schlechte Materialausnutzung ⟹ Material-, Fertigungs-, Entsorgungskosten↑ ⟹ Produktivität↓	Wertanalyse, Lieferantenvergleich/ -auswahl, Zuschnittoptimierung, Verwendung von Normteilen (vgl**PF09**)
		zu hohe/ niedrige Qualität bzgl. Kundenanforderungen	Kunde honoriert Mehrqualität nicht/ Kundenzufriedenheit nicht gegeben, Imageverlust, Ausschuss/ Nachbesserung, Entsorgung ⟹ Material-/ Fehlerkosten↑, Umsatz↓ ⟹ Produktivität↓	Kundenbefragung, bedarfsgerechte Qualität (Optimierung der Qualitätskosten), Qualitätssicherungsmaßnahmen (vgl. **PF16**), Make-or-Buy-Entscheidung
	notwendige Arbeitsgänge	ungeeignete/ unwirtschaftliche Verfahren	Ableitung falscher Arbeitsgänge, Wahl von Fertigungsverfahren, die Qualitäts-, Wirtschaftlichkeits- oder Modernitätsanforderungen nicht erfüllen⟹ überhöhte Investitions-/ Betriebskosten, unzureichende Funktionserfüllung ⟹ Produktivität↓	genaue Bedarfs- (Anforderungsprofil) und Funktionsanalyse (Fähigkeitsprofil) (vgl. **PF07**), Kostenanalysen, Verfahrensvergleich
	technologische Bearbeitungsfolge	nicht optimale Arbeitsgangfolge	Arbeitsgänge nicht in technologisch optimaler Reihenfolge ⟹ Mehr-/Nacharbeiten⟹ Produktivität↓	Arbeitsvorgangskataloge, Kalkulation alternativer Reihenfolgen, Berücksichtigung der räumlichen BM-Aordnung, Materialflussoptimierungen, Umstellungen
		räumliche Anordnung nicht (genug) berücksichtigt	zusätzliche Transporte, zusätzliche Unterbrechungen⟹ Rationalisierungspotenziale verschenkt⟹ Produktivität↓	
	einzusetzende Betriebsmittel	Zuweisung zu ungeeigneten/ unwirtschaftlichen Betriebsmitteln	Erfüllung der Fertigungsaufgabe nicht (adäquat) möglich ⟹ Mehr-/Nacharbeiten, niedrige Qualität, Umsatz ⟹ Produktivität↓	Maschinenkarten, Kapazitätsbilanzierung (vgl. **PF12**)
		unflexible Vorgaben	unnötige Einschränkung des Dispositionsspielraumes der Produktionssteuerung⟹ Engpässe, Minderauslastung ⟹ Produktivität↓	Zuordnung zu Betriebsmittelkategorien, nicht zu einzelnen Maschinen, Spielraum bei Auftragsfreigabe (vgl**PF13**)
	Vorgabezeiten	unrealistische Vorgabezeiten	Über-/Unterforderung der Mitarbeiter, Fehlplanung der Durchlaufzeit ⟹ Produktivität↓	Schnittwert-, Planzeitkataloge, Richtwerttabellen (vgl**PF04** und **PF10**)
	Lohngruppe	falsche Lohnermittlung	zu hohe Personalkosten, unzureichende Bezahlung/ Demotivation⟹ Produktivität↓	Arbeitswerte, Leistungs- und Lohndaten (vgl. **PF04**)

Tabelle 16: Einflussfaktoren der Produktionsvorbereitung und -durchführung auf die Produktivität

Eine Übersicht über die Schrittfolge des **methodischen Entscheidungsprozesses im Rahmen der Produktionsvorbereitung und -durchführung** wird im *Bild 103* gegeben.

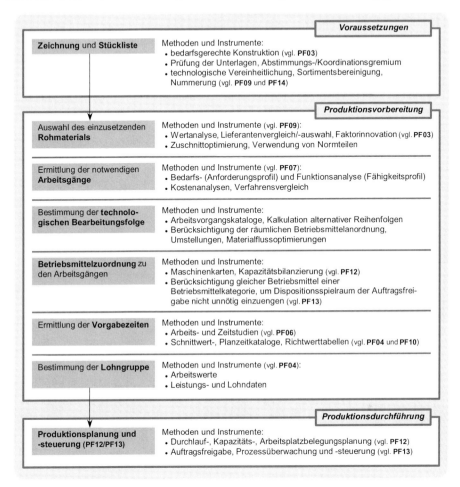

Bild 113: Strukturierung des methodischen Entscheidungsprozesses im Rahmen der Produktionsvorbereitung und -durchführung

4.3.6 Arbeitspaket/Problemfeld 16: Qualitäts- und Umweltmanagement

Das **Qualitätsmanagement** umfasst alle Tätigkeiten im Rahmen der Führungsaufgaben, die die Qualitätspolitik, die Qualitätsziele und die Verantwortung für die Qualität festlegen und diese durch die Qualitätsplanung, die Qualitätslenkung und Qualitätsprüfung unter Verwendung eines Qualitätsmanagementsystems verwirklichen.

Das **Umweltmanagement** integriert in alle Managementfunktionen und Unternehmensbereiche die Ökologie als wesentliche Komponente des betrieblichen Entscheidungsprozesses. Dabei geht es darum, über die gesamte Wertschöpfungskette und alle daran beteiligten Institutionen und Funktionalbereiche bei gleichzeitiger Verfolgung ökonomischer Ziele eine **Reduktion unerwünschter Umweltwirkungen** zu realisieren.

Beide Problemstellungen sind miteinander eng verwandt und gegenseitig integrierbar.
Sie besitzen Bedeutung für alle Teilbereiche der Makrostruktur des Produktionsprozesses und berühren sowohl die eingesetzten Elementarfaktoren als auch den Einsatz und die Wirkung der dispositiven Faktoren.

Sowohl die Qualität als auch die Umweltorientierung sind nur dann erreichbar, wenn sie alle **Funktionalbereiche**, alle **Hierarchieebenen** der Unternehmung und alle im Unternehmen handelnden **Personen** erfasst und einbezieht.
Dabei kommt der Unternehmensleitung eine besondere Bedeutung zu.
Sie trägt die Verantwortung dafür, dass die Qualitäts- und Umweltphilosophie im Unternehmen Fuß fasst und alle Bereiche und Mitarbeiter erreicht.

Sie setzt diese Philosophie durch ihre dispositive Tätigkeit
➤ im Prozess der Beschaffung der Inputfaktoren
➤ in der Kombination der Inputfaktoren im Throughput und
➤ im Output durch die Übergabe solcher Produkte an den Kunden, die höchsten Qualitäts- und Umweltanforderungen genügen
um.

Die Unternehmensleitung gestaltet in diesem Sinne **Qualitäts- und Umweltmanagementsysteme.** Durch die regelmäßige Durchführung von Audits (Prozess-, Produkt-, System-, Ökoaudit) stellt sie sicher, dass den qualitäts- und umweltbezogenen Tätigkeiten Kontinuität verliehen wird und positive Produktivitätswirkungen erzielt werden.

Tabelle 17 gibt einen Überblick über die **Einflussfaktoren, die aus der Sicht des Qualitäts- und Umweltmanagements auf die Produktivität wirken** und systematisiert Fehlerquellen sowie Problemlösungsansätze und die dafür einsetzbaren Instrumente.

Einflussfaktoren	Fehlerquellen	Auswirkungen auf die Produktivität	Problemlösungsansätze/Instrumente
Leitung	unzureichende Einordnung der Qualitäts- und Umweltpolitik in die Zielhierarchie des Unternehmens	ungenügende Festschreibung der Qualitäts-/ Umweltpolitik in den Unternehmenszielen, unzureichende Identifikation mit der Qualitäts-/Umweltpolitik⇒ ungenügende/ nicht konsequente Umsetzung ⇒ Produktivität↓ (-bewusstsein)	Priorisierung des Qualitäts- und Umweltgedankens (Top-Down-Ansatz) (vgl. **PF01**)
	unzureichende Vermittlung/ Kommunikation der Qualitäts- und Umweltpolitik	Fehlen interner Kommunikationswege, unvollständige Information/Fehlinformation, emotionale Hemmschwellen⇒ Widerstände, fehlgeleitete Ressourcen⇒ Produktivität↓	Vorbildfunktion der Unternehmens-leitung (vgl. **PF01** und **PF11**)
	offene bzw. unzureichende Regelungen	ungeklärte Verantwortlichkeiten, unzureichende Regelung von Haftungsansprüchen ⇒ Kompetenzstreitigkeiten bzw. Nichtzuständigkeit⇒ Produktivität↓	klare Zuordnung von Aufgaben und Verantwortlichkeiten
	falscher Umgang mit Fehlern	unzureichende Ursachen-/ Fehlerkostenanalyse, Auftreten von Wiederholungsfehlern, Fehlerbeseitigung statt Fehlervermeidung⇒ Produktivität↓	definierter Umgang mit Fehlern, Fehlervermeidung statt -beseitigung, Kontrolle der Korrekturmaßnahmen
Planung	falsche Einschätzung der Unternehmenssituation	Fehleinschätzung von Markt/ Marktposition/ Wettbewerbern/ Entwicklungen etc. ⇒ Fehlentscheidungen⇒ Produktivität↓	fundierte Markt-/Unternehmensanalyse, Benchmarking (vgl. **PF01**, **PF02** und **PF11**)
	unzureichende Personalplanung	Fehleinschätzung des qualitativen/quantitativen Personal-bedarfs und des Schulungsbedarfs⇒ Über-/Unterdeckung ⇒ Produktivität↓	Definition von Anforderungsprofilen für Stellen, detaillierte Bedarfsermittlung (Beschaffung, Schulung, vgl.**PF04**)
	Fehlplanungen in den Funktionsbereichen	zu hohe Beschaffungs-/ Finanzierungs-/ Herstellungs-/ Entsorgungskosten etc.⇒ Produktivität↓	Ausschöpfung der spezifischen Instrumentarien und Koordination
Organisation	unzureichende Dokumentation aller (QM-/UM-) Aktivitäten	keine eindeutige Kennzeichnung von Materialien/ Produkten/ Dokumenten, Fehleinschätzung von Daten, mangelnde Transparenz und Rückverfolgbarkeit⇒ Informationslücken ⇒ Produktivität↓	konsequente und kontinuierliche Dokumentation aller Aktivitäten, Aktualisierung und Archivierung (vgl. **PF11**)
	unzureichendes Qualitäts- und Umweltbewusstsein der Mitarbeiter/ Geschäfts-leitung	zu geringe Eigenverantwortlichkeit für die Qualität von und Umweltschonung durch Produkte und Prozesse, fehlende Verbesserungsvorschläge⇒ verschenktes Rationalisierungspotenzial⇒ Produktivität↓	Schulung des Qualitäts- und Umwelt-bewusstseins, Bindung an das Unternehmen, Unterstützung der Eigen-verantwortlichkeit (vgl**PF04**)
	mangelnde oder fehlende interne Kommunikation	Schnittstellen oder Hemmnisse innerhalb und zwischen den Hierarchieebenen⇒ Reibungsverluste, mangelnde Ganzheitlichkeit der Ansätze⇒ Produktivität↓	offene Kommunikation der kurzen Wege, Koordination (vgl.**PF04** und **PF11**)

Unternehmensleitung

Tabelle 17a:　Einflussfaktoren des Qualitäts- und Umweltmanagements auf die Produktivität (Teil 1)

Einflussfaktoren	Fehlerquellen	Auswirkungen auf die Produktivität	Problemlösungsansätze/Instrumente
Kontrolle	mangelhafte Überwachung des Systems	fehlende Qualitäts- und Umweltmanagementbewertung (unregelmäßige Audits)⟹ Systemverschlechterung, verschenktes Rationalisierungspotenzial, Risiko des Zertifikatsverlustes, Strafen⟹ Produktivität↓	kontinuierliche Überwachung und Überprüfung des QM-/UM-Systems (regelmäßige Audits)
	fehlende Zwischen-) Prüfungen, ungenaue Prüfmittel	Mess-/ Prüffehler, Weitergabe fehlerhafter Teile ⟹ Kostenprogression⟹ Produktivität↓	angemessene Prüfungen, Überwachung der Prüfmittel (Kalibrierung)
verminderte/ unzureichende Leistungsab-gabe der Arbeitskräfte (vgl. PF04)	zu geringe bzw. nachlassende Leistungsfähigkeit	mangelnde Qualifikation, nachlassende Konstitutions-voraussetzungen, mangelnde Arbeitsumweltvoraus-setzungen, unzureichende Flexibilität⟹ Nicht-/ Minder-erfüllung der Arbeitsaufgabe⟹ Produktivität↓	Personalauswahl, Aus-, Fort- und Weiterbildung, Schaffung adäquater Arbeitsvoraussetzungen, Arbeits- und Pausengestaltung (vgl.PF06)
	zu geringe bzw. nachlassende Leistungsbereitschaft	zu geringe Arbeitszufriedenheit und Leistungsmotivation, monetäre Unzufriedenheit, emotionale Hemmschwellen ⟹ hohe Fluktuation und Absentismus, Nicht-/ Minder-erfüllung der Arbeitsaufgabe⟹ Produktivität↓	inhaltliche Arbeitsgestaltung, Motiva-tions- und Anreizsysteme, mitarbeiter-gerechte Führung/Betriebsklima (vgl. PF01 und PF06)
	schlechtes Firmenimage, fehlende Loyalität	mangelnde Identifikation mit dem Unternehmen⟹ niedrige Motivation/Eigenverantwortlichkeit⟹ Produktivität↓	Unternehmensphilosophie, -kultur, -klima, Bindung/Identifikation (vgl.PF01)
	geringe Eigenmotivation, geringes Qualitäts-/Umwelt-bewusstsein	mangelnder persönlicher Einsatz der MA, Verschenken von Rationalisierungs-/Verbesserungspotenzialen, fehlende Mo-tivation für Qualitäts-/Umweltprogramme⟹ Produktivität↓	Qualifizierung, Mitarbeiterentwicklung, Kommunikation (vgl.PF01)
verminderte/ unzureichende Leistungsab-gabe der Betriebsmittel (vgl. PF07)	zu geringe bzw. nachlassen-de Leistungsfähigkeit	fehlerhafte Konstruktion, geringe Flexibilität, mangelhafte Technik/Technologie, Fehldimensionierung⟹ Nicht-/ Mindererfüllung der Arbeitsaufgabe⟹ Produktivität↓	anforderungsgerechte Dimensionierung und Auswahl der Betriebsmittel
	geringe Verfügbarkeit, hohe Ausfallraten, Ungenauigkeit	Verschleiß, mangelhafte Wartung (Instandhaltung, Service), Ablauf der wirtschaftlichen Nutzungsdauer, Überalterung⟹ Nicht-/Mindererfüllung der Arbeitsaufgabe⟹ Produktivität↓	Wartung und Instandhaltung zur Kompensation des Verschleißes, rechtzeitiger Ersatz durch neue Betriebsmittel
	Umweltverträglichkeit der Verfahren	hohe Kosten für End-of-the-Pipe-Technologien/Entsorgung, Verschenkung von Abfallvermeidungspotenzial ⟹ Produktivität↓	integrierte Technologien, Verfahrens-/ Prozessinnovation (vgl.PF03)
Werkstoff-eigenschaften (vgl. PF09)	mangelnde Art, Anzahl und Qualität der Zulieferteile	fehlende/ falsche Bereitstellung von Bedarfsgütern⟹ Ver-sorgungsengpässe/ Produktionsstillstände⟹ Produktivität↓	bedarfsgerechte Bestellungen, Vertragsgestaltung
	Ausschuss-/Verschnittquote	unzureichende Übereinstimmung zwischen Rohling und Fertigteil ⟹ höherer Fertigungsaufwand, mehr Abfälle, höhere Entsorgungskosten ⟹ Produktivität↓	optimale Werkstoff- und Rohlingsauswahl

Left margin categories: **U.leitung** | **Input**

Tabelle 17b: Einflussfaktoren des Qualitäts- und Umweltmanagements auf die Produktivität (Teil 2)

	Einflussfaktoren	Fehlerquellen	Auswirkungen auf die Produktivität	Problemlösungsansätze/Instrumente
Input	Material-bereitstellung (vgl. **PF10**)	nicht orts-/ termingerechte Anlieferung	fehlende/ falsche Bereitstellung von Bedarfsgütern⇒ Versorgungsengpässe/Produktionsstillstände⇒ Produktivität↓	Lieferantenpartnerschaft/ -zertifizierung (Verlagerung der Eingangsprüfung, vgl. **PF02**), Prozessverschlankung (Anzahl Lager, Bestände etc.)
		zu hoher Material- und Zeitaufwand	aufwendige Eingangskontrolle/Vertragsprüfung, großes Eingangslager⇒ Ressourcenverschwendung, verschenkte Rationalisierungspotenziale⇒ Produktivität↓	
Throughput	Planung, Leitung, Organisation und Kontrolle des Zusammenwirkens der Produktionsfaktoren (vgl. **PF12**, **PF13**, **PF14** und **PF15**)	Versorgungsengpässe	quantitative oder qualitative Versorgungsengpässe gehen auf Mängel bei den Inputfaktoren zurück (s.o.)⇒ Produktivität↓	Maßnahmen s.o.
		mangelnde Planung, Lenkung und Überwachung der F&E-Aktivitäten	unzureichende Betrachtung des gesamten Lebenszyklus und mangelnde Beachtung ökologischer Aspekte, Konstruktionsfehler⇒ Fehler mit großer Hebelwirkung (Ansatzpunkte für Fehlervermeidung)⇒ Produktivität↓	FMEA, Umweltverträglichkeitsprüfung. Ishikawa-Diagramm etc. (vgl **PF03**)
		mangelnde Produktionsvorbereitung und -durchführung	unzureichende Prozessorganisation/ -lenkung (technologische und organisatorische Bearbeitungsfolge, Durchlaufzeit, Lagerung, Transport etc.)⇒ Fehler, Nacharbeit, Ausschuss ⇒ Produktivität↓	Abstimmung/ Synchronisation der Prozesse, kontinuierliche Prozessüberwachung
Output	Unzufriedenheit des Kunden mit verminderter bzw. unzureichender Gebrauchstauglichkeit der Erzeugnisse	bereits vorliegende Fehler/ Schäden	Ursachen liegen im Input, im Throughput oder bei der Unternehmensleitung (s.o.)⇒ Produktivität↓	Maßnahmen s.o.
		mangelhafte Logistikleistung	Lagerungs- oder Transportschäden, Ersatzteilmangel, Terminverzug (Lieferzeit)⇒ unzureichendes Qualitätsempfinden beim Kunden, Minder-/Fehlleistungen⇒ Produktivität↓	Logistikmanagement und Optimierung der Logistikleistung, Überprüfung (vgl. **PF17**)
		nicht ausreichender Kundendienst	Dienstleistungsdefizit (Bedienung, Beratung, Service, Wartung, Produktrücknahme), Nutzungsausfall⇒ unzureichendes Qualitätsempfinden beim Kunden, Minder-/ Fehlleistungen, Umsatzeinbußen⇒ Produktivität↓	Bestimmung des optimalen Serviceumfanges/ -grades, Überprüfung der Qualitätsstandards, Schaffung von Differenzierungsvorteilen (vgl **PF02**)
		Zuständigkeiten bei Rückmeldungen vom Kunden (Haftungsansprüche)	zu lange bzw. schlecht organisierte Kommunikationswege zwischen Unternehmen und Kunden⇒ unzureichendes Qualitätsempfinden beim Kunden⇒ Produktivität↓	klare Zuständigkeiten, kurze Kommunikationswege (vgl **PF11**)
		Umweltschäden	Umweltschäden bei Produktion, Distribution oder Nutzung des Produktes, unzureichende Recyclingfähigkeit⇒ Zusatzkosten, unzureichendes Qualitätsempfinden beim Kunden⇒ Produktivität↓	Umweltverträglichkeitsprüfung, Produkthaftungsoptimierung, frühzeitige Berücksichtigung ökologischer Gesichtspunkte in F&E (vgl **PF03**)

Tabelle 17c: Einflussfaktoren des Qualitäts- und Umweltmanagements auf die Produktivität (Teil 3)

Einflussfaktoren	Fehlerquellen	Auswirkungen auf die Produktivität	Problemlösungsansätze/Instrumente
Entsorgung	Sortenreinheit der Abfälle	ungeeignete/falsche Sammlung, Trennung und Aufbewahrung der Abfälle ⇒ erhöhte Entsorgungskosten, verminderte Entsorgungserlöse ⇒ Produktivität↓	Sortentrennung, Verkauf von Sekundärrohstoffen (Erlöse), Wahl der optimalen Entsorgungsvariante (vgl. **PF07** und **PF09**)
	Entsorgungsweg	Wahl des falschen/eines ungünstigen Entsorgungsweges ⇒ Strafen, Imageverlust, erhöhte Entsorgungskosten, verminderte Entsorgungserlöse⇒ Produktivität↓	
Zertifizierung	keine/ unzureichende Zertifizierung	notwendige Voraussetzung dafür, um als Lieferant überhaupt zugelassen zu werden⇒ eingeschränkte Absatzmöglichkeiten, verschenkte Umsatzpotenziale ⇒ Produktivität↓	Zertifizierung des Qualitätsmanagementsystems, regelmäßige Audits, kontinuierlicher Verbesserungsprozess (KVP)

Output

Tabelle 17d: Einflussfaktoren des Qualitäts- und Umweltmanagements auf die Produktivität (Teil 4)

In den *Bildern 114 und 115* erfolgt die Strukturierung des **methodischen Entscheidungspro-zesses im Rahmen des Qualitäts- und Umweltmanagements.**

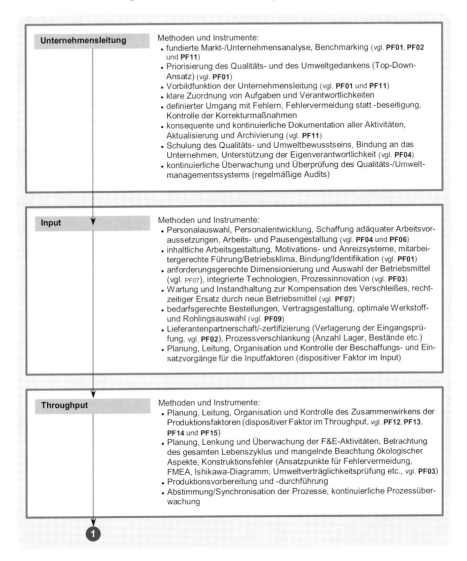

Unternehmensleitung

Methoden und Instrumente:
- fundierte Markt-/Unternehmensanalyse, Benchmarking (vgl. **PF01**, **PF02** und **PF11**)
- Priorisierung des Qualitäts- und des Umweltgedankens (Top-Down-Ansatz) (vgl. **PF01**)
- Vorbildfunktion der Unternehmensleitung (vgl. **PF01** und **PF11**)
- klare Zuordnung von Aufgaben und Verantwortlichkeiten
- definierter Umgang mit Fehlern, Fehlervermeidung statt -beseitigung, Kontrolle der Korrekturmaßnahmen
- konsequente und kontinuierliche Dokumentation aller Aktivitäten, Aktualisierung und Archivierung (vgl. **PF11**)
- Schulung des Qualitäts- und Umweltbewusstseins, Bindung an das Unternehmen, Unterstützung der Eigenverantwortlichkeit (vgl. **PF04**)
- kontinuierliche Überwachung und Überprüfung des Qualitäts-/Umwelt-managementsystems (regelmäßige Audits)

Input

Methoden und Instrumente:
- Personalauswahl, Personalentwicklung, Schaffung adäquater Arbeitsvor-aussetzungen, Arbeits- und Pausengestaltung (vgl. **PF04** und **PF06**)
- inhaltliche Arbeitsgestaltung, Motivations- und Anreizsysteme, mitarbei-tergerechte Führung/Betriebsklima, Bindung/Identifikation (vgl. **PF01**)
- anforderungsgerechte Dimensionierung und Auswahl der Betriebsmittel (vgl. PF07), integrierte Technologien, Prozessinnovation (vgl. **PF03**)
- Wartung und Instandhaltung zur Kompensation des Verschleißes, recht-zeitiger Ersatz durch neue Betriebsmittel (vgl. **PF07**)
- bedarfsgerechte Bestellungen, Vertragsgestaltung, optimale Werkstoff- und Rohlingsauswahl (vgl. **PF09**)
- Lieferantenpartnerschaft/-zertifizierung (Verlagerung der Eingangsprü-fung, vgl. **PF02**), Prozessverschlankung (Anzahl Lager, Bestände etc.)
- Planung, Leitung, Organisation und Kontrolle der Beschaffungs- und Ein-satzvorgänge für die Inputfaktoren (dispositiver Faktor im Input)

Throughput

Methoden und Instrumente:
- Planung, Leitung, Organisation und Kontrolle des Zusammenwirkens der Produktionsfaktoren (dispositiver Faktor im Throughput, vgl. **PF12**, **PF13**, **PF14** und **PF15**)
- Planung, Lenkung und Überwachung der F&E-Aktivitäten, Betrachtung des gesamten Lebenszyklus und mangelnde Beachtung ökologischer Aspekte, Konstruktionsfehler (Ansatzpunkte für Fehlervermeidung, FMEA, Ishikawa-Diagramm, Umweltverträglichkeitsprüfung etc., vgl. **PF03**)
- Produktionsvorbereitung und -durchführung
- Abstimmung/Synchronisation der Prozesse, kontinuierliche Prozessüber-wachung

1

Bild 114: Strukturierung des methodischen Entscheidungsprozesses im Rahmen des Quali-täts- und Umweltmanagements (Teil 1)

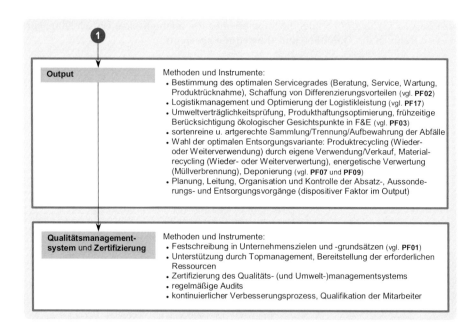

Bild 115: *Strukturierung des methodischen Entscheidungsprozesses im Rahmen des Qualitäts- und Umweltmanagements (Teil 2)*

4.3.7 Arbeitspaket/Problemfeld 17: Logistikmanagement

Die Einflussfaktoren des Logistikmanagements auf die Produktivität ergeben sich hauptsächlich aus der Optimierung der gesamten Wertschöpfungskette.
Dabei spielen die:

➢ Beschaffungslogistik
➢ Produktionslogistik
➢ Absatzlogistik oder Distributionslogistik und
➢ Entsorgungslogistik

eine besondere Rolle *(vgl. Bild 116)*.

Zur Sicherung der Wettbewerbsfähigkeit muss auf veränderte Marktanforderungen mit einer entsprechenden Produkt- und Prozessdynamik reagiert werden. Dazu sind Ansätze, Methoden und Denkweisen erforderlich, die eine rationelle Beherrschung der Material- und Informationsflüsse zum und im Unternehmen ermöglichen. Dabei sind bereichsübergreifende, integrierende Betrachtungen und eine konsequente Prozessorientierung erforderlich.

> In diesem Sinne ist unter dem Begriff **Logistik** eine integrierende, koordinierende Gesamtbetrachtung physischer, administrativer und dispositiver Aktivitäten zu verstehen. Ihre auf den Material- und Warenfluss konzentrierte **Koordinationsfunktion** besitzt dabei eine zentrale Bedeutung (Rimane [Produktionslogistik] 587 ff).

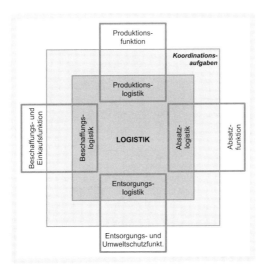

Bild 116:   Funktionsorientierte Darstellung der Logistik

Die Koordination erfolgt einerseits zwischen den Lieferanten, dem Unternehmen und seinen Kunden. Diese wird als horizontale Koordination bezeichnet *(vgl. Bild 117)*.

Andererseits erfolgt die Koordination vertikal zwischen den Planungs-, Steuerungs- und Durchführungsebenen.

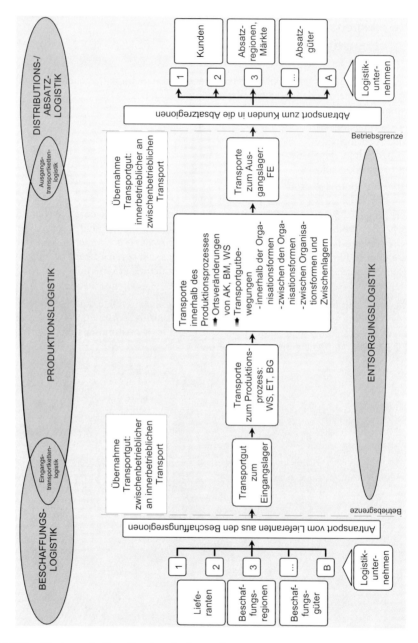

Bild 117: Horizontale Koordination der Logistik

In *Tabelle 18* werden die **Einflussfaktoren des Logistikmanagements auf die Produktivität** verdeutlicht. Sie ergeben sich hauptsächlich aus der Optimierung der gesamten Wertschöpfungskette.

Logistikmanagement

Einflussfaktoren	Fehlerquellen	Auswirkungen auf die Produktivität	Problemlösungsansätze/Instrumente
Festlegung der Logistikstrategie	Wahl einer falschen/ungeeigneten Logistikstrategie	schlechte Positionierung am Markt, Logistik kein positiver Wettbewerbsfaktor⇒ Verschenkung von Umsatzpotenzialen, Wettbewerbsnachteile⇒ Produktivität↓	fundierte Analyse der Markt-/ Unternehmenssituation (vgl.**PF01** und **PF02**), richtige Ableitung der Logistikstrategie
Beeinflussung der Produktgestaltung	keine logistikgerechte Gestaltung des Produktes	Mehraufwendungen für Handhabung, Transport, Lagerung oder Verpackung⇒ zusätzliche Kosten⇒ Produktivität↓	Berücksichtigung logistischer Aspekte in allen Phasen, insb. in F&E (vgl**PF03**)
	keine umweltgerechte Gestaltung des Produktes	Mehraufwendungen für Entsorgung und Recycling (eventuell Rücknahmeverpflichtung)⇒ zusätzliche Kosten ⇒ Produktivität↓	Berücksichtigung ökologischer Aspekte in allen Phasen, insb. F&E, Umweltverträglichkeitsprüfung (vgl.**PF03** und **PF16**)
	falsche Wahl des Variantenbestimmungspunktes	keine Beherrschung der Sortimentsbreite (zu hohe Variantenvielfalt)⇒ hoher Steuerungs-, Handlings- und Rüstaufwand ⇒ Produktivität↓	Vereinheitlichung von Einzelteilen/ Baugruppen, Verlagerung des Variantenbestimmungspunktes ans Ende der Wertschöpfungskette, fundierte Analyse und optimierte Wahl der Bevorratungsebene (vgl**PF09** und **PF10**, **PF12** und **PF13**)
	falsche Festlegung der Bevorratungsebene	Bevorratungsebene zu früh⇒ lange Lieferzeiten (Fertigung auf Abruf) ⇒ Produktivität↓, Bevorratungsebene zu spät ⇒ hohe Bestände (Fertigwarenlager)⇒ Produktivität↓	
Beeinflussung der Prozessgestaltung	nicht materialflussgerechte Fabrikplanung	Fehleinschätzung der Bedarfe (Betriebsmittel, Flächen, Personal, Transportaufkommen etc.)⇒ Fehldimensionierung der Logistiksysteme⇒ Produktivität↓	genaue Bedarfsanalyse, Planungstechniken, Berücksichtigung logistischer Aspekte in allen Phasen (vgl**PF14**)
	keine umweltgerechte Gestaltung der Prozesse	Mehraufwendungen für Folgenbekämpfung anstatt Vermeidung (Emissions-, Lärmschutz, Klärung etc.) ⇒ zusätzliche Kosten⇒ Produktivität↓	Berücksichtigung ökologischer Aspekte in allen Phasen, Umweltverträglichkeitsprüfung (vgl. **PF16**)
	nicht materialflussgerechte Layoutplanung/Wahl der falschen Organisationsform	unzureichende Beachtung der Transportintensität, ungünstige Lage/ unzureichende transporttechnische Erschließung der Fertigungsbereiche/Arbeitsplätze⇒ Mehrtransporte, lange Transportwege, steigende Durchlaufzeit ⇒ Produktivität↓	optimale Wahl der Organisationsform (vgl. **PF14**)
	unzureichende Fertigungssegmentierung	zu große Losgrößen, zu hohe Rüstzeiten, zu geringe räumliche Konzentration der Betriebsmittel, zu geringer Geschlossenheitsgrad der Fertigungsbereiche⇒ steigende Durchlaufzeit, zusätzliche Kosten⇒ Produktivität↓	Komplettbearbeitung in einer Organisationsform, Senkung der Rüstzeiten und dadurch Verkleinerung der wirtschaftlichen Losgröße
Gestaltung des Informationssystems	Unterdimensionierung	Erfüllung der Anforderungen (Informationsbereitschaft) nicht oder nicht vollständig⇒ Informationslücken, Fehlentscheidungsrisiko, Unzufriedenheit der Kunden⇒ Produktivität↓	detaillierte Bedarfsanalyse, bedarfsgerechte Dimensionierung unter Berücksichtigung prognostizierter Entwicklungen (Zukunftsgerechtigkeit) (vgl. **PF11**)
	Überdimensionierung	zu geringe Auslastung, Vorhandensein nicht benötigter Komponenten⇒ Kapitaldienst für Fehlinvestition⇒ Produktivität↓	

Tabelle 18a: Einflussfaktoren des Logistikmanagements auf die Produktivität (Teil 1)

Einflussfaktoren		Fehlerquellen	Auswirkungen auf die Produktivität	Problemlösungsansätze/Instrumente
Logistikmanagement	Logistikkosten	ungeeignete/zu teure Einsatzfaktoren	zu hohe Kosten für Betriebsmittel, Personal, Werkstoffe, Energien oder Informationen⇒ Produktivität↓	genaue Bedarfsanalyse der Einsatzfaktoren und Prozesse, entsprechende Dimensionierung, Durchführung von Restrukturierungen/ Rationalisierungen
		nicht schlanke/unzweckmäßige Prozesse, fehldimensionierte Logistiksysteme	zu hohe Kosten für Lagerung, Transport, Umschlag, Kommissionierung oder Logistiksysteme⇒ Produktivität↓	
	Logistik-leistung	unzureichende Grade der Zielerreichung	zu geringe Lieferzeit, -treue, -fähigkeit, -beschaffenheit, -flexibilität oder Informationsbereitschaft (s.o.)⇒ Unzufriedenheit der Kunden, Umsatzeinbußen/ Konventionalstrafen ⇒ Produktivität↓	Ausrichtung aller Ressourcen/ Aktivitäten auf die Ziele, Verschlankung der Prozesse, Rationalisierungsmaßnahmen, Informationssystem
	Bestände	zu hohe Bestände	Kapitalbindungskosten, Veraltungs-/ Verderbsrisiko ⇒ erhöhte Kosten⇒ Produktivität↓	Methoden und Instrumente der Materialwirtschaft (vgl.PF09)
		zu geringe Bestände	Versorgungsengpässe/Fehlmengen, Stillstandsrisiken in der Fertigung ⇒ erhöhte Kosten⇒ Produktivität↓	
Beschaffungslogistik		unpräzise Bestandsführung (vgl. PF11)	keine präzise Nettobedarfsermittlung möglich, zu hohe/niedrige Bestellung möglich⇒ erhöhte Kosten durch hohe Lagerbestände/Fehlmengen⇒ Produktivität↓	
	Lieferanten-auswahl	Auswahl ungeeigneter/ unzuverlässiger Lieferanten	überteuerte, unzuverlässige oder nicht qualitätsgerechte Lieferung ⇒ Beeinträchtigung der Versorgungssicherheit, Mehrkosten ⇒ Produktivität↓	
	Bestellung (Sicherung d. Lieferbereitschaft)	Fehlbestellung (ungenaue Nettobedarfsermittlung, falsche Terminierung etc.)	zu hohe/niedrige Bestellung oder falscher Bestellzeitpunkt ⇒ erhöhte Kosten durch hohe Lagerbestände/Fehlmengen ⇒ Produktivität↓	
	Warenan-nahme und Einlagerung	unzureichende Überprüfung/ Qualitätskontrolle	Übernahme von fehlerhaften/ qualitativ minderwertigen/ falschen Lieferungen⇒ Mehr-/Fehlausgabe⇒ Produktivität↓	
		ungenaue Erfassung/ Registrierung (vgl.PF11)	ungenaue Bestandsdaten⇒ Informationslücken, Fehlentscheidungsrisiko⇒ Produktivität↓	
		nicht artgerechte Einlagerung	Beschädigungen, Verderbsrisiko, Bedrohungen durch Gefahrgüter ⇒ erhöhte Kosten⇒ Produktivität↓	
ProduktionsL	Planung der Produktions-mengen	ungenaue Planungsdaten/ -ergebnisse (vgl. PF11)	Fehlplanung ⇒ erhöhte Kosten durch hohe Lagerbestände/ Fehlmengen an Fertigprodukten, Unzufriedenheit beim Kunden ⇒ Produktivität↓	detaillierte Marktanalyse und Bedarfsprognose (vgl.PF02 und PF12)
	Bruttobedarfs-ermittlung (Einzelteile/ BG)	fehlerhafte Stücklisten, falsche Bedarfsprognosen	ungenaue Bruttobedarfszahlen/-termine⇒ erhöhte Kosten durch hohe Lagerbestände/Fehlmengen an Einzelteilen und Baugruppen⇒ Produktivität↓	exakte Dokumentation und Listenführung, möglichst genaue Prognosedaten (vgl.PF11 und PF12)

Tabelle 18b: Einflussfaktoren des Logistikmanagements auf die Produktivität (Teil 2)

Einflussfaktoren		Fehlerquellen	Auswirkungen auf die Produktivität	Problemlösungsansätze/Instrumente
Produktionslogistik	Feinplanung u. Steuerung des Fert.ablaufs	Fehlplanung/-terminierung	Stockungen im Fertigungsablauf, Fehlproduktion, mangelnde Bedarfsbefriedigung⇒ verminderte Kontinuität, Versorgungsengpässe⇒ Produktivität↓	Einsatz von BDE sowie modernen PPS-Systemen und -Methoden (vgl. **PF12** und **PF13**)
	Bereitstellung, Transport	unzureichende Versorgungssicherheit der Produktion	Stockungen im Fertigungsablauf, Stillstand der Betriebsmittel ⇒ verminderte Kontinuität, Versorgungsengpässe⇒ Produktivität↓	genaue Bedarfsplanung, Termin- und Sendungsverfolgung
	Zwischenlagerung	zu große Zwischenlager	hohe Bestände, lange Liege- und Durchlaufzeiten ⇒ verminderte Kontinuität, Kapitalbindungskosten ⇒ Produktivität↓	bedarfsgerechte Dimensionierung der Lager, Übergang zur lagerarmen Fertigung (vgl.**PF09**)
Distributionslogistik	Bereitstellung/ Lagerung der Produkte	zu hohe Bestände an Fertigerzeugnissen	hohe Bestände, lange Durchlauf- und Lieferzeiten ⇒ Kapitalbindungskosten⇒ Produktivität↓	Planung des Produktionsprogramms entsprechend dem Marktbedarf (Auftragsfertigung), entsprechende Dimensionierung der Lager
		zu geringe Bestände an Fertigerzeugnissen	verringerte Lieferbereitschaft/-flexibilität⇒ Fehlmengenkosten, Unzufriedenheit beim Kunden⇒ Produktivität↓	
	Kommissionierung und Verpackung	falsche Kommissionierung	Fehllieferung ⇒ Unzufriedenheit des Kunden, Retourkosten ⇒ Produktivität↓	Informationssystem, Kontrollsystem (vgl. **PF11**)
		unzweckmäßige Verpackung	Verunreinigung des Erzeugnisses/der Umwelt, Beschädigung beim Transport/ Umschlag⇒ Mehrkosten, Retouren⇒ Produktivität↓	Berücksichtigung logistischer Aspekte in allen Phasen (Verpackungsplanung, Prozessgestaltung, vgl.**PF03**)
	Transportplanung und Transport	schlechte Routenplanung	lange Transportwege, unzureichende Auslastung der Transportmittel⇒ Mehrkosten⇒ Produktivität↓	rechnergestützte Ermittlung optimaler Routen (Weg, Kapazität), Wahl der geeigneten und kostengünstigsten Transportvariante
		unzweckmäßiger Transport	Beschädigung der Transportgüter, Wahl zu teurer Verkehrsträger⇒ Mehrkosten, Retouren⇒ Produktivität↓	
	Lageranzahl und -standorte	zu viele Lager	hohe Investitions- und Unterhaltskosten, geringe Auslastung, hohe Bestände⇒ Mehrkosten⇒ Produktivität↓	bedarfsgerechte Dimensionierung, Reduktion der Lagerstandorte (Zentralisierung), Wahl eines geeigneten Standortes (Methoden der Standortwahl)
		ungünstiger Standort	schlechte Verkehrsanbindung, zu wenige angeschlossene Verkehrsträger, lange Transportwege⇒ Mehrkosten ⇒ Produktivität↓	
	Wahl des Absatzkanals	schlechte Wahl des Absatzkanals	zu große Entfernung zum Kunden, zu viele Zwischenstufen, überhöhte Kosten durch Eigenleistung bei unausgelasteten Kapazitäten⇒ Mehrkosten, keine Kundenzufriedenheit, Verschenkung von Rationalisierungspotenzialen ⇒ Produktivität↓	Gegenüberstellung der alternativen Absatzkanäle oder sinnvoller Kombinationen (Kosten, Kundennähe etc.), Nutzwertanalyse (vgl**PF02**)

Tabelle 18c: Einflussfaktoren des Logistikmanagements auf die Produktivität (Teil 3)

Einflussfaktoren	Fehlerquellen	Auswirkungen auf die Produktivität	Problemlösungsansätze/Instrumente
Sammlung, sortenreine Trennung und artgerechte Lagerung der Abfälle	Sammlung an unzweckmäßigen Orten/in ungeeigneten Behältnissen	Versperrungen der Transportwege, Gefährdungen/ Schädigungen des Umfeldes⇒Behinderungen, Mehrkosten ⇒ Produktivität↓	Festlegung und Ausweis der Sammelpunkte/Lager entsprechend der Gefahrenklasse, Sicherung der Sortenreinheit durch getrennte Sammelsysteme und Behälter (u.U. Trennungsprozess) (vgl.**PF16**)
	Sortenreinheit der Abfälle	Verschenkung höherer Erlöse für sortenreine Sekundär-rohstoffe, höhere Kosten wegen teurerer Entsorgung für verunreinigte Stoffe⇒ Mehrkosten, Erlöseinbußen ⇒ Produktivität↓	
Transport	schlechte Routenplanung	lange Transportwege, unzureichende Auslastung der Transportmittel⇒ Mehrkosten ⇒ Produktivität↓	rechnergestützte Ermittlung optimaler Routen (Weg, Kapazität), Wahl der geeigneten und kostengünstigsten Transportvariante
	unzweckmäßiger Transport	Schädigungsgefahr für Mensch und Umwelt, Wahl ungeeigneter Verkehrsträger⇒ Mehrkosten, Strafen ⇒ Produktivität↓	
Einhaltung von Umweltschutz-vorschriften	unzureichende Einhaltung/ Kontrolle der Umweltschutz-bestimmungen	gesundheitliche Schädigung der Mitarbeiter, Risiko von Strafen, Imageverluste⇒ zusätzliche Kosten, Umsatz-entgang ⇒ Produktivität↓	Methoden und Instrumente des Umweltmanagement(vgl.**PF16**)

Entsorgungslogistik

Tabelle 18d: Einflussfaktoren des Logistikmanagements auf die Produktivität (Teil 4)

Bild 118 strukturiert den **methodischen Entscheidungsprozess im Rahmen des Logistikmanagements.**

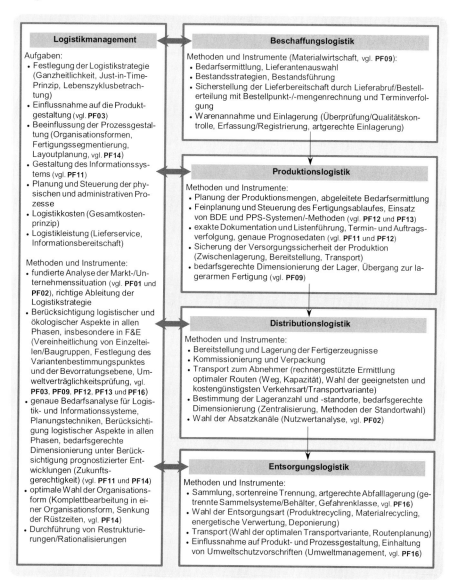

Bild 118: Strukturierung des methodischen Entscheidungsprozesses im Rahmen des Logistikmanagements

4.4 Wechselbeziehungen und Interdependenzen der Problemfelder

Die in den analysierten Unternehmen aufgezeigten Arbeitspakete mit negativen Wirkungen auf die Produktivität sind mit Hilfe der dargestellten **Einflussfaktoren** und **Entscheidungsalgorithmen** tief zu analysieren, um Entscheidungen abzuleiten, die die Problemfelder beseitigen. Dabei handelt es sich um die Ableitung konkreter Maßnahmen, die im Rahmen einer Lösungskonzeption umgesetzt werden sollen.

Die Zusammenfassung aller Maßnahmen über alle identifizierten Problemkomplexe führt zur **Generierung der Maßnahmepläne des Produktivitätsmanagements.**

Die Aufgabenpakete zur Steigerung der Produktivität sind in der Regel verschiedenen Funktionsbereichen der Unternehmen zuzuordnen. Das birgt in sich die **Gefahr einer isolierten Betrachtung** einzelner Problemfelder im Komplex der insgesamt im Unternehmen vorhandenen Handlungsoptionen.
Aus diesem Grund ist es unerlässlich die **Interdependenzen zwischen** den **Problemfeldern** zu analysieren und darzustellen.
Diese Darstellung der Wechselbeziehungen basiert auf Forschungsleistungen von Prüß (Prüß [Produktivitätsmanagement] 171 ff).

Die **Interdependenzen** bestehen darin, dass Entscheidungen und Maßnahmen zur **Gestaltung eines Problemfeldes** zu **Konsequenzen für die Gestaltung anderer Problemfelder** führen können.

Solche Wechselbeziehungen sind durch das Produktivitätsmanagement zu berücksichtigen, damit keine Produktivitätspotenziale verschenkt werden.
Die Wechselbeziehungen zwischen den Problemfeldern eröffnen zum Teil die **Möglichkeit der Substitution von Maßnahmen** und Maßnahmekomplexen.

Durch die **bestmögliche Kombination** von **Maßnahmen** (auf der Basis identifizierter Einflussfaktoren) mit den einzusetzenden **Instrumenten** ist eine **positive Entwicklung der Produktivität** und der **Wirtschaftlichkeit** zu erzielen.

Bereits bei der tabellarischen Zusammenfassung der je Problemfeld wirkenden Einflussfaktoren wurde auf Wechselbeziehungen zu anderen Problemfeldern hingewiesen (durch den in Klammern gesetzten Hinweis: vgl. PF Nr.)
Bild 119 systematisiert die Beziehungen und verdeutlicht vereinfacht die **Intensität der Wechselwirkung**. Nicht belegte Felder dokumentieren nicht vorhandene Beziehungen.

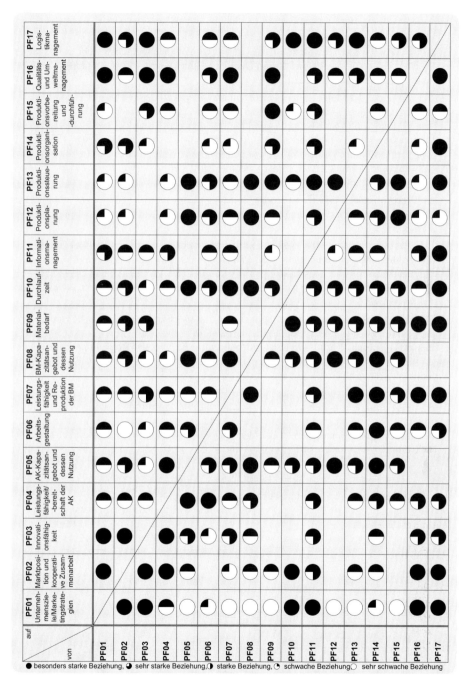

Bild 119: Systematik und Intensität der Interdependenzen zwischen den Problemfeldern des Produktivitätsmanagements

Aus der Betrachtung der Wirkungszusammenhänge anhand dieser ersten Systematik lassen sich folgende **Schlussfolgerungen** ziehen:

(1) Jedes **Arbeitspaket/Problemfeld** des Produktivitätsmanagements steht mit anderen Problemfeldern in **Wechselwirkung.** Demnach kann keines isoliert von den anderen betrachtet und optimiert werden.

(2) Der Grad der **Vernetzung** zwischen den Arbeitspaketen ist sehr unterschiedlich. Es kristallisieren sich einige Problemfelder heraus, die aufgrund ihrer vielfältigen und starken Wirkungen auf andere Problemfelder eine **zentrale Rolle** bei der positiven Beeinflussung der Produktivität einnehmen (z.B. **Produktionsorganisation**, *vgl. PF14*). Andere dagegen sind im Wesentlichen nur in Richtung einer Wirkungskette angelegt und damit weniger komplex (z.B. Materialbedarf, *vgl. PF09*).

(3) Auch die **Intensität einer Wirkungsbeziehung** zwischen zwei Arbeitspaketen/Problemfeldern differiert zumeist in Abhängigkeit von der Wirkungsrichtung. Der Einfluss des einen auf das andere ist also häufig stärker als im umgekehrten Fall (*vgl. PF01*).

(4) Das **Problemfeld mit den meisten und am weitesten verzweigten Beziehungen ist das Informationsmanagement** (*vgl. PF11*). Da das Informationssystem die Informationsgrundlage für alle Entscheidungen im Rahmen des Produktivitätsmanagements bereitstellt, übt es über deren Qualität und Aktualität einen starken Einfluss auf alle anderen Problemfelder aus.

(5) Die **Durchlaufzeit ist das Arbeitspaket mit den meisten kausalen Einflüssen** anderer Problemfelder (*vgl. PF10*). Sie ergibt sich demnach als Resultierende vieler Wirkungsmechanismen und Einflussgrößen. Aufgrund ihrer besonderen Bedeutung für den Kundennutzen kann die Kenntnis dieser Zusammenhänge entscheidend für den Unternehmenserfolg sein.

(6) Auch die **strategischen Erfolgsfaktoren** eines Unternehmens lassen sich anhand der Systematik eindeutig ableiten (*PF01-Spalte*): die Marktposition und die Stellung in der Zulieferpyramide, das Logistikmanagement und die Durchlaufzeit, die Innovationskraft, das Informationsmanagement sowie das Qualitäts- und Umweltmanagement. Das Mitarbeiterpotenzial stellt ebenfalls einen nicht zu unterschätzenden Wettbewerbsfaktor dar.

Die **Problemfelder**, deren **Interdependenzen** zu anderen Problemfeldern sehr **breit strukturiert** sind (PF10, PF11, PF 14) besitzen für das Produktivitätsmanagement eine **besondere Bedeutung.**
Sie wurden bereits in der Praxisanalyse (vgl. Abschnitt 3) als besonders bedeutsam herausgestellt.

Die **Art und Weise** der festgestellten **Interdependenzen** lässt sich in **vier Kategorien** unterteilen *(vgl. Bild 120):*
➤ Einflussnahme bzw. gegenseitige Bedingtheit
➤ Hierarchische Abhängigkeit
➤ Komplementärer Zusammenhang
➤ Substitutives Verhältnis.

Wechselbeziehungen, die sich durch **Einflussnahme** bzw. **gegenseitiger Bedingtheit** charakterisieren lassen (z.B. Qualitäts- und Umweltmanagement (PF16), Logistikmanagement (PF17) und Bedarfsgerechtigkeit (Dimensionierung, Gestaltung und Auswahl

(PF03, PF04 und PF07)), dienen der Umsetzung des Lebenszykluskonzeptes und des Prozessgedankens als zwei Ausprägungen einer ganzheitlichen Denk- und Handlungsweise.

Dabei geht es darum, potenzielle, zum Teil langfristige Auswirkungen auf folgende Prozessstufen oder Phasen des Lebenszyklus möglichst frühzeitig zu berücksichtigen (Fehlervermeidung) und somit häufig teureren Maßnahmen zur Kompensation (Fehlerbehebung) vorzubeugen.

Beziehungen einer **hierarchischen Abhängigkeit** zwischen den Problemfeldern (z.B. PF01 → PF02 → ..., PF14 → PF12/13) resultieren aus der unterschiedlichen Zugehörigkeit der verschiedenen Arbeitspakete zum strategischen, taktischen und operativen Management.

In der Regel werden ausgehend von der strategischen Komponente Ziele und Rahmenbedingungen determiniert. Diese untersetzt das taktische Management und präzisiert sie dadurch. Im operativen Bereich ist unter Berücksichtigung der vorgegebenen Rahmenbedingungen über den konkreten Maßnahmeneinsatz zu entscheiden.

Das Kapazitätsangebot des Potenzialfaktors Arbeitskraft (PF05) steht im **komplementären Zusammenhang** zum Nutzungspotenzial der Betriebsmittel (PF08). In Abhängigkeit von den Substitutionsstufen menschlicher Arbeit durch Maschinenarbeit nimmt der Einfluss der Arbeitskraft ausgehend vom mechanisierten Handprozess bis zum vollautomatischen Prozess ab.

Wirken beide Potenzialfaktoren kapazitätsbildend, bestimmt der Engpassfaktor das Kapazitätsangebot. Nur ein gemeinsames Wirken von Arbeitskräften und Betriebsmitteln kann demnach zur Erfüllung der Produktionsaufgabe führen.

Wirkungsbeziehungen, die ein **substitutives Verhältnis** zwischen den Problemfeldern darstellen, bestehen vorwiegend auf der operativen Maßnahmenebene. So können Maßnahmen zur bedarfsgerechten Gestaltung der Kapazität in vielen Fällen wahlweise mit Hilfe von Aktionen und Handlungsweisen der Personalwirtschaft (PF05 und PF06), der Anlagenwirtschaft (PF07 und PF08) oder der Organisation (PF12 und PF13) durchgeführt werden.

Aufgrund der Kenntnis der inneren Gesetzmäßigkeiten und der Substitutionsbeziehungen können aus der Wirkungsweise der zahlreichen und vielfältigen Einflussfaktoren die Wirkungsketten erweitert und detailliert werden. Durch auf diese Art und Weise erlangte Transparenz der Wechselbeziehungen zwischen den Problemfeldern ist es möglich, die wirksamste Kombination von Maßnahmen zur Lösung eines Problems und zur Steigerung der Produktivität auszuwählen. Über die Berücksichtigung der Rückkopplungen hinausgehend bietet sich die Möglichkeit zum proaktiven Eingreifen des Produktivitätsmanagements auf allen Stufen, um Fehlentwicklungen frühzeitig entgegen zu steuern.

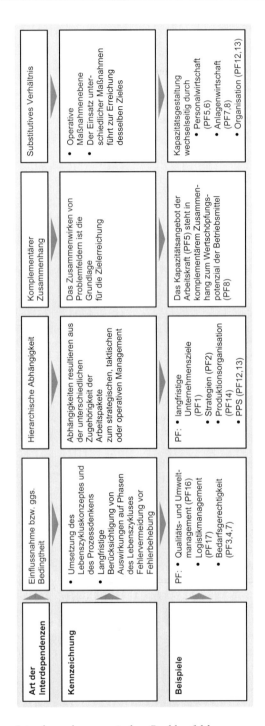

Bild 120: Arten von Interdependenzen zwischen Problemfeldern

In den nachfolgenden *Bildern 121 bis 137* wurden **Interdependenzen** aus der Sicht jedes Arbeitspaketes dargestellt.

Dabei wurden **zwei Wirkungsrichtungen** untersucht:
- ➢ die **Wirkung des betrachteten Arbeitspaketes auf alle anderen Arbeitspakete** und
- ➢ die **Wirkung aller anderen Arbeitspakete auf das betrachtete Arbeitspaket**

Die Analyse der Wirkungsbeziehungen jeder Richtung führt zur Darstellung jeweils einer **Interdependenzmatrix.**
Die Darstellungen gehen von den Intensitäten der Beziehungen aus.

PF01 Langfristige Unternehmensziele und Marketingstategien	PF02 Marktposition und kooperative Zusammenarbeit	PF03 Innovationsfähigkeit	PF04 Leistungsfähigkeit/ bereitschaft der Arbeitskräfte	PF05 AK-Kapazitätsangebot und dessen Nutzung	PF06 Arbeitsgestaltung	PF07 Leistungsfähigkeit und Reproduktion der Anlagen	PF08 BM-Kapazitätsangebot und dessen Nutzung	PF09 Materialbedarf	PF10 Durchlaufzeit	PF11 Informationsmanagement	PF12 Produktionsplanung	PF13 Produktionssteuerung	PF14 Produktionsorganisation	PF15 Produktionsvorbereitung und durchführung	PF16 Qualitäts und Umweltmanagement	PF17 Logistikmanagement
PF01 Langfristige Unternehmensziele und Marketingstategien beeinflussen die anderen Problemfelder...	Ziele/Strategien sind unmittelbarer Ausgangspunkt für Marketingposition und kooperative Zusammenarbeit (Marktteilnehmerstrategien).	Ziele/Strategien definieren Anforderungen an Niveau der Innovationsfähigkeit, Klima kooperative Zusammenarbeit (Marktteilnehmerstrategien).	Ziele/Strategien und Personalpolitik definieren Anforderungen an Arbeitskräfte und Klima beeinflussen Klima und Motivation (Humanziele).	Ziele/Strategien definieren mittelbar Anforderungen an Qualifikationsniveau der AK und Grad der Kapazitätsausnutzung (Sachziele).	Ziele/Strategien definieren mittelbar Anforderungen an Arbeitsorganisation (Humanziele).	Ziele/Strategien definieren mittelbar Anforderungen an Leistungsvermögen und Verfügbarkeit der BM (Sachziele).	Ziele/Strategien definieren mittelbar Anforderungen an Grad der Kapazitätsausnutzung (Sachziele).	Ziele/Strategien definieren mittelbar Anforderungen an Qualität der Werkstoffe und Versorgungssicherheit (Sachziele).	Ziele/Strategien definieren mittelbar Anforderungen an Niveau und Struktur der Durchlaufzeit.	Ziele/Strategien finieren unmittelbar Anforderungen an Niveau des Informationsmanagements als Basis aller Entscheidungen.	Ziele/Strategien definieren Orientierung für die Ableitung von Zielen und Maßnahmen der Produktionsplanung.	Ziele/Strategien definieren Orientierung für die Ableitung von Zielen und Maßnahmen der Produktionssteuerung.	Ziele/Strategien definieren Produktionsprogramm und dadurch Anforderungen an Art und technisches Niveau der Organisationsformen.	Ziele/Strategien sind Orientierung für die Ableitung von Zielen und Maßnahmen der Produktionsvorbereitung und durchführung.	Ziele/Strategien sind unmittelbarer Ausgangspunkt für Qualitäts und Umweltstrategie (Kommunikation, Priorisierung).	Ziele/Strategien sind unmittelbarer Ausgangspunkt für die Logistikstrategie.
PF01 Langfristige Unternehmensziele und Marketingstategien werden von den anderen Problemfeldern beeinflusst...	Marktposition/ Kooperation beeinflusst unmittelbar Strategieoptionen und Zielanpassung.	Innovationsfähigkeit beeinflusst unmittelbar Strategieoptionen und Ziele.	AK-Leistungsfähigkeit/-bereitschaft beeinflussen mittelbar Strategieoptionen und Ziele.	Rückkopplung zwecks Kontrolle und Zielanpassung.	Rückkopplung zwecks Kontrolle und Zielanpassung. Beeinflussung von Motivation und Klima.	BM-Leistungsvermögen /-Verfügbarkeit beeinflussen mittelbar Strategieoptionen und Ziele.	Rückkopplung zwecks Kontrolle und Zielanpassung.	WS-Qualität/-Versorgungssicherheit beeinflussen mittelbar Strategieoptionen und Ziele.	Niveau/ Struktur der Durchlaufzeit beeinflussen mittelbar Strategieoptionen und Ziele (Wettbewerbsfaktor).	Informationssystem liefert Entscheidungsgrundlage koordiniert Maßnahmen bzgl. Ziele und Ziele (Wettbewerbsfaktor), unterstützung der Führung). Wettbewerbsfaktor.	Rückkopplung zwecks Kontrolle und Zielanpassung.	Rückkopplung zwecks Kontrolle und Zielanpassung.	Art/Niveau der Organisationsformen beeinflussen mittelbar Strategieoptionen und Ziele.	Rückkopplung zwecks Kontrolle und Zielanpassung.	Qualitäts und Umweltstrategie beeinflussen unmittelbar Strategieoptionen und Zielanpassung (Wettbewerbsfaktor).	Logistikstrategie beeinflusst unmittelbar Strategieoptionen und Zielanpassung (Wettbewerbsfaktor).

● besonders starke Beziehung, ◑ sehr starke Beziehung, ◕ starke Beziehung, ◔ schwache Beziehung ○ sehr schwache Beziehung

Bild 121: Interdependenzen aus Sicht der langfristigen Unternehmensziele und Marketing-strategien (PF01)

PF	Titel	PF02 → (Marktposition und kooperative Zusammenarbeit beeinflussen die anderen Problemfelder...)	PF02 ← (Marktposition und kooperative Zusammenarbeit werden von den anderen Problemfeldern beeinflusst...)
PF01	Langfristige Unternehmensziele/Marketingstrategien	Marktposition/Kooperation beeinflussen unmittelbar Strategieoptionen und Zielanpassung.	Ziele/Strategien sind unmittelbarer Ausgangspunkt für Marktposition und kooperative Zusammenarbeit (Marktteilnehmerstrategien).
PF03	Innovationsfähigkeit	Marktposition bestimmt Innovationsbedarf und Markteinführung, Kooperation beeinflusst Innovationspotenzial.	Innovationsfähigkeit beeinflusst Differenzierungspotenzial.
PF04	Leistungsfähigkeit/-bereitschaft der Arbeitskräfte	Marktposition/Kooperation beeinflussen Attraktivität/Image auf AK und Anforderungsprofile an AK (Auswahl, Entwicklung).	AK-Leistungsfähigkeit/-bereitschaft beeinflussen unmittelbar Ressourcenstärke und Know-how.
PF05	AK-Kapazitätsangebot und dessen Nutzung	Kooperation beeinflusst mittelbar Fertigungstiefe und Kapazitätsbedarf.	AK-Kapazitätsangebot -nutzung beeinflussen Arbeitsteilung/Fertigungstiefe und Kooperation.
PF06	Arbeitsgestaltung	Marktposition/Kooperation beeinflussen Arbeitsorganisation indirekt (Zeitregime).	kein Einfluss
PF07	Leistungsfähigkeit und Reproduktion der Anlagen	Marktposition/Kooperation beeinflussen Anforderungsprofile an BM.	BM-Leistungsvermögen beeinflusst unmittelbar Ressourcen- und Technologiestärke.
PF08	BM-Kapazitätsangebot und dessen Nutzung	Kooperation beeinflusst mittelbar Fertigungstiefe und Kapazitätsbedarf.	Kapazitätsangebot und -nutzung beeinflussen Ressourcen- und Technologiestärke.
PF09	Materialbedarf und dessen Nutzung	Marktposition beeinflusst Einkaufspreis, Kooperation Fertigungstiefe und Lagerbestände.	WS-Qualität/-Versorgungssicherheit und -nutzung beeinflussen mittelbar Ressourcenstärke und Know-how.
PF10	Durchlaufzeit	Kooperation beeinflusst mittelbar Fertigungstiefe und Durchlaufzeit.	Niveau/Struktur der Durchlaufzeit beeinflussen Differenzierungspotenzial (Wettbewerbsfaktor).
PF11	Informationsmanagement	Marktposition/Kooperation beeinflussen Komplexität des Informationssystems (Koordinationsbedarf).	Informationssystem liefert Entscheidungsgrundlage, koordiniert Maßnahmen bzgl. Ziele (Unterstützung der Führung), Wettbewerbsfaktor.
PF12	Produktionsplanung	Marktposition/Kooperation beeinflussen mittelbar Planung und zeitliche Verteilung des Jahresproduktionsprogramms.	kein Einfluss
PF13	Produktionssteuerung	Kooperation beeinflusst mittelbar den Steuerungsaufwand (Koordinationsbedarf).	Auskunftsbereitschaft (Monitoring) stellt Differenzierungspotenzial dar (vgl. Informationsmanagement).
PF14	Produktionsorganisation	Marktposition/Kooperation beeinflussen über Produktionsprogramm mittelbar Fertigungstiefe, Art und Niveau der Organisationsformen.	Art/Niveau der Organisationsformen beeinflussen Ressourcenstärke (dispositiver Faktor) und Optionen der Zusammenarbeit.
PF15	Produktionsvorbereitung und -durchführung	kein Einfluss	kein Einfluss
PF16	Qualitäts- und Umweltmanagement	Marktposition/Kooperation haben Rückwirkungen auf Qualitäts- und Umweltstrategie (Lieferantenaudit).	Qualitäts- und Umweltstrategie beeinflussen Differenzierungspotenzial (Wettbewerbsfaktor), Kooperation (Lieferantenaudit).
PF17	Logistikmanagement	Marktposition/Kooperation haben Rückwirkungen auf Logistikstrategie (Lieferantenbeziehungen).	Logistikstrategie beeinflusst Differenzierungspotenzial (Wettbewerbsfaktor) und Zusammenarbeit (Fertigungstiefe).

PF02: Marktposition und kooperative Zusammenarbeit beeinflussen die anderen Problemfelder...

PF02: Marktposition und kooperative Zusammenarbeit werden von den anderen Problemfeldern beeinflusst...

● besonders starke Beziehung, ◕ sehr starke Beziehung, ◑ starke Beziehung, ◔ schwache Beziehung, ○ sehr schwache Beziehung

Bild 122: *Interdependenzen aus Sicht der Marktposition und der kooperativen Zusammenarbeit (PF02)*

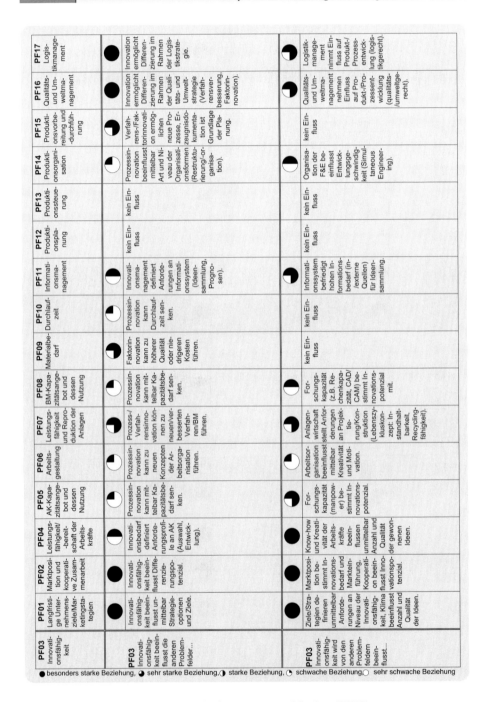

Bild 123:   Interdependenzen aus Sicht der Innovationsfähigkeit (PF03)

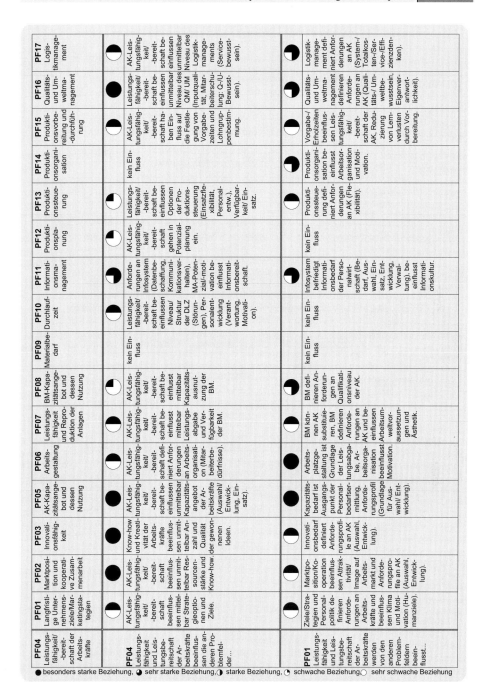

● besonders starke Beziehung, ◕ sehr starke Beziehung, ◑ starke Beziehung, ◔ schwache Beziehung ○ sehr schwache Beziehung

Bild 124:   Interdependenzen aus Sicht der Leistungsfähigkeit und Leistungsbereitschaft der Arbeitskräfte (PF04)

Einfluss von PF05 auf die anderen Problemfelder

PF05: AK-Kapazitätsangebot und dessen Nutzung

Problemfeld	Beziehung/Erläuterung
PF01 Langfristige Unternehmensziele und kooperative Ziele/Marketingstrategien	Rückkopplung zwecks Kontrolle und Zielanpassung.
PF04 Leistungsfähigkeit/-bereitschaft der Arbeitskräfte	Kapazitätsbedarf ist Ausgangspunkt der Personalbedarfsermittlung. Anforderungsprofil (Grundlage für Auswahl/Entwicklung).
PF06 Arbeitsgestaltung	Quantitatives/qualitatives Kapazitätsangebot definieren Handlungsoptionen für Arbeitsgestaltung und Arbeitsstrukturierung.
PF07 Leistungsfähigkeit und Reproduktion der Anlagen	Qualitatives AK-Kapazitätsangebot schränkt Auswahlmöglichkeiten bei Verfahren/BM ein.
PF08 BM-Kapazitätsangebot und dessen Nutzung	Kombination der Potenzialfaktoren bestimmt Kapazität der Kapazitätseinheit.
PF09 Materialbedarf	kein Einfluss
PF10 Durchlaufzeit	Kapazitätsangebot bestimmt unmittelbar Niveau der Durchlaufzeit, Zielkonflikt mit Kapazitätsauslastung (Dilemma der Ablaufplanung).
PF11 Informationsmanagement	kein Einfluss
PF12 Produktionsplanung	Kapazitätsangebot ist Grundlage der Produktionsdurchführung, Kapazitätsbilanzierung Hauptmethode der Produktionsplanung.
PF13 Produktionssteuerung	Kapazitätssituation ist Grundlage der Auftragsveranlassung (Verfügbarkeitsprüfung).
PF14 Produktionsorganisation	kein Einfluss
PF15 Produktionsvorbereitung und -durchführung	kein Einfluss
PF16 Qualitäts- und Umweltmanagement	kein Einfluss
PF17 Logistikmanagement	kein Einfluss

Einfluss der anderen Problemfelder auf PF05

PF05: AK-Kapazitätsangebot und dessen Nutzung werden von den anderen Problemfeldern beeinflusst...

Problemfeld	Beziehung/Erläuterung
PF01 Langfristige Unternehmensziele und kooperative Ziele/Marketingstrategien	Ziele/Strategien definieren mittelbar Anforderungen an Qualifikationsniveau der AK und Grad der Kapazitätsausnutzung (Sachziele).
PF02 Marktposition und kooperative Zusammenarbeit	Kooperation beeinflusst unmittelbar Fertigungstiefe und Kapazitätsbedarf.
PF03 Innovationsfähigkeit	Prozessinnovation kann mittelbar Kapazitätsbedarf senken.
PF04 Leistungsfähigkeit/-bereitschaft der Arbeitskräfte	AK-Leistungsfähigkeit/-bereitschaft beeinflussen unmittelbar Kapazitätsangebot der Arbeitskräfte (Auswahl/Entwicklung, Einsatz).
PF06 Arbeitsgestaltung	Arbeitszeitgestaltung bestimmt zeitliche Flexibilität des AK-Kapazitätsangebots.
PF07 Leistungsfähigkeit und Reproduktion der Anlagen	BM definieren qualitative und quantitative Anforderungen an Kapazität der AK.
PF08 BM-Kapazitätsangebot und dessen Nutzung	Kombination der Potenzialfaktoren bestimmt Kapazität der Kapazitätseinheiten.
PF09 Materialbedarf	Technologische Vereinheitlichung und Teileklassifizierung beeinflussen Kapazitätsbedarf.
PF10 Durchlaufzeit	Durchlaufzeit und -auslastung bedingen aktuellen Kapazitätsbedarf (Dilemma der Ablaufplanung).
PF11 Informationsmanagement	Informationssystem liefert zuverlässige und aktuelle Rückmeldungen für Kapazitätsbilanzierung (BDE).
PF12 Produktionsplanung	Produktionsplanung determiniert Kapazitätsbedarf (Produktionsprogramm, Fertigungsauftragsbildung) und Prozessgesetzmäßigkeiten.
PF13 Produktionssteuerung	Arbeitsverteilung und Prozessgesetzmäßigkeiten bestimmen Kapazitätssituation.
PF14 Produktionsorganisation	Organisationsform stellt Anforderungen an Kapazitätsausstattung/-proportionalität.
PF15 Produktionsvorbereitung und -durchführung	Vorgabezeiten/Lohngruppe definieren Anforderungen an AK-Kapazität.
PF16 Qualitäts- und Umweltmanagement	kein Einfluss
PF17 Logistikmanagement	kein Einfluss

●besonders starke Beziehung, ◗ sehr starke Beziehung, ◖ starke Beziehung, ◔ schwache Beziehung ○ sehr schwache Beziehung

Bild 125: Interdependenzen aus Sicht des arbeitskräfteseitigen Kapazitätsangebotes und dessen Nutzung (PF05)

Problemfeld	PF06 – Arbeitsgestaltung beeinflusst die anderen Problemfelder….	PF06 – Arbeitsgestaltung wird von den anderen Problemfeldern beeinflusst…
PF01 Langfristige Unternehmensziele und Zielanpassung / Marketingstrategien	Rückkopplung zwecks Kontrolle und Zielanpassung. Beeinflusst mittelbar Motivation und Klima.	Ziele/Strategien definieren mittelbar Anforderungen an Arbeitsorganisation (Humanziele).
PF02 Marktposition und kooperative Zusammenarbeit	kein Einfluss	Marktposition/Kooperation beeinflussen Arbeitsorganisation indirekt (Zeitregime).
PF03 Innovationsfähigkeit	Arbeitsorganisation beeinflusst mittelbar Kreativität und Motivation.	Prozessinnovation kann zu neuen Konzepten der Arbeitsorganisation führen.
PF04 Leistungsfähigkeit-schaft der Arbeitskräfte	Arbeitsplatzgestaltung ist Grundlage der Leistungsabgabe, Arbeitsorganisation beeinflusst Motivation.	AK-Leistungsfähigkeit/-bereitschaft definiert Anforderungen an Arbeitsorganisation (Mitarbeiterbedürfnisse).
PF05 AK-Kapazitätsangebot und dessen Nutzung	Arbeitszeitgestaltung bestimmt zeitliche Flexibilität des AK-Kapazitätsangebots.	Quantitatives/qualitatives Kapazitätsangebot definiert Handlungsoptionen für Arbeitsgestaltung und Arbeitsstrukturierung.
PF07 Leistungsfähigkeit und Reproduktion der Anlagen	Arbeitsplatzgestaltung beeinflusst BM-Auswahl (Technik, Ergonomie, Sicherheit).	BM bestimmen technisch-technologische/sicherheitstechnische/anthropometrische Arbeitsplatzgestaltung.
PF08 BM-Kapazitätsangebot und dessen Nutzung	Arbeitszeitgestaltung bestimmt mögliche Maschinenlaufzeit.	kein Einfluss
PF09 Materialbedarf	kein Einfluss	kein Einfluss
PF10 Durchlaufzeit	Flexible Arbeitszeit/Arbeitsstrukturierung beeinflussen Verbesserungsmöglichkeiten der Durchlaufzeit (menschlich bedingte Liegezeit).	kein Einfluss
PF11 Informationsmanagement	Arbeitsplatzgestaltung definiert Anforderungen an Informationssystem (informationstechnische Gestaltung).	Informationsmanagement determiniert informationstechnische Gestaltung.
PF12 Produktionsplanung	Arbeitsorganisation liefert Bedingungen für Produktionsplanung (organisatorische Gestaltung).	kein Einfluss
PF13 Produktionssteuerung	Arbeitsorganisation liefert Bedingungen für Produktionssteuerung (organisatorische Gestaltung).	Produktionssteuerung definiert Anforderungen an Arbeitszeitgestaltung (Flexibilität).
PF14 Produktionsorganisation	Organisatorische Gestaltung beeinflusst Wahl der Organisationsform (Gruppenarbeit).	Organisationsform definiert Rahmen für organisatorische Gestaltung/Zeitregime und Arbeitsstrukturierung.
PF15 Produktionsvorbereitung und -durchführung	Arbeitsorganisation liefert Bedingungen für Produktionsdurchführung (PPS).	Vorgabezeiten begrenzen Möglichkeiten/stellen Anforderungen an Arbeitszeitgestaltung.
PF16 Qualitäts- und Umweltmanagement	Adäquate Arbeitsvoraussetzungen/-bedingungen sind Grundlage der Qualität und Umweltgerechtheit.	Qualität und Umweltgerechtheit definieren Anforderungen an Arbeitsplatzgestaltung (Technik, Sicherheit).
PF17 Logistikmanagement	Arbeitsplatzgestaltung liefert Anforderungen an Produktionslogistik.	Logistikgerechtheit definiert Anforderungen an Arbeitsplatzgestaltung (materialflussgerecht), bestimmt Arbeitsteilung (Fertigungstiefe).

● besonders starke Beziehung, ◐ sehr starke Beziehung, ◑ starke Beziehung, ◔ schwache Beziehung ○ sehr schwache Beziehung

Bild 126:   Interdependenzen aus Sicht der Arbeitsgestaltung (PF06)

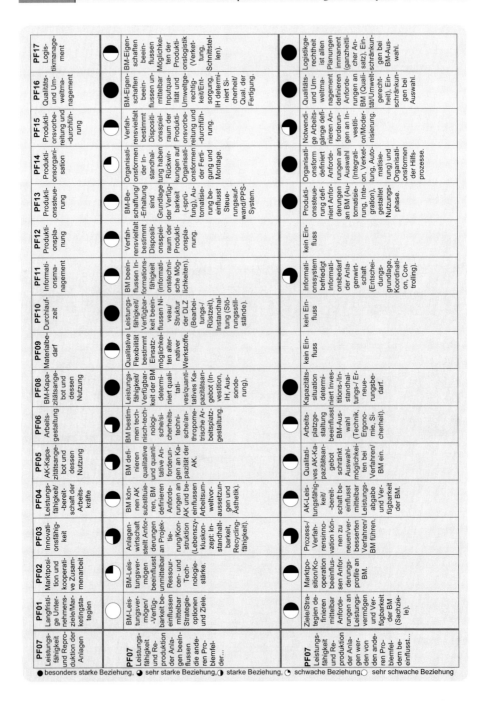

Bild 127: Interdependenzen aus Sicht der Leistungsfähigkeit und der Reproduktion der Anlagen (PF07)

Bewertet: PF08 – BM-Kapazitätsangebot und dessen Nutzung		
PF01 Langfristige Unternehmensziele/Marketingstrategien	**Band 1:** Rückkopplung zwecks Kontrolle und Zielanpassung.	**Band 2:** Ziele/Strategien definieren mittelbar Anforderungen an Grad der Kapazitätsausnutzung (Sachziele).
PF02 Marktposition und kooperative Zusammenarbeit	Kapazitätsangebot und -nutzung beeinflussen die anderen Problemfelder...	Kooperation beeinflusst unmittelbar Fertigungstiefe und Kapazitätsbedarf.
PF03 Innovationsfähigkeit	Forschungskapazität (z.B. Rechenkapazität, CAD/CAM) bestimmt Innovationspotenzial mit.	Prozessinnovation kann mittelbar Kapazitätsbedarf senken.
PF04 Leistungsfähigkeit/-bereitschaft der Arbeitskräfte	BM definieren Anforderungen an Qualifikationsniveau der AK.	AK-Leistungsfähigkeit/-bereitschaft beeinflusst mittelbar Kapazitätsausnutzung der BM.
PF05 AK-Kapazitätsangebot und dessen Nutzung	Kombination der Potenzialfaktoren bestimmt Kapazität der Kapazitätseinheiten.	Kombination der Potenzialfaktoren bestimmt Kapazität der Kapazitätseinheit.
PF06 Arbeitsgestaltung	kein Einfluss	Arbeitszeitgestaltung bestimmt mögliche Maschinenlaufzeit.
PF07 Leistungsfähigkeit und Reproduktion der Anlagen	Kapazitätssituation determiniert Investitions-/Instandhaltungs-/Erneuerungsbedarf.	Leistungsfähigkeit/Verfügbarkeit der BM determinieren und quantitatives Kapazitätsangebot (Investition, IH, Aussonderung).
PF09 Materialbedarf	kein Einfluss	Technologische Vereinheitlichung und Teileklassifizierung beeinflussen Kapazitätsbedarf.
PF10 Durchlaufzeit	Kapazitätsangebot bestimmt unmittelbar Niveau der Durchlaufzeit, Zielkonflikt mit Kapazitätsauslastung (Dilemma der Ablaufplanung).	Durchlaufzeit und Kapazitätsauslastung bedingen Dilemma der Ablaufplanung.
PF11 Informationsmanagement	kein Einfluss	Informationssystem liefert zuverlässige und aktuelle Rückmeldungsdaten für Kapazitätsbilanzierung (BDE).
PF12 Produktionsplanung	Kapazitätsangebot ist Grundlage der Produktionsdurchführung, Kapazitätsbilanzierung Hauptmethode der Produktionsplanung.	Produktionsplanung determiniert Kapazitätsbedarf (Produktionsprogramm, Fertigungsauftragsbildung) und Prozessgesetzmäßigkeiten.
PF13 Produktionssteuerung	Kapazitätssituation ist Grundlage der Auftragsveranlassung (Verfügbarkeitsprüfung).	Arbeitsverteilung und Prozessgesetzmäßigkeiten beeinflussen Kapazitätssituation.
PF14 Produktionsorganisation	kein Einfluss	Organisationsform stellt Anforderungen an Kapazitätsausstattung (Kontinuität, Parallelität) bestimmt Kapazitätssituation.
PF15 Produktionsvorbereitung und -durchführung	kein Einfluss	Notwendige Arbeitsgänge definieren Anforderungen an BM-Kapazität (Arbeitsplan). -proportionalität und Eingliederung der BM (Layout/Anordnung).
PF16 Qualitäts- und Umweltmanagement	kein Einfluss	kein Einfluss
PF17 Logistikmanagement	kein Einfluss	kein Einfluss

● besonders starke Beziehung, ◕ sehr starke Beziehung, ◑ starke Beziehung, ◔ schwache Beziehung, ○ sehr schwache Beziehung

Bild 128: Interdependenzen aus Sicht des betriebsmittelseitigen Kapazitätsangebotes und dessen Nutzung (PF08)

	PF01 Langfristige Unternehmensziele/Marketingstrategien	PF02 Marktposition und kooperative Zusammenarbeit	PF03 Innovationsfähigkeit	PF04 Leistungsfähigkeit/-bereitschaft der Arbeitskräfte	PF05 AK-Kapazitätsangebot und dessen Nutzung	PF06 Arbeitsgestaltung	PF07 Leistungsfähigkeit und Reproduktion der Anlagen	PF08 BM-Kapazitätsangebot und dessen Nutzung	PF10 Durchlaufzeit	PF11 Informationsmanagement	PF12 Produktionsplanung	PF13 Produktionssteuerung	PF14 Produktionsorganisation	PF15 Produktionsvorbereitung und -durchführung	PF16 Qualitäts- und Umweltmanagement	PF17 Logistikmanagement
PF09 Materialbedarf beeinflusst die anderen Problemfelder der...	WS-Qualität/-Versorgungssicherheit beeinflussen mittelbar Ressourcen und Ziele.	WS-Qualität/-Versorgungssicherheit beeinflussen mittelbar starke Ressourcen und Know-how.	kein Einfluss	kein Einfluss	Technologische Vereinheitlichung und Teileklassifizierung beeinflussen Kapazitätsbedarf.	kein Einfluss	kein Einfluss	Technologische Vereinheitlichung und Teileklassifizierung beeinflussen Kapazitätsbedarf.	Beschaffungsprinzip beeinflusst Durchlaufzeit, Standardisierung/Normung Durchführungszeit (Bearbeitungs-/Rüstzeit).	Technologische Vereinheitlichung/Sortimentsbereinigung verringert Informationsbedarf.	Teilesortiment und Bestände gehen in Potenzialplanung ein.	Materialverfügbarkeit ist Voraussetzung für Auftragsveranlassung.	Technologische Vereinheitlichung beeinflusst Organisationsformwahl (Kapazitätsbedarf der Teileklassen).	Faktorinnovation/Teilesortiment bestimmen Dispositionsspielraum für Materialauswahl, Versorgungssicherheit sichert Durchführung.	WS beeinflussen mittelbar Inputqualität und Recyclingfähigkeit/Entsorgungsaufwand (Abfallvermeidung).	WS beeinflussen unmittelbar Niveau und Umfang der Beschaffungslogistik.
PF09 Materialbedarf wird von den anderen Problemfeldern beeinflusst...	Ziele/Strategien definieren mittelbar Anforderungen an Qualität der Werkstoffe und Lagerbestände. Versorgungssicherheit (Sachziele).	Marktposition beeinflusst Einkaufspreis, Kooperation Fertigungstiefe und Lagerbestände.	Faktorinnovation kann zu höherer Qualität oder niedrigeren Kosten führen.	kein Einfluss	kein Einfluss	kein Einfluss	Qualitative Flexibilität bestimmt Einsatzmöglichkeiten alternativer Werkstoffe.	kein Einfluss	Kurze Durchlaufzeit verringert Bestände.	Informationssystem liefert zuverlässige und aktuelle Rückmeldungsdaten für Bedarfsermittlung/Bestandsführung.	Teilebedarfsermittlung determiniert Materialbedarf, PPS beeinflusst Bevorratungsebene.	Produktionssteuerung beeinflusst Lagerbestände.	Produktionsorganisation beeinflusst Teileklassenbildung und Anzahl der Zwischenlager.	Auswahl des Rohmaterials determiniert Materialbedarf.	Qualitäts- und Umweltmanagement definieren Anforderungen an WS-Auswahl (Qualitäts-/Umweltgerechtheit).	LM definiert Anforderungen an WS-Auswahl (Logistikgerechtheit) und beeinflusst Bestände/Fertigungstiefe (Beschaffungslogistik).

● besonders starke Beziehung, ◑ sehr starke Beziehung, ◐ starke Beziehung, ◔ schwache Beziehung, ○ sehr schwache Beziehung

Bild 129: Interdependenzen aus Sicht des Materialbedarfs (PF09)

PF10 Durchlaufzeit	PF01 Langfristige Unternehmensziele/Marketingstrategien	PF02 Marktposition und kooperative Zusammenarbeit	PF03 Innovationsfähigkeit	PF04 Leistungsfähigkeit/-bereitschaft der Arbeitskräfte	PF05 Arbeitskraft-Kapazitätsangebot und dessen Nutzung	PF06 Arbeitsgestaltung	PF07 Leistungsfähigkeit und Reproduktion der Anlagen	PF08 BM-Kapazitätsangebot und dessen Nutzung	PF09 Materialbedarf	PF11 Informationsmanagement	PF12 Produktionsplanung	PF13 Produktionssteuerung	PF14 Produktionsorganisation	PF15 Produktionsvorbereitung und -durchführung	PF16 Qualitäts- und Umweltmanagement	PF17 Logistikmanagement
PF10 Durchlaufzeit beeinflusst die anderen Problemfelder…	Niveau/Struktur der Durchlaufzeit beeinflussen mittelbar Strategieoptionen und Ziele (Wettbewerbsfaktor).	Niveau/Struktur der Durchlaufzeit beeinflussen Differenzierungspotenzial (Wettbewerbsfaktor).	kein Einfluss	kein Einfluss	Durchlaufzeit und Kapazitätsauslastung bedingen Dilemma der Ablaufplanung.	kein Einfluss	kein Einfluss	Durchlaufzeit und Kapazitätsauslastung bedingen Dilemma der Ablaufplanung.	Kurze Durchlaufzeit verringert Bestände.	kein Einfluss	kein Einfluss (Vorgabezeiten sind Grundlage der Terminplanung. Durchlaufzeiten Ergebnis).	Durchlaufzeitabweichungen erfordern Maßnahmen zur Störungsbeherrschung.	kein Einfluss	Erfahrungswerte der Durchlaufzeit können bei Ermittlung der Vorgabezeiten helfen.	kein Einfluss	Durchlaufzeit bestimmt Lieferzeit (Differenzierungspotenzial der Distributionslogistik).
PF10 Durchlaufzeit wird von den anderen Problemfeldern beeinflusst…	Ziele/Strategien definieren mittelbar Anforderungen an den Niveau und Struktur der Durchlaufzeit.	Kooperation kann beeinflussen mittelbar Fertigungstiefe und Durchlaufzeit.	Prozessinnovation kann Durchlaufzeit beeinflussen senken.	AK-Leistungsfähigkeit/-bereitschaft beeinflussen Niveau/Struktur der DLZ (Störungen). Pers. entwicklung (Verantwortung, Motivation).	Kapazitätsangebot bestimmt unmittelbar Niveau der Durchlaufzeit, Zielkonflikt mit besserer Kapazitätsauslastung (Dilemma der Ablaufplanung).	Flexible Arbeitszeit-/Arbeitsstruktur beeinflussen Niveau der Durchlaufzeit, Zielkonflikt mit besserer Kapazitätsauslastung (Dilemma der Ablaufplanung), Durchlaufrungsmöglichkeiten (menschlich bedingte Liegezeit).	BM-Leistungsfähigkeit/-verfügbarkeit beeinflussen Niveau und Struktur der DLZ (Bearbeitungs-/Rüstzeit), Instandhaltung (Störungen).	Kapazitätsangebot bestimmt unmittelbar Niveau der Durchlaufzeit, Zielkonflikt mit besserer Kapazitätsauslastung (Dilemma der Ablaufplanung).	Beschaffungsprinzip beeinflusst Durchlaufzeit, Standardisierung Durchführungszeit (Bearbeitungs-/Rüstzeit).	Informationssystem stellt entscheidungsrelevante Informationen bereit (Vermeidung ablaufbedingter Unterbrechungen).	DLZ ist Ergebnis der Durchlaufplanung. PPS beeinflusst maßgeblich Übergangszeitanteil/organisatorische Bearbeitungsfolge (Liegezeit, Parallelität).	PPS beeinflusst Übergangszeit (ablaufbedingte Liegezeit, Lagerungszeit), organisatorische Bearbeitungsfolge (Liegezeit, Parallelität).	Niveau der Organisationsform bestimmt Layout/Übergangszeit (Flussorientierung) und damit Durchlaufzeit (Transport-/Liegezeit).	Technologische Beeinflussung beeinflussen unmittelbar die der Durchlaufzeit (Arbeitsplan).	Qualitäts-/Kontrollniveau bestimmt Übergangszeit (Kontrollzeit) und Ausschuss-/Nacharbeitsquote.	Logistikmanagement beeinflusst Übergangszeitanteil (Prozesszeitoptimierung: Kontroll-, Lagerungszeit) und Lagerstufen/-standorte.

● besonders starke Beziehung, ◕ sehr starke Beziehung, ◑ starke Beziehung, ◔ schwache Beziehung ○ sehr schwache Beziehung

Bild 130: Interdependenzen aus Sicht der Durchlaufzeit (PF10)

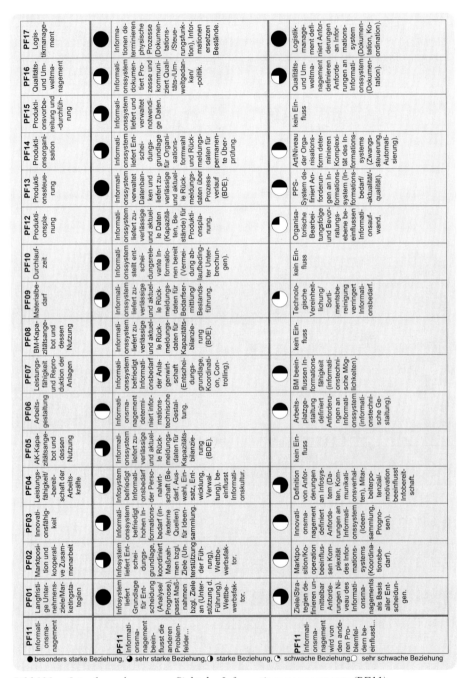

● besonders starke Beziehung, ◗ sehr starke Beziehung, ◐ starke Beziehung, ◔ schwache Beziehung, ○ sehr schwache Beziehung

Bild 131:   Interdependenzen aus Sicht des Informationsmanagements (PF11)

PF12 – Produktionsplanung beeinflusst die anderen Problemfelder ...

PF	Bezeichnung	Beziehung	Erläuterung
PF01	Langfristige Unternehmensziele/-ziele/Marketingstrategien	○	Rückkopplung zwecks Kontrolle und Zielanpassung.
PF02	Marktposition und kooperative Zusammenarbeit		kein Einfluss
PF03	Innovationsfähigkeit		kein Einfluss
PF04	Leistungsfähigkeit/-bereitschaft der Arbeitskräfte		kein Einfluss
PF05	AK-Kapazitätsangebot und dessen Nutzung	●	Produktionsplanung determiniert Kapazitätsbedarf (Produktionsprogramm, Fertigungsauftragsbildung) und Prozessgesetzmäßigkeiten.
PF06	Arbeitsgestaltung		kein Einfluss
PF07	Leistungsfähigkeit und Reproduktion der Anlagen		kein Einfluss
PF08	BM-Kapazitätsangebot und dessen Nutzung	●	Produktionsplanung determiniert Kapazitätsbedarf (Produktionsprogramm, Fertigungsauftragsbildung) und Prozessgesetzmäßigkeiten.
PF09	Materialbedarf	◑	Teilebedarfsermittlung determiniert Materialbedarf, PPS beeinflusst Bevorratungsebene.
PF10	Durchlaufzeit	◔	DLZ ist Ergebnis der Durchlaufplanung, PPS beeinflusst maßgeblich Übergangszeit, org. Bearbeitungsfolge, Parallelität, Bevorratungsebene.
PF11	Informationsmanagement	◔	Organisatorische Bearbeitungsfolge und Bevorratungsebene beeinflussen Informationsaufwand.
PF13	Produktionssteuerung	●	Produktionsplanung ist die Grundlage der Produktionssteuerung.
PF14	Produktionsorganisation		kein Einfluss
PF15	Produktionsvorbereitung und -durchführung		kein Einfluss
PF16	Qualitäts- und Umweltmanagement	◕	PPS beeinflusst Prozessverhalten/-verlauf (Qualität/Umwelt).
PF17	Logistikmanagement	◑	Terminplanung beeinflusst Lieferzeitpunkt und Umfang der Produktionslogistik.

PF12 – Produktionsplanung wird von den anderen Problemfeldern beeinflusst ...

PF	Beziehung	Erläuterung
PF01	◑	Ziele/Strategien sind Orientierung für die Ableitung von Zielen und Maßnahmen der Produktionsplanung.
PF02	◔	Marktposition/Kooperation beeinflussen mittelbar Planung und zeitliche Verteilung des Jahresproduktionsprogramms.
PF03		kein Einfluss
PF04	◔	AK-Leistungsfähigkeit/-bereitschaft gehen in Potenzialplanung ein.
PF05	●	Kapazitätsangebot ist Grundlage der Produktionsdurchführung, Kapazitätsbilanzierung Hauptmethode der Produktionsplanung.
PF06	●	Arbeitsorganisation liefert Bedingungen für Produktionsplanung (organisatorische Gestaltung).
PF07	◕	Verfahrensvielfalt bestimmt Dispositionsspielraum der Produktionsplanung.
PF08	●	Kapazitätsangebot ist Grundlage der Produktionsdurchführung, Kapazitätsbilanzierung Hauptmethode der Produktionsplanung.
PF09	◑	Teilesortiment und Bestände gehen in Potenzialplanung ein.
PF10		kein Einfluss (Vorgabezeiten sind Grundlage der Terminplanung, Durchlaufzeiten für Ergebnis).
PF11	●	Informationssystem liefert zuverlässige und aktuelle Daten (Kapazitäten, Bestände) für Produktionsplanung (Planandaten).
PF13	◑	Produktionssteuerung hat Rückkopplung zur Produktionsplanung (Planandaten).
PF14	◕	Produktionsorganisation bestimmt Rahmenbedingungen für Produktionsplanung.
PF15	●	Arbeitsplan ist Voraussetzung für Produktionsplanung (und -durchführung, PPS).
PF16	◑	Qualität und Umweltgerechtheit definieren Anforderungen an Produktionsplanung (und PPS).
PF17	◔	Logistikgerechtheit ist allen Planungen immanent (ganzheitlicher Ansatz, Produktionslogistik).

●besonders starke Beziehung, ◕ sehr starke Beziehung, ◑ starke Beziehung, ◔ schwache Beziehung, ○ sehr schwache Beziehung

Bild 132:   Interdependenzen aus Sicht der Produktionsplanung (PF12)

● besonders starke Beziehung, ◗ sehr starke Beziehung, ◖ starke Beziehung, ◔ schwache Beziehung ○ sehr schwache Beziehung

Bild 133:　Interdependenzen aus Sicht der Produktionssteuerung (PF13)

PF14 Produktionsorganisation	PF01 Langfristige Unternehmensziele/Marketingstrategien	PF02 Marktposition und kooperative Zusammenarbeit	PF03 Innovationsfähigkeit	PF04 Leistungsfähigkeit/-bereitschaft der Arbeitskräfte	PF05 AK-Kapazitätsangebot und dessen Nutzung	PF06 Arbeitsgestaltung	PF07 Leistungsfähigkeit und Reproduktion der Anlagen	PF08 BM-Kapazitätsangebot und dessen Nutzung	PF09 Materialbedarf	PF10 Durchlaufzeit	PF11 Informationsmanagement	PF12 Produktionsplanung	PF13 Produktionssteuerung	PF15 Produktionsvorbereitung und -durchführung	PF16 Qualitäts- und Umweltmanagement	PF17 Logistikmanagement
PF14 Produktionsorganisation beeinflusst die anderen Problemfelder...	Art/Niveau der Organisationsformen beeinflussen mittelbar Strategieoptionen und Ziele.	Art/Niveau der Organisationsformen beeinflussen Ressourcenstärke (dispositiver Faktor) und Optionen der Zusammenarbeit.	Organisation der F&E beeinflusst Entwicklungsgeschwindigkeit (Simultaneous Engineering).	Produktionsorganisation beeinflusst Arbeitsorganisation und Motivation.	Organisationsform stellt Anforderungen an Kapazitätsausstattung/proportionalität.	Organisationsform definiert Rahmen für organisatorische Gestaltung. Zeitregime und Arbeitsstrukturierung.	Organisationsform definiert Anforderungen an BM-Auswahl (Integration, Verkettung, Automatisierung/Organisation der Hilfsprozesse.	Organisationsform stellt Anforderungen an Kapazitätsausstattung/proportionalität und bestimmt Eingliederung der BM (Layout/Anordnung).	Produktionsorganisation beeinflusst Teileklassenbildung und Anzahl der Zwischenlager.	Niveau der Organisationsform bestimmt Layout/Kontinuität der Fertigung (Flussorientierung) und damit Durchlaufzeit (Transport-/Liegezeit).	Art/Niveau der Organisationsform bestimmt Komplexität des Informationssystems (Zwangssteuerung, Automatisierung).	Produktionsorganisation bestimmt Rahmenbedingungen für Produktionsplanung.	Art/Niveau der Organisationsform schaffen org. Voraussetzungen, und determinieren Komplexität des PPS-Systems (Automatisierung).	Produktionsorganisation bestimmt mittelbar Rahmenbedingungen für Produktionsvorbereitung und -durchführung.	Produktionsorganisation beeinflusst Qualität/Umweltgerechtheit der Faktorkombination (Throughput).	Produktionsorganisation beeinflusst Produktionslogistik (Anzahl der Zwischenlager, Verkettung, Materialfluss).
PF14 Produktionsorganisation wird von den anderen Problemfeldern beeinflusst...	Ziele/Strategien definieren Produktionsprogramm und dadurch Anforderungen an Art und technisches Niveau der Organisationsformen.	Marktposition/Kooperation beeinflusst Produktionsprogramm mittelbar Fertigungstiefe, Art und Niveau der Organisationsformen.	Prozessinnovation beeinflusst mittelbar Art und Niveau der Organisationsformen (Restrukturierung/-organisation).	kein Einfluss	kein Einfluss	Organisatorische Gestaltung beeinflusst Wahl der Organisationsformen (Gruppenarbeit).	Organisationsformen der Instandhaltung beeinflussen Rückwirkungen auf Organisationsformen der Fertigung und Montage.	kein Einfluss	Technologische Vereinheitlichung beeinflusst Organisationsformwahl (Kapazitätsbedarf der Teileklassen).	kein Einfluss	Informationssystem liefert Entscheidungsgrundlage für Organisationsformwahl und Rückmeldungsdaten für permanente Überprüfung.	kein Einfluss	Produktionssteuerung ermittelt organisatorische Schwachstellen (Rückkopplung).	kein Einfluss	Qualität und Umweltgerechtigkeit definieren Anforderungen an Produktionsorganisation.	Logistik beeinflusst Layoutplanung/Organisationsformwahl (Rationalisierung/Optimierung), TUL-Organisationsformen haben Rückwirkungen.

● besonders starke Beziehung, ◕ sehr starke Beziehung, ◑ starke Beziehung, ◔ schwache Beziehung, ○ sehr schwache Beziehung

Bild 134:   Interdependenzen aus Sicht der Produktionsorganisation (PF14)

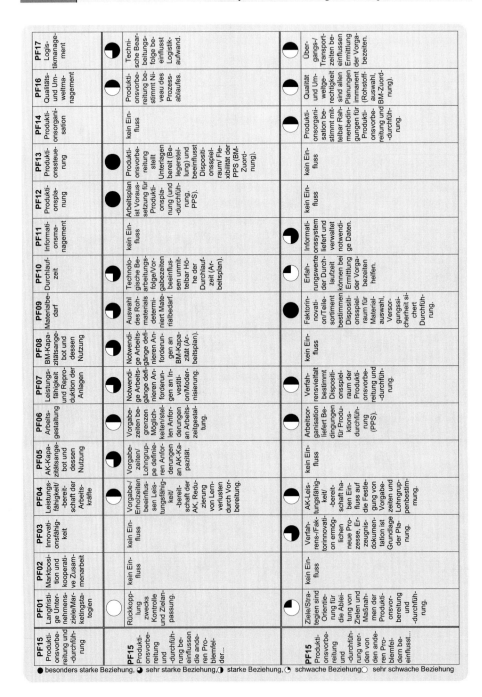

Bild 135: Interdependenzen aus Sicht der Produktionsvorbereitung und -durchführung (PF15)

Obere Matrix – Zeile PF16: Qualitäts- und Umweltmanagement beeinflussen die anderen Problemfelder…

PF	Problemfeld	Beziehung aus Sicht PF16
PF01	Langfristige Unternehmensziele/Marketingstategien	Qualitäts- und umweltstrategie beeinflussen unmittelbar Strategieoptionen und Zielanpassung (Wettbewerbsfaktor).
PF02	Marktposition und kooperative Zusammenarbeit	Qualitäts- und umweltstrategie beeinflussen Differenzierungspotenzial (Wettbewerbsfaktor), Kooperation (Lieferantenaudit).
PF03	Innovationsfähigkeit	Qualitäts- und Umweltmanagement nehmen Einfluss auf Produkt-/Prozessentwicklung (qualitäts- umweltgerecht).
PF04	Leistungsfähigkeit/-bereitschaft der Arbeitskräfte	Qualitäts- und Umweltmanagement definieren Anforderungen an AK (Qualitäts-/ Umweltbewusstsein, Eigenverantwortlichkeit).
PF05	AK-Kapazitätsangebot und dessen Nutzung	kein Einfluss
PF06	Arbeitsgestaltung	Qualität und Umweltgerechtheit definieren Anforderungen an Arbeitsplatzgestaltung (Technik, Sicherheit).
PF07	Leistungsfähigkeit und Reproduktion der Anlagen	Qualitäts- und Umweltmanagement definieren Anforderungen an BM (Qualität/Umweltgerechtheit), Einschränkung bei Auswahl.
PF08	BM-Kapazitätsangebot und dessen Nutzung	kein Einfluss
PF09	Materialbedarf	Qualitäts- und Umweltmanagement definieren Anforderungen an WS-Auswahl (Qualitäts-/Umweltgerechtheit).
PF10	Durchlaufzeit	Qualitäts-/Kontrollniveau beeinflusst Übergangszeit (Kontrollzeit) und Ausschuss-/Nacharbeitsquote.
PF11	Informationsmanagement	Qualitäts- und Umweltmanagement definieren Anforderungen an Informationssystem (Dokumentation).
PF12	Produktionsplanung	Qualität und Umweltgerechtheit definieren Anforderungen an Produktionsplanung.
PF13	Produktionssteuerung	Qualität und Umweltgerechtheit definieren Anforderungen an Produktionssteuerung.
PF14	Produktionsorganisation	Qualität und Umweltgerechtheit definieren Anforderungen an Produktionsorganisation.
PF15	Produktionsvorbereitung und -durchführung	Qualität und Umweltgerechtheit sind allen Planungen immanent (Rohstoffauswahl, BM-Zuordnung).
PF17	Logistikmanagement	Qualitäts- und Umweltmanagement beeinflussen Niveau der Logistikleistung und der Entsorgungslogistik.

Untere Matrix – Zeile PF16: Qualitäts- und Umweltmanagement werden von den anderen Problemfeldern beeinflusst…

PF	Problemfeld	Beziehung aus Sicht PF16
PF01	Langfristige Unternehmensziele/Marketingstategien	Ziele/Strategien sind unmittelbarer Ausgangspunkt für Qualitäts- und Umweltstrategie (Kommunikation, Priorisierung).
PF02	Marktposition und kooperative Zusammenarbeit	Marktposition/Kooperation haben Rückwirkungen auf Qualitäts- und Umweltstrategie (Lieferantenaudit).
PF03	Innovationsfähigkeit	Innovation ermöglicht Differenzierung im Rahmen der Qualitäts- und Umweltstrategie (Verfahrensverbesserung, Faktorinnovation).
PF04	Leistungsfähigkeit/-bereitschaft der Arbeitskräfte	Leistungsbereitschaft beeinflusst Niveau des QM/UM unmittelbar (Inputqualität, Schulung; Qualitäts-/ Umweltbewusstsein).
PF05	AK-Kapazitätsangebot und dessen Nutzung	kein Einfluss
PF06	Arbeitsgestaltung	Adäquate Arbeitsvoraussetzungen/-bedingungen sind Grundlage der Qualität und Umweltgerechtheit.
PF07	Leistungsfähigkeit und Reproduktion der Anlagen	BM-Eigenschaften beeinflussen unmittelbar Inputqualität und Umweltgerechtheit, IH determiniert Sicherheit/ Qual. der Fertigung.
PF08	BM-Kapazitätsangebot und dessen Nutzung	kein Einfluss
PF09	Materialbedarf	WS beeinflussen unmittelbar Inputqualität und Recyclingfähigkeit/Entsorgungsaufwand (Abfallvermeidung).
PF10	Durchlaufzeit	kein Einfluss
PF11	Informationsmanagement	Informationssystem dokumentiert Prozesse und kommuniziert Qualitäts-/Umweltgedanken/-politik.
PF12	Produktionsplanung	PPS beeinflusst Prozessverhalten/-verlauf (Qualität/Umwelt).
PF13	Produktionssteuerung	PPS beeinflusst Prozessverhalten/-verlauf (Qualität/Umwelt).
PF14	Produktionsorganisation	Produktionsorganisation beeinflusst Qualität/Umweltverlauf der Faktorkombination (Throughput).
PF15	Produktionsvorbereitung und -durchführung	Produktionsvorbereitung bestimmt Niveau des Prozessablaufes.
PF17	Logistikmanagement	Logistikleistung/Niveau der Entsorgungslogistik (Sammlung, Trennung) beeinflussen Niveau des Qualitäts-/Umweltmanagements.

● besonders starke Beziehung, ◕ sehr starke Beziehung, ◑ starke Beziehung, ◔ schwache Beziehung, ○ sehr schwache Beziehung

Bild 136: Interdependenzen aus Sicht des Qualitäts- und Umweltmanagements (PF16)

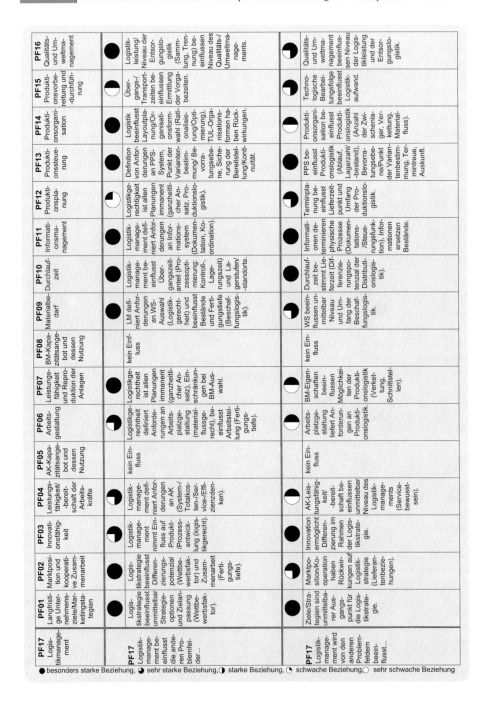

Bild 137:   *Interdependenzen aus Sicht des Logistikmanagements (PF17)*

5 Erfahrungen aus den Umsetzungsmaßnahmen und der Projektevaluierung

5.1 Realisierte Maßnahmen zur Produktivitätssteigerung

Zwischen dem Erkennen von potenziellen Handlungsfeldern, der betrieblichen Schwerpunktsetzung bis hin zur praktischen betrieblichen Umsetzung konkreter Maßnahmen gibt es in der Praxis üblicherweise größere Differenzen.

Mit der intensiven und durchgängigen Begleitung der am Projekt beteiligten Unternehmen durch das Projektteam konnte eine hohe Umsetzungsrate erreicht werden.

In 80 Prozent aller am Projekt beteiligten Unternehmen wurden Maßnahmen zur kurzfristigen Erschließung von Produktivitätspotenzialen eingeplant und vorbereitet.

In 20 Prozent war aus gesellschaftsrechtlichen Gründen keine Umsetzung möglich. Unter Ausklammerung dieser Unternehmen, die aus gesellschaftsrechtlichen Gründen keine Umsetzung realisieren können, haben 70 Prozent der beteiligten Unternehmen bereits bis jetzt konkrete, direkt im Zusammenhang mit dem Projekt stehende Maßnahmen realisiert.

Es ist festzustellen, dass die aus betrieblicher Sicht große Anzahl von Schwerpunktsetzungen nicht vollständig in die Realisierung übernommen werden konnten (vgl. Kapitel 4.5).

Nachfolgendes *Bild 138* kennzeichnet die Arbeitspakete, die bisher in die Realisierung überführt wurden bzw. die, die unmittelbar vor der Umsetzung stehen.

Insbesondere aus Gründen der eingeschränkten Verfügbarkeit von Ressourcen (Personal- und Finanzressourcen) in Klein- und Mittelstandsbetrieben in Mecklenburg-Vorpommern, ist die Anzahl der zeitnah realisierten Maßnahmen zur Erschließung von erkannten Produktivitätspotenzialen (29 unmittelbar im Zusammenhang mit dem Projekt realisierte Maßnahmen) im Verhältnis zur Gesamtzahl der von den Unternehmen priorisierten Handlungsfelder (119 Handlungsfelder) bzw. im Verhältnis zu den insgesamt identifizierten Handlungsfeldern mit besonderer Bedeutung (234 Handlungsfelder) noch eher gering.

Dies bedeutet aber, dass weitere Potenzialfelder zur Steigerung der Produktivität bereits definiert sind und bei Ressourcenverfügbarkeit sofort erschlossen werden können.

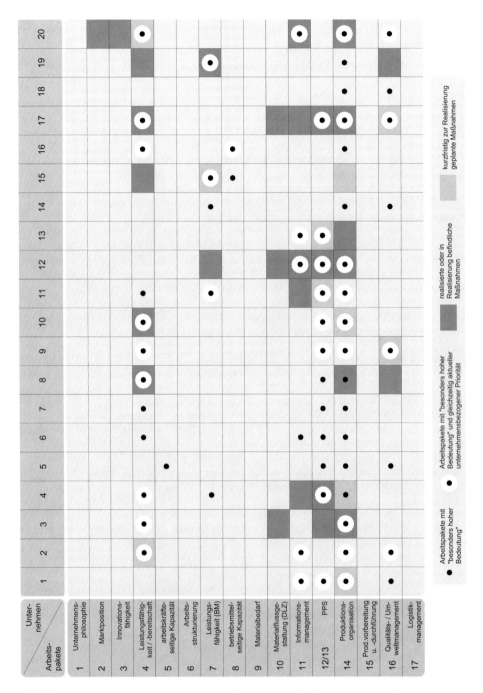

Bild 138: In der Realisierung bzw. unmittelbar vor der Realisierung befindliche Arbeitspakete

Insgesamt wird die aus Sicht des Projektteams hohe Umsetzungsrate von Maßnahmen vor allem durch die Gestaltung geeigneter Rahmenbedingengen der Wirtschaftspolitik und der Arbeitsmarktpolitik des Landes Mecklenburg-Vorpommern sowie die der Europäischen Union ermöglicht.

Ohne diese Unterstützung wäre es nicht realistisch, eine so breite Umsetzung zu erwarten.

Bei den **umgesetzten Arbeitspaketen** lagen die Schwerpunkte auf den Gebieten
- ➢ Produktionsorganisation
- ➢ Leistungsfähigkeit, Leistungsbereitschaft der Arbeitskräfte
- ➢ Informationsmanagement
- ➢ Produktionsplanung und -steuerung
- ➢ Materialflussgestaltung

wobei eine große Anzahl weiterer Handlungsfelder realisiert wurde.

5.2 Ergebnisse der Projektevaluierung

Die hohe Übereinstimmung zwischen **Analyse- und Realisierungsergebnis** wird als Bestätigung für den systematischen Projektansatz gewertet.
Sowohl in der Breite der potenziellen Handlungsfelder als auch in der Verdichtung und Schwerpunktsetzung entspricht das Modell den praktischen Anforderungen.

Diese Einschätzung wird durch die Ergebnisse einer durch das Wirtschaftsministerium durchgeführten Projektevaluierung bestärkt.

Zielstellung dieser Evaluierung ist die Bewertung des Modellansatzes durch die beteiligten Unternehmen und eine Einschätzung der Übertragbarkeit der Vorgehensweise auf andere Unternehmen möglicherweise auch auf andere Branchen.

Die Ergebnisse dieser projektbegleitenden Evaluierung werden auszugsweise in den nachfolgenden Bildern dargestellt.

1. Evaluierungsfrage:
Der Projektansatz, über Produktivitätsbenchmarking einen realen Produktivitätsvergleich innerhalb der Branche zu ermöglichen ...

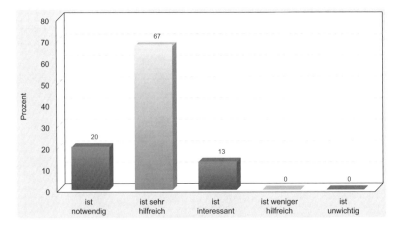

Bild 139: Nutzenseinschätzung der Realisierung des Produktivitätsvergleichs in der Branche

2. Evaluierungsfrage:

Die Ergebnisse des Produktivitätsbenchmarking und insbesondere die Einordnung des eigenen Unternehmens in das Spektrum der Branchenproduktivität haben für uns ...

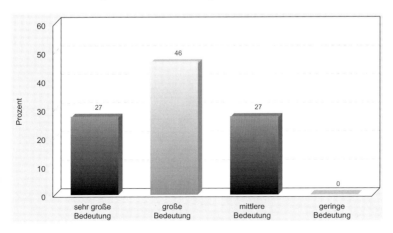

Bild 140: Bedeutung des Branchenproduktivitätsansatzes für das einzelne Unternehmen

3. Evaluierungsfrage:

Den Projektansatz, über einen Best-Practice-Vergleich Stärken- und Schwächenprofile der beteiligten Unternehmen zu erarbeiten und potenzielle Maßnahmen zur Produktivitätssteigerung abzuleiten, halten wir für ...

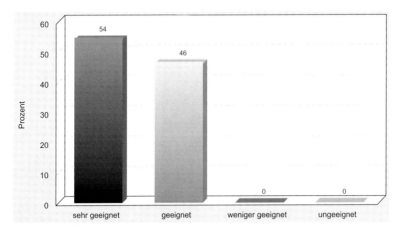

Bild 141: Eignung des Projektansatzes zur Produktivitätssteigerung

4. Evaluierungsfrage:

Die Ergebnisse der unternehmensbezogenen Stärken-/Schwächenanalyse über den realisierten Best-Practice-Ansatz haben für unser Unternehmen eine ...

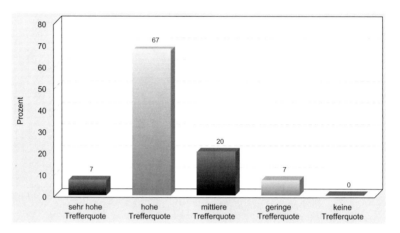

Bild 142: Trefferquote der Identifikation von Handlungsfeldern durch das Projekt

5. Evaluierungsfrage:

Die Umsetzung einzelner im Projekt definierter Maßnahmen zur Produktivitätssteigerung in unserem Unternehmen ...

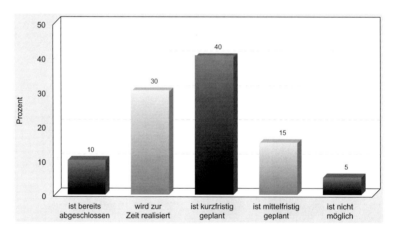

Bild 143: Stand der Umsetzung definierter Maßnahmen zur Produktivitätssteigerung

6. Evaluierungsfrage:

Unsere Erwartungen an das Projekt wurden bisher ...

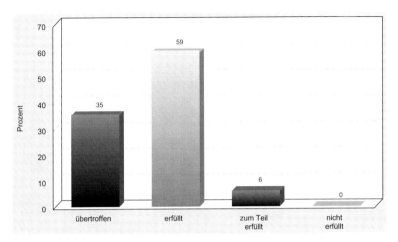

Bild 144:   Erfüllung der mit dem Projekt verbundenen Erwartungen

7. Evaluierungsfrage:

Aus unserer Einschätzung ist ein vergleichbares Produktivitätsprojekt für andere Unternehmen/Branchen ...

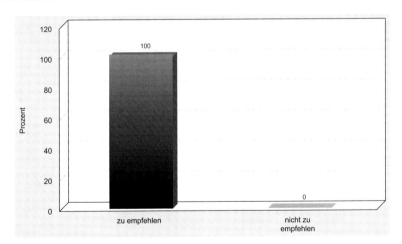

Bild 145:   Empfehlung des Projektes für andere Branchen

Diese **große Zustimmung** zum methodischen Ansatz und zur entwickelten Systematik der Erschließung von Produktivitätspotenzialen ist wesentlich begründet in der **Praxisorientierung** des **methodischen Konzeptes** und der Projektkonzeption sowie in der **Umsetzungsbegleitung** und **Umsetzungsunterstützung** nach der Identifikation der Handlungsfelder.

5.3 Projektergebnisse eines Beispielunternehmens

Vorgehensweisen und Ergebnisse der Umsetzungsbegleitung werden an einem exemplarischen ausgewählten Unternehmen charakterisiert.

Das Beispielunternehmen erzielt im Benchmark-Vergleich der Metall- und Maschinenbauindustrie Mecklenburg-Vorpommerns nachfolgende Ergebnisse *(vgl. Bild 146):*

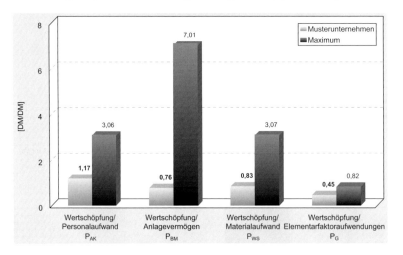

Bild 146:   Produktivitätslücken des Beispielunternehmens

Mit einer im Vergleich zum jeweiligen Benchmark erzielten Arbeitskräfteproduktivität von ca. 40%, einer Betriebsmittelproduktivität von ca. 10%, einer Werkstoffproduktivität von ca. 30% und einer Gesamtproduktivität von ca. 55% ist in jedem Bereich eine deutliche **Produktivitätslücke** festzustellen.

Ergebnisse des Best-Practice-Vergleiches (Auszug)

Im Ergebnis der Best-Practice-Analysen wurde für jede Wirkungskette (von Wirkungskette 1 bis 5) eine Bewertung der möglichen Potenzialfelder durchgeführt. Nachfolgendes Bild zeigt am Beispiel der Wirkungskette 2 das Analyseergebnis.

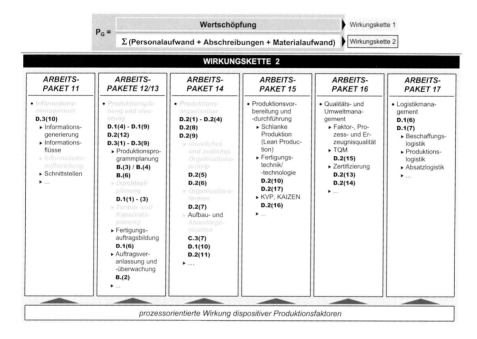

Bild 147:   Best-Practice-Vergleich Beispielunternehmen mit Bestunternehmen

Die in der Grafik besonders hervorgehobenen Potenzialfelder (Kursiv+Fettschrift) markieren mögliche Produktivitätssteigerungspotenziale des Unternehmens.

In dem Best-Practice-Vergleich wurde deutlich, dass insbesondere ein Produktivitätssteigerungspotenzial in den Arbeitspaketen 11;12/13 und 14 zu erwarten ist.

Nach entsprechender Bewertung einzelner Handlungsfelder hinsichtlich ihrer Bedeutung und dem Abgleich mit der betrieblichen Prioritätensetzung ergaben sich über alle Wirkungsketten u.a. folgende Schwerpunkthandlungsfelder:

➢ Arbeitspaket 12/13 - Produktionsplanung und -steuerung
➢ Arbeitspaket 14   - Produktionsorganisation

Ableitung der Zielsetzung und Aufgabenstellung (Auszug)

In der vom Unternehmen definierten Aufgabenstellung zur Realisierung von Umsetzungsmaßnahmen heißt es wie folgt:

> „...Im Rahmen des **Benchmarking-Projektes** wurde der erreichte Produktivitätsstand aufgezeigt, Produktivitätsreserven analysiert, bewertet und in einem Maßnahmenpaket für die Produktivitätssteigerung zur Realisierung vorgeschlagen.
> Wesentliche Produktivitätspotenziale werden in dem Handlungsfeld Produktionsorganisation vermutet, wobei dem Aufbau eines Auftragszeitmanagements als Basis für die Gestaltung der zeitlichen Struktur, der Optimierung der Ablauforganisation, der realen Leistungseinschätzungen und Auftragsabrechnungen Priorität gegeben wird. Als Entscheidungsbasis werden alle notwendigen Untersuchungen an einem Referenzprodukt durchgeführt. Das Projektteam besteht aus internen Fachleuten, die im Rahmen des Projektes qualifiziert und durch externe Kompetenz unterstützt werden ...“

Projektrealisierung (Auszug)

Das interne Projektteam umfasst 12 Mitarbeiter aus unterschiedlichen Bereichen des Unternehmens (Konstruktion, Arbeitsvorbereitung, Fertigung), das zu Beginn der Projektlaufzeit mit dem Bildungsschwerpunkt „Produktionsprozessanalyse- und -gestaltungswerkzeuge“ auf einen einheitlichen Kenntnisstand qualifiziert wurde.

Das Projekt wurde in folgenden Schwerpunktetappen realisiert:

(1) Produktivitätsanalyse am Beispiel eines Referenzproduktes
(2) Konstruktiv-technologische Struktur des Referenzproduktes
(3) Kennzahlenvergleich auf Basis von Plan- und Ist-Datenstrukturen
(4) Analyse der Produktionsabläufe und Ableitung von Kenndaten für ausgewählte Technologien
(5) Konzept für ein effizientes Auftragszeitmanagement
(6) Maßnahmekonzept und Bewertung der Produktivitätspotenziale
(7) Entscheidungsvorlage

Projektergebnisse (Auszug)

Aus den Analyseergebnissen der Referenzproduktbetrachtung und aus den Ergebnissen der bisher realisierten Maßnahmenumsetzungen konnten bezogen auf das Referenzprodukt folgende ausgewählten Ergebnisse erzielt werden (Auszug aus einem Projektbericht):

Mit dem analysierten Referenzprodukt hat das Beispielunternehmen ein stabiles Produktfeld mit Potenzialen zur nachhaltigen Steigerung der Produktivität.
Zielstellung muss es sein, die Wertschöpfung je produktive Stunde weiter zu erhöhen. Dies gelingt in diesem Produktfeld nur über eine Senkung des notwendigen Fertigungsaufwandes.

Potenziale ausgewählter Bereiche
Brennzuschnitt
➤ die Prozesszeiten können um 14-20% reduziert werden,
  (Plasmaanteil, Prozessparameteroptimierung)
➤ die Prozesszeiten können um 2% reduziert werden,
  (Erhöhung des Wiederholteilanteils -Modulkonzept)
➤ die Nebenzeiten können um ca. 5-10% reduziert werden,
  (Abrüsten Restbleche/Bauteile auf einen gesonderten Tisch)
➤ die Nebenzeiten können um ca. 5-10% reduziert werden,
  (Reduzierung der Blechwechsel für Kleinmengen)
➤ ...
Sägezuschnitt
➤ die Wartezeiten können um 30% reduziert werden, (Mehrmaschinenbedienung, wodurch der Anteil Wartezeit für den Mitarbeiter von bisher 57% produktiv genutzt wird);
➤ die Nebenzeiten können um 10-15% gesenkt werden,
  (Materialzuführung über Rollensysteme)
➤ ...
Insgesamt kann eingeschätzt werden, dass die aufgezeigten **Produktivitätssteigerungspotenziale > 20%** für die analysierten Bereiche betragen.

Aus den insgesamt in dem Beispielunternehmen realisierten Maßnahmen im Zeitraum von achtzehn Monaten resultiert ein deutlicher Produktivitätsgewinn, der insbesondere in der nachfolgenden Trendanalyse deutlich zu erkennen ist *(vgl. Bild 148)*.

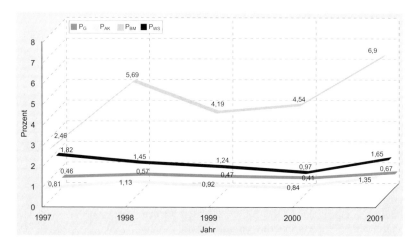

Bild 148: Trendanalyse zur Produktivitätsentwicklung im Beispielunternehmen auf der Basis Wertschöpfung je Faktoraufwendung

Wirtschaftlichkeit / Gesamtproduktivität	$P_G = \dfrac{\text{Wertschöpfung}}{\Sigma \, (\text{Personalaufwand} + \text{Abschreibungen} + \text{Materialaufwand})}$
Arbeitskräfteproduktivität	$P_{AK} = \dfrac{\text{Wertschöpfung}}{\text{Personalaufwand}}$
Betriebsmittelproduktivität	$P_{BM} = \dfrac{\text{Wertschöpfung}}{\text{Anlagevermögen}}$
Werkstoffproduktivität	$P_{WS} = \dfrac{\text{Wertschöpfung}}{\text{Materialaufwand}}$

Gemessen an den Produktivitätskennzahlen des Basisgeschäftsjahres (Basis = 100%) steigen die Produktivitätsergebnisse im Beispielunternehmen:

➢ der Arbeitskräfteproduktivität (P_{AK}) auf rund 160%,
➢ der Betriebsmittelproduktivität (P_{BM}) auf ca. 150%
➢ der Werkstoffproduktivität (P_{WS}) auf rund 170% und
➢ der Gesamtproduktivität (P_G) auf ca. 165%.

Auch wenn ein Kausalitätsbeweis zwischen Einzelmaßnahme und Produktivitätssteigerung praktisch nicht hergestellt werden kann, so ist es doch wahrscheinlich, dass die aus dem Produktivitätsbenchmarking abgeleiteten Maßnahmen und deren Umsetzung sowie das insgesamt erzeugte Problembewusstsein bei vielen Mitarbeitern und Führungskräften zu diesem deutlichen Produktivitätszuwachs beigetragen haben.

6   Komplexes Produktivitätsmanagement

Das Konzept eines ganzheitlichen Produktivitätsmanagements beginnt mit dem **Erkennen der Bedeutung der Produktivitätsentwicklung** für die Ergiebigkeit eines Unternehmens.

Das setzt voraus, dass eine abgestimmte **Definition des Produktivitätsbegriffes** vorliegt und die **Entwicklung** der Kennzahlen der **Produktivität** kontinuierlich erfasst und analysiert wird. Gerade **Benchmarking-Vergleiche** mit Unternehmen der gleichen Branche oder mit anderen externen Vergleichsgrößen sind wertvoll, weil sie zu einer Positionierung und Relativierung der eigenen Unternehmenssituation führen. Sie eröffnen auch die Chance, eigene **Produktivitätslücken** zu erkennen. Erst diese Erkenntnis führt dazu, **Gründe für die Lücke** zu suchen und zu identifizieren.

Solche Gründe liegen, wie gezeigt, z.B. als Problemfelder im Rahmen der definierten Arbeitspakete vor. Zu ihrer Verdeutlichung dient die entwickelte Methode des Zusammenspiels von Befragung und Benchmarking.
Häufig ist es aus materiellen oder finanziellen Gründen nicht sofort möglich, alle Handlungsfelder gleichzeitig zu bearbeiten.

Produktivitätsmanagement bedeutet auch, sinnvolle **Auswahl** der umgehend zu behandelnden Problemfelder und Umwandlung derselben in zu gestaltende Arbeitspakete, sowie Definition der zeitlichen **Abfolge** der Arbeit zur Beseitigung auftretender Probleme.

> **In jedem Unternehmen** wird es zu einem ganz bestimmten Zeitpunkt eine – im Vergleich zu anderen Unternehmen – völlig andere **Mischung vorhandener Stärken und Schwächen** geben.
> Daraus leitet sich die **Spezifik der Aufgaben des Produktivitätsmanagements je Unternehmen** ab. Sie bewegt sich aber vermutlich stets in Teilbereichen der definierten 17 Arbeitspakete.

Das Produktivitätsmanagement hat nun die Aufgabe, vorhandene Stärken des Unternehmens – also solche Aufgabenpakete, die positiv auf die Produktivität wirken – zu fördern und die Arbeitspakete, die sich als Probleme erweisen, so zu gestalten, dass ihre Produktivitätswirkung nachhaltig verbessert wird.

Dazu sind **Tiefenanalysen** durchzuführen, um die genauen Gründe für die Negativwirkung aufzuzeigen.

In diesen Analysen können die dargestellten **Einflussfaktoren** und das Wissen um ihre Produktivitätswirkung genutzt werden. So sind für jedes Unternehmen und jede konkrete Situation die wirkenden Einflussfaktoren identifizierbar.

Jedem Einflussfaktor wurden **methodische Problemlösungsansätze** zugeordnet. Sie münden ein in den strukturierten **Entscheidungsprozess je Problemfeld.**

Dieser führt zur Ableitung genau der Maßnahmen/Maßnahmekomplexe und der **konzeptionellen Vorgehensweise**, die unternehmensspezifisch und problemfeld-spezifisch Wirkungen generiert, die eine Steigerung der Produktivität initiiert.

Konzeptionelles Vorgehen erfordert **leitende, planende, steuernde, organisierende und kontrollierende Tätigkeiten**.

Daraus folgt, dass **Maßnahmen** zur **Produktivitätssteigerung nur** dann **wirksam** werden können, wenn sie **durch den dispositiven Faktor** umgesetzt werden.

Es ist schwierig, ein einheitliches **organisatorisches Konzept** für das Produktivitätsmanagement zu gestalten. Die Gründe dafür liegen in einer sehr **differenzierten Aufgabenvielfalt** (17 Arbeitspakete), in den gekennzeichneten **Interdependenzen der Problemfelder** und nicht zuletzt darin, dass umzusetzende Maßnahmen in den **unterschiedlichsten Funktionalbereichen** der Unternehmen wirken.

Es ist notwendig, den Unternehmen Hilfe zur Selbsthilfe anzubieten. Diesem Ziel ist das vorliegende Buch gewidmet.

Das bedeutet aber auch, dass im Rahmen des Produktivitätsmanagements Weiterbildung und Coaching unerlässliche Bestandteile darstellen, die einerseits über den Erfolg der Maßnahmenrealisierung mitbestimmen, andererseits problemkomplexbezogen die Voraussetzungen dafür schaffen, dass die Logik der inhaltlich-methodischen Vorgehensweise zu bestmöglichen Produktivitätsgewinnen führt.

Die Bestandteile des komplexen Produktivitätsmanagements sind im *Bild 149* dargestellt.

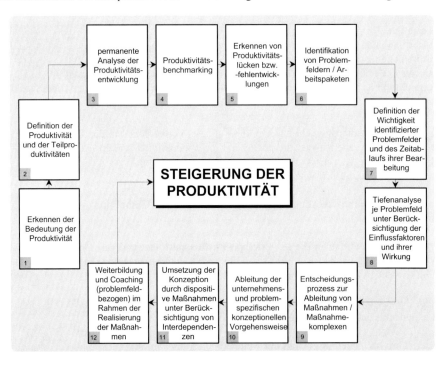

Bild 149: Komplexes Produktivitätsmanagement

Literaturverzeichnis

A

Adam Dietrich:
>   Investitionscontrolling.
>   München; Wien, 1997

Adam Dietrich:
>   Produktions-Management.
>   8. Auflage, Wiesbaden, 1997

Adam Dietrich:
>   Produktions-Management.
>   Wiesbaden, 1998

Adams, Heinz W./Rademacher, Helmut (Hrsg.):
>   Qualitätsmanagement: Strategie, Struktur, Systeme.
>   Frankfurt am Main, in: Frankfurter Allgemeine Zeitung, Verlagsbereich Wirtschaftsbücher 1994

Albach, Horst:
>   Strategien zur Steigerung der Produktivität.
>   Business Process Reengineering: Strategien zur Produktivitätssteigerung.
>   Wiesbaden, in: ZfB Ergänzungsheft 2/1995

Anupindi, Ravi/Chopra, Sunil/Deshmurkh, Sudhaker D./von Mieghem, Jan A../Zemel, Eitan:
>   Managing Business Process Flow.
>   1. Edition, Prentice Hall, Upper Saddle
>   River 2001

B

Banascheck, Jens/Albach, Horst (Hrsg.):
>   Die Zeit als treibende Kraft für die Steigerung der Produktivität. Business Process Reengineering: Strategien zur Produktivitätssteigerung.
>   Wiesbaden, in: ZfB Ergänzungsheft 2/1995

Bartels, H:
>   Ludices der industriellen Produktivität.
>   Wista Heft 6 1953

Becker, Hubert:
>   Produktivitätssteigerung durch Workflow-Management
>   Reihe Wirtschaftsinformatik.
>   Köln, 1999

Becker, Jochen:
>   Marketing-Konzeption: Grundlagen des strategischen Marketing-Managements.
>   München, 1998

Benkenstein, Martin:
Strategisches Marketing: Ein wettbewerbsorientierter Ansatz.
Stuttgart, Berlin, Köln, 1997

Berens, Wolfgang/Delfmann, Werner:
Quantitative Planung: Konzeption, Methoden und Anwendungen.
Stuttgart, 1995

Betz, Gerd/Vogl, Horst:
Das umweltgerechte Produkt: praktischer Leitfaden für das umweltgerechte Entwickeln, Gestalten und Fertigen.
Neuwied, Kriftel, Berlin, 1996

Bleischwitz Raimund:
Ressorcenproduktivität. Innovation für Umwelt und Beschäftigung.
Berlin, 1988

Bönte, Werner:
Der Einfluss der industriellen Forschung und Entwicklung auf die Produktivitätsentwicklung in der deutschen
Industrie.
Uni Hamburg 1999

Bodmer, Christian Eugen:
Erhöhung der Wettbewerbsfähigkeit schweizerischer Industrieunternehmen durch Produktivitätssteigerungen.
Uni St. Gallen 1996

Brockhoff, Klaus:
Die Produktivität der Forschung und Entwicklung eines Industrieunternehmens.
Wiesbaden, in: ZfB Ergänzungsheft 6/1986

Brockhoff, Klaus:
Forschung und Entwicklung: Planung und Kontrolle.
5. Auflage, München, Wien 1999

Bühner, Rolf:
Personalmanagement.
Landsberg / Lech, 1994

Busch, Ulrich:
Produktivitätsanalyse.
1991

Busse, A./Wildemann (Hrsg.):
Produktivitätsgewinne durch Umgestaltung von Fertigungsorganisation und -verfahren.
Just-in-Time & Line Management & kontinuierliche Verbesserung.
München 1992

C

Chopra, Sunil/Meindl, Peter:
Supply Chain Management. Strategy, Planning and Operation.
Prentice Hall, Upper Saddle River, New Jersey 2001

Corsten, Hans:
Produktionswirtschaft. Einführung in das industrielle Produktionsmanagement.
München, Wien, 2000

D

Drumm, Hans-Jürgen:
Personalwirtschaftslehre. Personalplanung: Planungsmethoden und Methodenakzeptanz.
Berlin, Heidelberg, New York, 1989

E

Eichler, Christian:
Instandhaltungstechnik.
Berlin, 1990

Eilenberger, Guido:
Betriebliche Finanzwirtschaft. Einführung in Investition und Finanzierung, Finanzpolitik und Finanzmanagement von Unternehmungen.
München, Wien, 1997

Eversheim, Walter:
Organisation in der Produktionstechnik.
Band 4: Fertigung und Montage.
Düsseldorf, 1989

Eversheim, Walter/Schuh, Günther (Hrsg.):
Betriebshütte: Produktion und Management. Teil 3: Gestaltung von Produktionssystemen.
Berlin, Heidelberg, New York, Barcelona, Budapest, Hongkong, London, Mailand, Paris, Santa Clara, Singapur, Tokio, 1998

F

Fraunhofer Institut für Systemtechnik und Innovationsforschung (Hrsg.):
Der Leistungsstand der deutschen Investitionsgüterindustrie.
Ausgabe 11/1998

Freese, Erich:
Grundlagen der Organisation: Konzept-Prinzipien-Strukturen.
Wiesbaden, 1995

Führich, Ernst R.:
Wirtschaftsprivatrecht: Grundzüge des Zivil-, Handels-, Gesellschafts-, Wettbewerbs- und Verfahrensrechts für Wirtschaftswissenschaftler und Unternehmenspraxis.
München, 1992

Fürst, G.:
Die amtliche Statistik im Dienste der Produktivitätsmessung.
in: Wirtschaft und Statistik Heft 6/1953

G

Grochla, Erwin:
Grundlagen der Materialwirtschaft. Das materialwirtschaftliche Optimum im Betrieb.
3. Auflage, Wiesbaden 1992

Gutenberg, Erich:
Grundlagen der Betriebswirtschaftslehre. Band I: Die Produktion.
24. Auflage, Berlin, Heidelberg, New York 1983

H

Häusler, Ludwig:
Die Protop-Methode. Der erfolgreiche Weg zu mehr Produktivität und Gewinn.
Landsberg / Lech, 1999

Hackstein Rolf:
Produktionsplanung und -steuerung (PPS). Ein Handbuch für die Betriebspraxis.
2. Auflage, Düsseldorf 1989

Hardenacke, Herbert/Peetz, Willi/Wichardt, Günter:
Arbeitswissenschaft.
München 1985

Hartmann, Horst:
Materialwirtschaft. Organisation, Planung, Durchführung, Kontrolle.
7. Auflage, Gernsbach 1997

Heinrich, Lutz J.:
Informationsmanagement: Planung, Überwachung und Steuerung der Informationsinfrastruktur.
München, Wien, 1999

Heizer, Jay/Render, Barry:
Operations Management.
6. Edition, Prentice Hall
International, Inc. News Jersey 2001

Hettinger, Theodor/Wobbe, Gerd (Hrsg.):
Kompendium der Arbeitswissenschaft. Optimierungsmöglichkeiten zur Arbeitsgestaltung und Arbeitsorganisation.
Ludwigshafen 1993

Hillier, Frederick S./Liebermann, Gerald J.:
  Operations Research: Einführung.
  München, Wien, 1997

Hoitsch, Hans-Jörg:
  Produktionswirtschaft: Grundlagen einer industriellen Betriebswirtschaftslehre.
  München, 1993

Hupfauer, Manfred:
  Produktivitätsorientiertes Management von Anlagensystemen.
  Wiesbaden, Deutscher Universitäts Verlag, 1997

Husmann, Uwe:
  Grundsätze, Durchführung und Ergebnisse des IfaA-Benchmarking.
  IfaA Köln, Tagungsband vom 22.05.2000

J

Jünemann, Reinhardt:
  Materialfluss und Logistik: Systematische Grundlagen mit Praxisbeispielen.
  Berlin, Heidelberg, New York, London, Paris, Tokio, Hongkong 1989

K

Karloef, Bengt:
  Effizienz. Die Balance zwischen Kundennutzen und Produktivität.
  REFA-Fachbuchreihe Unternehmensentwicklung.
  München, 1999

Ken 'ichi Sekine:
  Goldgrube Fertigung. Schnelle Steigerung der Produktivität.
  Landsberg / Lech, 1995

Kern, Werner:
  Industrielle Produktionswirtschaft.
  Stuttgart, 1992

Kopsidis, Rallis M.:
  Materialwirtschaft. Grundlagen, Methoden, Techniken, Politik.
  3. Auflage, München, Wien 1997

Krajewski, Lee J./Ritzman, Larry P.:
  Operations Management. Strategy and Analysis.
  6. Edition, Prentice Hall
  International, Inc. New Jersey 2001

Krengel, Rolf (Hrsg.):
  Neuere Methoden der Produktivitätsmessung.
  Göttingen, in: Sonderheft zum allgemeinen statistischen Archiv, Organ der deutschen
  statistischen Gesellschaft, 1973

Küpper, Hans-Ulrich/Helber, Stefan:
    Ablauforganisation in Produktion und Logistik.
    2. Auflage, Stuttgart 1995

Küpper, Hans-Ulrich/Schweitzer, Marcell (Hrsg.):
    Industrielles Controlling. Das Wirtschaften in Industrieunternehmungen
    in: Industriebetriebslehre
    2. Auflage, München 1994

Kurbel, Karl:
    Produktionsplanung und -steuerung. Methodische Grundlagen von PPS-Systemen und
    Erweiterungen.
    4. Auflage, München, Wien 1999

L

Laurig, Wolfgang:
    Grundzüge der Ergonomie. Erkenntnisse und Prinzipien.
    REFA-Fachbuchreihe Betriebsorganisation
    4. Auflage, Berlin, Köln 1992

Luczak, Holger:
    Arbeitswissenschaft.
    2. Auflage, Berlin, Heidelberg, New York 1998

Luczak, Holger/Eversheim, Walter:
    Aachener PPS-Modell. Das Aufgabenmodell.
    Forschungsinstitut für Rationalisierung an der RWTH Aachen.
    Sonderdruck 6/94, 4. Auflage 1996

M

Männel, Wolfgang (Hrsg.):
    Integrierte Anlagenwirtschaft.
    Köln, 1988

Männel, Wolfgang (Hrsg.):
    Perspektiven, Führungskonzepte und Instrumente der Anlagenwirtschaft.
    Köln, 1989

Madauss, Bernd J.:
    Hanbuch Projektmanagement: mit Handlungsanleitungen für Industriebetriebe, Unter-
    nehmensberater und Behörden.
    Stuttgart, 1994

Maier-Rothe, Chr./Arthur D. Little (Hrsg.):
    Wettbewerbsvorteile durch höhere Produktivität und Flexibilität. Management im Zeit-
    alter der strategischen Führung.
    Wiesbaden, 1985

Materne, Kurt/Tannwinser, Siegfried:
Die Grundmittelwirtschaft in der sozialistischen Industrie der DDR.
Berlin 1978

Meffert, Heribert:
Marketing: Grundlagen der Absatzpolitik, mit Fallstudien: Einführung und Relaunch des VW-Golf.
Nachdruck, Wiesbaden, 1993

Meffert, Heribert:
Marketing-Management: Analyse-Strategie-Implementierung.
Wiesbaden, 1994

Mexis, Nikolaus D./Hennig, Joachim:
Handbuch Schwachstellenanalyse und -beseitigung.
Köln, 1994

Milberg, Joachim (Hrsg.):
Wettbewerbsfaktor Verfügbarkeit. Produktivitätssteigerung durch technische und organisatorische Ansätze.
Seminarberichte iwb 37, München, 1998

Müller, Volkmar/Nebl, Theodor (Hrsg.):
Konzeptionelle Gestaltung des operativen Produktionscontrolling unter Berücksichtigung von differenzierten Organisationsformen der Teilefertigung.
Schriftenreihe des Institutes für Produktionswirtschaft der Universität Rostock 2001

N

Nagel, Kurt:
Nutzen der Informationsverarbeitung. Methoden zur Bewertung von strategischen Wettbewerbsvorteilen, Produktivitätsverbesserungen und Kosteneinsparungen.
München, Wien, 1990

Nebl, Theodor:
Einführung in die Produktionswirtschaft.
Wien, München, 2001

Nebl, Theodor:
Produktionswirtschaft.
4. Auflage, München, 2001

Nebl, Theodor:
Erschließung von Produktivitätspotenzialen in KMU in Mecklenburg-Vorpommern für die Branche Metall- und Elektroindustrie
(unveröffentlichte Studie, Auftraggeber Land Mecklenburg-Vorpommern endvertreten durch das Wirtschaftsministerium), Rostock 1998

Nebl, Theodor/Dikow, Andreas/Schulze, Anne-Katrin:
  Produktivitätspotenziale in KMUs erschließen – Ergebnisse einer Unternehmensbefragung und eines Produktivitäts-Benchmarking
  in: FB/IE – Zeitschrift für Unternehmensentwicklung und Industrial Engineering, Heft 1/2001

Nebl, Theodor/Poenicke, Sven:
  Produktivitätspotenziale in KMUs erschließen – eine Systematik zur Analyse von Problembereichen und Auswahl von geeigneten Maßnahmen
  in: FB/IE – Zeitschrift für Unternehmensentwicklung und Industrial Engineering, Heft 3/1999

Nebl, Theodor/Prüß, Henning:
  Produktivitätspotenziale in KMUs erschließen – Strukturierung der Problemfelder des Produktivitätsmanagements am Beispiel der Produktionsorganisation
  in: FB/IE – Zeitschrift für Unternehmensentwicklung und Industrial Engineering, Heft 3/1999

O

Oechsler, Walter A.:
  Personal und Arbeit: Einführung in die Personalwirtschaft unter Einbeziehung des Arbeitsrechts.
  München, Wien, 1988

Oeldorf, Gerhard/Olfert, Klaus:
  Materialwirtschaft.
  8. Auflage, Ludwigshafen, 1998

Olfert Klaus/Steinbruch, Pitter A.:
  Personalwirtschaft.
  Ludwigshafen, 1998

P

Petrick, Klaus/Eggert, Renate:
  Umwelt- und Qualitätsmanagementsysteme.
  München, Wien, 1995

Pfeifer, Tilo:
  Qualitätsmanagement: Strategien, Methoden, Techniken.
  München, Wien, 1996

Pfohl, Hans-Christian:
  Logistiksysteme: betriebswirtschaftliche Grundlagen.
  Berlin, Heidelberg, New York, 1996

Poenicke, Sven/Nebl, Theodor (Hrsg.):
  Beurteilung und Auswahl alternativer Gestaltungsvarianten von Organisationsformen der Teilefertigung.
  in: Schriftenreihe des Institutes für Produktionswirtschaft, Universität Rostock 2000

Poenicke, Sven/Rimane, Gerhard/Nebl, Theodor (Hrsg.):
Systematisierung von Kennzahlen zur Quantifizierung der räumlichen Strukturen von Fertigungsprozessen.
in: Schriftenreihe des Institutes für Produktionswirtschaft, Universität Rostock 2001

Porter, Michael E.:
Wettbewerbsstrategie.
Frankfurt am Main, 1992

Pritchard, Robert D./Kleinbeck, Uwe/Schmidt, Klaus-Helmut:
Das Managementsystem PPM. Durch Mitarbeiterbeteiligung zu höherer Produktivität.
München, 1993

Prüß, Henning/Nebl, Theodor (Hrsg.):
Strukturierung des methodischen Entscheidungsprozesses im Rahmen des Produktivitätsmanagements.
in: Schriftenreihe des Institutes für Produktionswirtschaft, Universität Rostock 2001

R

REFA/IPM (Hrsg.):
Erschließung und Umsetzung von Produktivitätspotenzialen in Unternehmen der Metall- und Elektroindustrie in Mecklenburg-Vorpommern.
Auftraggeber: Land Mecklenburg-Vorpommern endvertreten durch das Wirtschaftsministerium und gefördert mit EU-Mitteln aus dem Programm Technische Hilfe auf Initiative der EU-Kommission (Projekt Nr. 4)
Auftragnehmer: Arbeitsgemeinschaft unter Federführung des REFA-Institutes für Produktivitätsmanagement Mecklenburg-Vorpommern (unveröffentlichte Zwischenberichte 1-8), Rostock 2000

REFA-Verband für Arbeitsgestaltung Betriebsorganisation und Unternehmensentwicklung e.V. (Hrsg.):
REFA-Fachbuchreihe Betriebsorganisation: Ausgewählte Methoden des Arbeitsstudiums.
1. Auflage, München, 1993

REFA-Verband für Arbeitsgestaltung Betriebsorganisation und Unternehmensentwicklung e.V. (Hrsg.):
REFA-Lexikon Betriebsorganisation: Arbeitsstudium, Planung und Steuerung.
3. Auflage, Berlin, Köln 1977

REFA-Verband für Arbeitsgestaltung Betriebsorganisation und Unternehmensentwicklung e.V. (Hrsg.):
REFA-Methodenlehre der Betriebsorganisation: Arbeitsgestaltung in der Produktion.
2. Auflage, München, 1993

REFA-Verband für Arbeitsgestaltung Betriebsorganisation und Unternehmensentwicklung e.V. (Hrsg.):
REFA-Methodenlehre der Betriebsorganisation: Planung und Gestaltung komplexer Produktionssysteme.
München, 1990

Reuss, G.R.:
    Produktivitätsanalyse.
    Basel 1960

Rimane, Gerhard:
    Produktionslogistik.
    in *Nebl, Theodor*: Produktionswirtschaft.
    4. Auflage, München, Wien 2000

Rüttler, Martin:
    Information als strategischer Erfolgsfaktor: Konzepte und Leitlinien für eine informationsorientierte Unternehmensführung.
    Berlin, 1991

Runge, Peter/Nebl, Theodor (Hrsg.):
    Die Gestaltung von Organisationsform der Instandhaltung unter besonderer Beachtung ihrer Abhängigkeit von den Organisationsformen der Teilefertigung.
    in: Schriftenreihe des Institutes für Produktionswirtschaft der Universität Rostock 2000

S

Scharper, M.:
    Gesamtbetriebliche Produktivität.
    Zürich, 1984

Scholz, Christian:
    Personalmanagement: Informationsorientierte und verhaltensorientierte Grundlagen.
    München, 1993

Schreiner, Manfred:
    Umweltmanagement in 22 Lektionen: ein ökonomischer Weg in eine ökologische Wirtschaft.
    Wiesbaden, 1996

Schwarze, Jochen:
    Informationsmanagement: Planung, Steuerung, Koordination und Kontrolle der Informationsversorgung im Unternehmen.
    Herne, 1998

Schweitzer, Marcell:
    Industriebetriebslehre: Das Wirtschaften in Industrieunternehmen.
    München 1994

Silberbach, Karsten:
    Der Einfluss organisatorischer und technischer Gestaltungskriterien auf die Bildung von Organisationsformen der Teilefertigung.
    Aachen, 1997

Slaby, Dieter/Krasselt, Rene:
    Industriebetriebslehre: Anlagenwirtschaft.
    München, Wien 1998

Statistisches Landesamt Mecklenburg-Vorpommern (Hrsg.):
Statistisches Jahrbuch Mecklenburg-Vorpommern
Ausgabe 1999

Statistisches Landesamt Mecklenburg-Vorpommern (Hrsg.):
Statistische Sonderhefte Mecklenburg-Vorpommern
Heft 2/2000

Steinbeck, Hans H.:
Das neue Total Quality Management: Qualität aus Kundensicht.
Landsberg/Lech, 1995

Steinbruch, Pitter A./Olfert, Klaus:
Fertigungswirtschaft.
Ludwigshafen, 1989

U

Ulrich, Peter/Fluri, Edgar:
Management. Eine konzentrierte Führung.
Bern, Stuttgart, 1995

V

VDI (Hrsg.):
Maschinenbau Ost: Absturz beendet.
in: VDI-Nachrichten vom 20.04.2000

Verband Deutscher Maschinen- und Anlagenbau e.V. (Hrsg.):
Statistisches Handbuch für den Maschinenbau.
Ausgabe 1999

W

Warnecke, Hans-Jürgen:
Der Produktionsbetrieb: 1. Organisation. Planung.
Berlin, Heidelberg, New York 1995

Weber, Helmut Kurt:
Rentabilität, Produktivität und Liquidität.
Größen zur Beurteilung und Steuerung von Unternehmen.
2. Auflage, Wiesbaden, 1998

Wiendahl, Hans-Peter:
Belastungsorientierte Fertigungssteuerung.
Grundlagen, Verfahrensaufbau, Realisierung.
1. Auflage, München, Wien 1987

Wiendahl, Hans-Peter:
Betriebsorganisation für Ingenieure.
4. Auflage, München, Wien 1997

Wiendahl, Hans-Peter:
Fertigungsregelung. Logistische Beherrschung von Fertigungsabläufen auf Basis des Trichtermodells.
2. Auflage, München, Wien 1997

Wildemann, Horst:
Produktivitätsmanagement: Handbuch zur Einführung eines Produktivitätssteigerungs-programms mit GENESIS
München, 1997

Wöhe, Günter:
Einführung in die Allgemeine Betriebswirtschaftslehre.
München, 1996

Wöhe, Günter/Döring, Ulrich:
Einführung in die Allgemeine Betriebswirtschaftslehre.
20. Auflage, München, 2000

Wright, C.D.:
Hand and Machine Labor.
13. Annual Report of the Commissionar of Labor
2. Band, Washington 1998

Z

Zäpfel, Günther:
Produktionswirtschaft. Operatives Produktions-Management.
Berlin, New York 1982

Zäpfel, Günther:
Strategisches Produktions-Management.
2. Auflage, München, Wien 2000

Zäpfel, Günther:
Taktisches Produktions-Management.
2. Auflage, München, Wien 2000

Zangemeister, Christoph:
Nutzwertanalyse in der Systemtheorie: Eine Methode zur multidimensionalen Bewertung und Auswahl von Projektalternativen.
München, Wittemann 1970

Zitzewitz, Helmut:
Produktivitätssteigerung im Betrieb. Neue Erkenntnisse zum Wesen der Arbeitsproduktivität und ihrer Berechnung.
Berlin, 1996